Daniel Graefen

DTP druckreif

**Professionell vom
Bildschirm zum Print**

Für Mac und PC
Mit CD-ROM

W0048111

Rowohlt Taschenbuch Verlag

3. Auflage Juli 2002

Originalausgabe
Veröffentlicht im Rowohlt
Taschenbuch Verlag GmbH,
Reinbek bei Hamburg, Juni 2001
Copyright © 2001 by
Rowohlt Taschenbuch Verlag GmbH,
Reinbek bei Hamburg
Umschlaggestaltung Walter Werner
Layout und Typosystem der Buchserie
Anna Wagner/Guido Englich, Berlin
(Buchgestaltung durch den Autor)
Herstellung Joachim Düster
Satz Stone Serif und Stone Sans PostScript
QuarkXPress 4.1
Gesamtherstellung Clausen & Bosse, Leck
Printed in Germany
ISBN 3 499 60090 0

Inhalt

Danksagungen:

Lilly
Paramonas
Oktoberdruck, Berlin

Einleitung

1984 begann eine Revolution im grafischen Gewerbe: der Apple-*Macintosh*-Computer zusammen mit dem postscriptfähigen Apple-*Laserdrucker* und dem Programm *PageMaker* machte es zum ersten Mal möglich, dass *eine Person* allein an einem relativ billigen Arbeitsplatz Druckvorlagen herstellen konnte. Das Desktop Publishing, kurz DTP, war geboren. Bis dahin waren dazu immer mehrere Spezialisten notwendig gewesen – mindestens ein Grafiker, ein Setzer und ein Reprograf.

Leider hat die Entwicklung der letzten siebzehn Jahre nur relativ wenige Standards hervorgebracht, sodass man bei der Erzeugung von Druckvorlagen immer wieder auf lästige Probleme oder gar Unzulänglichkeiten stößt.

Dieses Buch richtet sich an all jene, die sich notgedrungen mit den vielfältigen Problemen des DTP auseinander setzen müssen. Sie können sich in diesem Buch umfassend über Lösungswege informieren.

Der gesamte Themenkomplex der Dateierstellung *und* Vorbereitung für den Druck wird in diesem Buch behandelt. Sie lernen also einerseits, wie Sie beispielsweise korrekt ein Logo zeichnen, eine Visitenkarte erstellen, ein komplettes Buch aufbauen, richtig scannen und digitale Bilder bearbeiten etc. *und* wie Ihre Dateien für verschiedene Papiere und Druckverfahren vorbereitet werden müssen.

Dazu finden Sie in diesem Buch über die dafür notwendige Handhabung der einzelnen DTP-Programme hinaus Informationen aus dem Druckgewerbe, damit Sie Ihre Dateien fehlerfrei für einen professionellen Druck anlegen können.

DTP

Der Schwerpunkt des Buches liegt auf dem P von DTP, dem Publishing oder Publizieren. Es wendet sich also all jene, die ihre Dateien professionell drucken lassen wollen.

Da das Druckgewerbe schon sehr alt ist, hat es anders als die Soft- und Hardwarefirmen rund um das DTP eine lange Tradition und damit verlässliche Standards entwickelt. Auf die kann man sich als Benutzer der verschiedenen Programme stützen.

Nicht-DTP

Suchen Sie dagegen Informationen darüber, wie Sie endlich Ihrem billigen Tintenstrahldrucker der Marke XYZ farblich korrekte Drucke entlocken können, werden Sie in diesem Buch höchstens indirekte Informationen finden. Da jeder Hersteller eines Farbdruckers versucht, seinen verschiedenen Modellen die jeweils beste Qualität zu entlocken, entstehen keine Standards, und damit ergeben sich fast so viele Lösungswege, wie es Druckermodelle gibt.

DTP druckreif

Ziel einer jeden Arbeit im DTP ist nach oder besser schon vor und während der kreativen Phase das Anlegen der Dateien für einen *perfekten Druck*. Das ist deshalb so wichtig, da man nicht selbst den Druck und die Weiterverarbeitung vornehmen wird, sondern seine

Dateien normalerweise in fremde Hände geben muss. Der Belichter, der Drucker (der Mensch an der Druckmaschine) und eventuell noch der Buchbinder machen aus Ihren Dateien das fertige Druckerzeugnis.

Haben Sie Ihre Dateien erst einmal aus der Hand gegeben, können eventuelle Fehler nur noch in sehr geringem Umfang korrigiert werden — und je später im Produktionsablauf ein Fehler entdeckt wird, desto teurer kommt Sie das zu stehen.

DTP-Programme

Sie sollten das ein oder andere DTP-Programm in seinen Grundzügen kennen, damit Sie verstehen können, worum es bei der Druckvorbereitung geht.

In diesem Buch werden alle relevanten DTP-Programme mit einigen typischen Funktionen vorgestellt, um anschließend aufzuzeigen, wie im jeweiligen Programm die korrekten Einstellungen für den Druck vorgenommen werden müssen.

Die klassischen DTP-Programme sind: QuarkXPress, Adobe InDesign, Adobe PageMaker, Macromedia FreeHand, Adobe Illustrator, CorelDraw, Adobe PhotoShop

Einen umfassenden Einblick in die Arbeitsweisen dieser Programme finden Sie unter anderem in der Reihe rororo computer.

Lesen Sie auch die Kapitel zu denen von Ihnen nicht bevorzugten Programmen durch, da Sie dort generelle Informationen bei der Lösung von Problemen finden, die sich auf Ihr DTP-Programm übertragen lassen.

Farbiger Innenteil

Im farbigen Innenteil sind Bilder und Grafiken abgedruckt, die Sie zum Teil auf der beigefügten CD (für Mac und PC) als Dateien wiederfinden. Der Druck im Buch und die Wiedergabe derselben Bilder auf Ihrem Monitor helfen

Kalibrierung nennt man den Farbabgleich zwischen unterschiedlichen Geräten. Wie Sie Ihr Computersystem kalibrieren können, finden Sie im Kapitel „Kalibrieren" beschrieben.

Ihnen, Ihr Computersystem zu kalibrieren, um farbsichere Bildbearbeitungen vornehmen zu können.

Da Druckfarben auf verschiedenen Papieren unterschiedlich hell und intensiv erscheinen, besteht der Innenteil aus zwei mal 16 Seiten gedruckt auf jeweils glänzendem und mattem Papier. So können Sie Ihren Monitor und eventuell auch Farbdrucker für diese beiden am meisten verwendeten Arten von Papier kalibrieren.

Typische Arbeitsabläufe im DTP

Da die meisten Programme mehr oder minder ähnlich arbeiten, finden Sie auch nützliche Tipps in Kapiteln über Programme, die Sie nicht bevorzugen.

Wenn Sie Dateien für den Druck erstellen, stehen Sie ganz am Anfang einer Produktionskette, an deren Ende das fertige Druckerzeugnis als Buch, Plakat, Visitenkarte, Aufkleber oder bedruckte Gerüstverkleidung stehen kann.

Da alle Verarbeitungsschritte im Vertrauen darauf gemacht werden müssen, dass Sie Ihre Dateien korrekt angelegt haben, sollten Sie sich die Zeit nehmen, auch die grundlegenden Kapitel am Anfang des Buches zu lesen. Nur so können Sie beurteilen, wie eine Datei aufgebaut sein muss, damit ein sauberes Druckerzeugnis entstehen kann.

Dann dürften Ihnen Begriffe wie Überfüllung, Überdrucken, Rasterweite, Beschnittzeichen, PostScript, Gigantieren und so weiter keine Rätsel mehr aufgeben.

Farbe

Was ist Farbe?

Im DTP hat man es mit zwei vollkommen unterschiedlichen Darstellungsformen von Farben zu tun. Auf der einen Seite arbeitet man am Monitor, dessen Farben auch in tiefster Nacht noch leuchten, auf der anderen Seite steht das fertige Produkt, dessen Farben auf Papier oder sonst einem Untergrund stehen und das umgebende Licht nur reflektieren – bei Tageslicht erscheinen die Farben anders als im Licht einer Glühlampe.

Aus diesem Grunde gibt es immer Schwierigkeiten, zu beurteilen, wie das Monitorbild später gedruckt aussehen wird. Um die Farben des Monitors möglichst genau an die des bedruckten Blattes Papier anzupassen, haben sich die Softwareentwickler der verschiedenen DTP-Programme unterschiedliche Wege einfallen lassen. Besonders bei Photoshop hat man es mit unterschiedlichen Farbmodi zu tun. Um zu verstehen, was Farbe überhaupt ist, theoretisch und praktisch, gehe ich in diesem Kapitel etwas genauer darauf ein.

Licht

Ohne Licht können wir nichts sehen. Eine Binsenweisheit, aber was sehen wir, wenn es hell ist? Schauen Sie sich dazu die Grafik auf der nächsten Seite an: Licht nennen wir den kleinen Ausschnitt aus der elektromagnetischen Strahlung, für den unsere Augen empfindlich sind. Der Bereich liegt zwischen 380 und 780 nm, von Violett über Blau, Grün, Gelb bis Rot – Wellen dieser Strahlung mit einer Länge von 580 nm beispielsweise nehmen wir als Grün wahr.

Gamma	Röntgen	UV	L i c h t	Infrarot (Wärme)	UKW	Kurzwellen

Schickt man weißes Licht durch ein Prisma, kann man all diese Farbe sehen. Da unterschiedlich lange Wellenlängen unterschiedlich stark an der Ein- und Austrittsfläche des Glasprismas gebrochen werden, werden sie in unterschiedliche Richtungen abgelenkt – das Licht wird aufgefächert in die oben genannten Farben genau wie bei einem Regenbogen.

Der Weg ist auch andersherum möglich: leuchtete man mit all diesen einzelnen Farben aus den oben zu sehenden Winkeln auf ein Prisma, fügten sie sich auf seiner anderen Seite als weißer Strahl zusammen.

Diese Mischung zu Weiß kann auch ohne Prisma erzeugt werden: beleuchtet man mit all diesen Farben eine weiße Fläche, erschiene sie uns weiß. Das heißt also, dass wir nicht nur ohne Licht nichts sehen, sondern dass wir das Licht selbst sehen. Je nach der Wellenlänge in der es strahlt, nehmen wir es als unterschiedliche Farbe wahr.

Ein leuchtender Gegenstand

Betrachten wir das Licht einer Glühbirne, sehen wir direkt das Licht, dass von dem glühenden Metalldraht ausgeht. Bei einer grünen Ampel ist vor eine Glühbirne eine grüne Glasscheibe gesetzt, die alle anderen Anteile ihres Lichts herausfiltert und nur noch die grünen hindurchlässt.

Ein reflektierender Gegenstand

Sehen wir einen blauen Stuhl, werden alle nicht blauen Anteile des Lichts „geschluckt" und nur die blauen reflektiert. Die nicht reflektierten werden in Wärme umgesetzt.

Schwarz

Erscheint uns etwas als schwarz, geht davon kein (oder kaum) Licht aus – es gibt kein helles Schwarz. In der Nacht ist alles schwarz, weil die Sonne nicht strahlt und damit nichts Licht reflektieren kann. Etwas erscheint uns dagegen selbst in strahlender Sonne schwarz, weil sie kaum Licht reflektiert. Deshalb wird es auch heißer als etwas Weißes.

Weiß

Ein Blatt Papier dagegen erscheint uns als weiß, weil es fast das gesamte Licht reflektiert.

Farbtemperatur

Dasselbe Blatt Papier erscheint uns im Licht einer Glühlampe gelblich. Wird es dagegen von einer Neonröhre beschienen, erscheint es weiß. Das Licht einer Glühlampe selbst ist gelblich, deshalb hat das Blatt Papier keine „Chance", seine wahre Farbe zu zeigen – es kann nur reflektieren, wovon es beschienen wird. Unterschiedliche künstliche Lichtquellen leuchten also nicht mit allen Farben, die es braucht, weißes Licht zu erzeugen. Sie haben verschiedene Farbtemperaturen. Weil wir gelbe Farben wärmer empfinden als blaue, sprechen wir auch von warmem und kaltem Licht.

Die Farbtemperatur ist messbar in Grad Kelvin. Dabei wird die Farbe eines glühenden Drahtes aus dem Element Wolfram auf unterschiedliche Temperaturen erhitzt, indem man mehr oder weniger Strom hindurchfließen lässt. Je heißer der Draht, desto weißer das Licht. Rotglut ist kälter als Weißglut. Das Weiß von Monitoren ist beispielsweise zwischen 5000 bis 9300 Grad Kelvin einstellbar. 6500 Grad Kelvin steht dabei für die Farbe neutralen Tageslichts.

Tageslicht

Tageslicht am Mittag empfinden wir als neutral – weder warm noch kalt. Eine davon beschienene weiße Fläche erscheint uns deshalb ebenfalls als neutral weiß. Da wir im Tageslicht alle Farben sehen können, enthält es alle Farben. Will man nun eine bestimmte Farbe daraus bestimmen, ist das ohne Hilfsmittel nicht möglich. Deshalb hat man verschiedene Farbmodelle entwickelt.

Farbmodell

Mit einem Modell versucht man, die Realität zu vereinfachen und damit erklärbar oder verständlich zu machen. Da in der Vereinfachung eines Modells Teile der Realität auf der Strecke bleiben, sind mit den diversen Farbmodellen auch jeweils nur *fast alle* Farben beschreibbar.

Die Farben, die wir wahrnehmen, können von einem selbstleuchtenden Gegenstand ausgehen oder werden von einem beleuchteten Gegenstand reflektiert.

Ein *additives Farbmodell* versucht verschiedenfarbiges *Licht* zu beschreiben, das von einer Lichtquelle ausgeht. Dabei addieren sich alle einzelnen Farben zusammen zu Weiß.

Siehe Strahlengang durch ein Prisma.

Ein *subtraktives Farbmodell* versucht *reflektiertes Licht* zu beschreiben – eine blaue Fläche subtrahiert aus dem Licht alle Bestandteile außer Blau, das reflektiert wird. Mischte man alle Farben dieser Welt in einem Farbtopf zusammen und striche damit einen Gegenstand an, so die Theorie, reflektierte diese Farbe kein Licht und erschiene damit absolut schwarz.

Körperfarbe

Die Farbe, mit der ein Gegenstand gefärbt, bemalt, lackiert oder bedruckt ist, wird Körperfarbe genannt. Bei Druckfarben handelt es sich beispielsweise um Körperfarben, genauso wie bei den Farben eines Malkastens.

Farbmodelle in der Praxis

Wozu, werden Sie sich vielleicht fragen, die ganze Theorie, wenn mit einem Modell doch nicht alle Farben beschrieben werden können? Nun, will man einen Monitor bauen, kann man nicht sämtliche Lichtfarben in ihn einbauen, ein Drucker kann nicht alle Farben der Welt enthalten.

RGB-Modell

Im RGB-Modell werden drei Grundfarben bestimmt, aus denen sich alle anderen Farben mischen lassen: Rot, Grün und Blau.

Scheinen die drei Farben mit voller Intensität zusammen, ergibt sich Weiß als Farbe, leuchten nur Rot und Grün (fehlt also Blau), mischt sich daraus Gelb und so weiter.

Ein Computermonitor und Farbfernseher arbeiten nach diesem Prinzip. Jeder Punkt eines Monitors (Pixel) setzt sich aus drei weiteren kleineren Punkten zusammen, die aus jeweils diesen drei Farben bestehen. Sehen Sie sich die Mattscheibe Ihres Monitors mit einer Lupe genauer an, werden Sie diese kleinen Pünktchen sehen. Sie bestehen aus jeweils rot, grün und blau leuchtendem Phosphor auf der Rückseite der dicken gläsernen Mattscheibe.

Je nach verwendetem Phosphor variiert die Farbtemperatur eines Monitors.

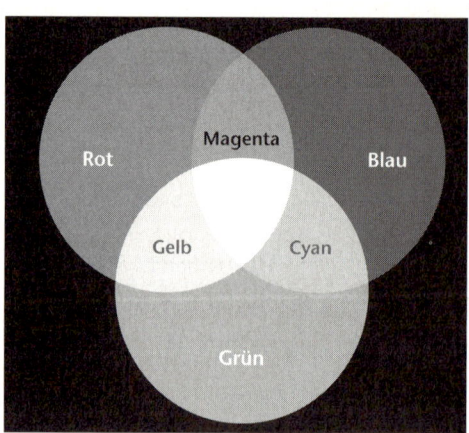

Leuchtet keines der Pünktchen auf, erscheint kein Licht, es ist dunkel oder Schwarz. Die Punkte überlappen sich nicht wie in der Grafik oben, sondern die Mischung ergibt sich in unserem Auge, weil die einzelnen Pünktchen so klein sind, dass wir sie nicht als einzelne Farbflecken erkennen können.

CMY-Modell (subtraktiv)
Ähnlich wie das RGB-Modell, aus dem sich der

Bau von Monitoren und Fernsehröhren ableiten ließ, liegt dem Druck farbiger Bilder ein Modell zugrunde. Auch hier geht es darum, mit möglichst wenigen Grundfarben möglichst viele Mischfarben zu erzeugen. In diesem Modell werden die Farben Cyan, Magenta und Yellow (Gelb) als Grundfarben bestimmt.

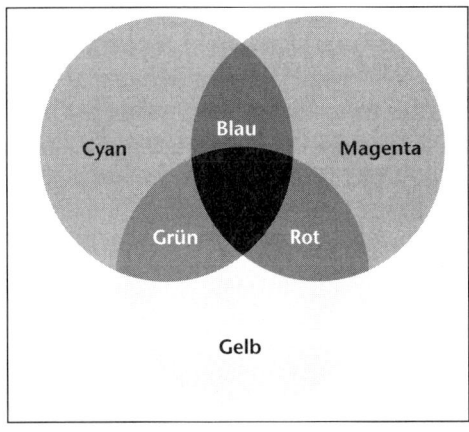

Die verwendeten Farben sind transparent, sodass sich Mischfarben durch den Druck zweier Farben übereinander erzeugen lassen. Gedruckt wird auf einen weißen Untergrund. Dort, wo alle Farben übereinander gedruckt werden, erscheint Schwarz. Das sagt die Theorie dieses Modells. Leider gibt es aber in der Praxis keine Druckfarben, aus denen sich ein sauberes Schwarz erzielen ließe – es erscheint immer nur ein sehr dunkles Braun.

CMYK- oder CMGS-Farbraum (drucktechnisch)
Da sich aus den drei Grundfarben in der Realität kein tiefes Schwarz erzeugen lässt, wird Schwarz selbst als Farbe hinzugefügt. Man spricht deshalb auch vom Vierfarbdruck. Alle Bilder im farbigen Innenteil dieses Buches be-

stehen aus diesen vier Farben. CMYK ist der amerikanische Name, wobei das „K" für Key oder Tiefe steht. Das „B" für Black war schon vom Blau des RGB-Modells belegt. Die deutsche Bezeichnung CMGS für Cyan, Magenta, Gelb und Schwarz wird dagegen seltener verwendet.

Farbraum

Da sich nicht das gesamte sichtbare Licht mit den jeweiligen Modellen beschreiben lässt, bilden sie nur einen Teil des sichtbaren Lichts ab. Je nach Modell ist dieser Teil größer oder kleiner – er wird Farbraum genannt. So ist der Farbraum des RGB-Modells größer als der des CMY-Modells. Noch kleiner ist der tatsächlich gedruckter Farben. Da deren Erscheinung vom verwendeten Papier, der Beleuchtung und den eingesetzten Farben abhängt, kann man nicht einmal genau definieren, wie groß er ist.

HSB- oder auch LCH-Farbraum
Die Grundlage dieses Modells sind *alle Farben* aus dem Spektrum des sichtbaren Lichts – man versucht also nicht, mit den drei Grundfarben Rot, Grün und Blau auszukommen. Dazu wird der Bereich der Farben von 380 bis 780 nm in einem Kreis angeordnet.

Eine Farbe (Hue) wird nach ihrem Winkel auf dem Farbkreis bestimmt: Rot steht rechts bei null Grad. Gegen den Uhrzeigersinn folgen Grün bei 120 und zum Beispiel Blau bei 240 Grad. Da es keine Reduktion auf drei Grundfarben gibt, sind alle Farben definierbar – darstellbar auf einem Monitor sind allerdings nur die RGB-Farben.

Von innen nach außen im Kreis nimmt die

Sättigung (**S**aturation) der Farbe zu; innen ist die Sättigung gleich null, außen gleich 100%. Über die Helligkeit (**B**rightness) wird die Leuchtkraft der Farbe beschrieben – liegt sie bei null, ist sie unabhängig von den anderen Werten schwarz, bei hundert Prozent hat sie ihre volle Strahlkraft.

Am besten lässt sich dieses Modell in Form eines Zylinders darstellen.

Das Modell hört auch auf den Namen LCH. Dabei stehen die Buchstaben für **L**ightness (Helligkeit), **C**hroma (Sättigung) und **H**ue (Farbe).

In Computer-Betriebssystemen und -programmen ist der Name HSB gebräuchlicher.

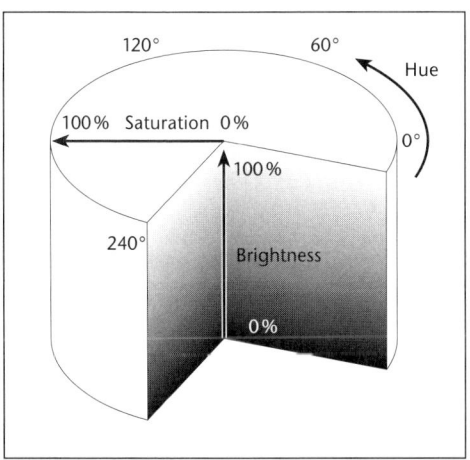

Prozessfarben

Alle Farben, die sich über die vier Grundfarben des Vierfarbdrucks ermischen lassen, werden Prozessfarben genannt. In Europa werden dafür die so genannten Euroskalen-Farben benutzt – oder kurz Skalenfarben.

Farbatlas

Wollen Sie genau wissen, wie Prozessfarben in den unterschiedlichsten Mischungsverhältnissen zueinander gedruckt auf Papier aussehen, können Sie sich einen Farbatlas, auch Farbmusterbuch genannt, anschaffen. Darin ist auf vielen Seiten nichts weiter abgedruckt als kleine Quadrate, die aus unterschiedlich gemischten Anteilen der Prozessfarben gedruckt sind. Diese Bücher sind zumeist recht teuer. In manchen Buchhandlungen finden Sie manchmal billigere, die aus den USA stammen. Die dort verwendeten Druckfarben sind allerdings ein wenig dünner und stimmen deshalb nicht ganz mit den in Europa verwendeten Farben überein.

Auf einigen Seiten im farbigen Innenteil sehen Sie dazu Beispiele.

Solche Bücher werden auch DCS-Books genannt (Digital Color Separation).

Darüber hinaus gibt es viele andere Farben, die in einer Druckmaschine verwendet werden können.

Vollton-, Sonder- oder Schmuckfarben

Anders als ein Monitor, der, einmal die Fabrik verlassen, nie andere Farben als RGB zeigen kann, können in einer Druckerei jederzeit andere Farben als Cyan, Magenta, Gelb und Schwarz in die Druckmaschine gekippt werden. So lassen sich beispielsweise fluoreszierende Farben drucken, die ein Monitor nicht darstellen kann, oder Gold, Silber, transparenter Lack oder Quietschgrün.

Volltonfarben, auch *Schmuck-* und *Sonderfarben* genannt, sind Farben, die außerhalb der Druckmaschine gemischt wurden. Ähnlich wie Autolacke, die in Katalogen nachschlagbar sind, um zum Beispiel die richtige Farbe für den verbeulten Kotflügel zu finden, gibt es die unterschiedlichsten Farbkataloge für Druckfarben. Bei Lacken ist es der RAL-Katalog; eine entsprechende RAL-Farbnummer findet sich auch auf jeder Lackdose, die Sie zum Streichen Ihrer Türen kaufen können.

Farbkataloge

Es gibt unterschiedliche Firmen, die eine Vielzahl von Druckfarben verkaufen. Die Farbkataloge, die Sie in den verschiedenen DTP-Programmen anwählen können, haben unterschiedliche Namen. Dabei handelt es sich zumeist um den Namen der herstellenden Firma.

Auch Sonderfarben erscheinen auf unterschiedlich saugenden Papieren verschieden in ihrer Farbintensität. Deshalb gibt es manche Kataloge, die speziell für einen bestimmten Typ von Papier gedacht sind. Damit ist es möglich, Farben auf verschiedenen Papieren möglichst gleich aussehen zu lassen. Wollen Sie also beispielsweise ein Firmenlogo in einer Sonderfarbe sowohl auf dem Hochglanzpapier des Firmenkataloges als auch auf dem ungestrichenen Briefpapier möglichst gleich aussehen lassen, sollten Sie die jeweils für den Papiertyp angepasste Sonderfarbe aus dem Katalog wählen.

Farbfächer

Auf der Umschlagsseite des Buches sehen Sie einen Farbfächer abgebildet. In einem Farbfächer sind auf Papierstreifen alle Farben eines Farbkataloges abgedruckt – zumeist pro Streifen eine Farbe. Wegen des Drucks der vielen einzelnen Farben sind sie nicht ganz billig.

HKS

Hierbei handelt es sich um einen deutschen

Farbkatalog, der in Druckereien hierzulande am gebräuchlichsten ist.

Er wird allerdings von den meisten DTP-Programmen nicht aufgeführt.

Die HKS-Farben bauen auf 96 Grundfarben auf. Für unterschiedliche Papiere gibt es vier unterschiedliche Varianten.
HKS$^{©}$ K – Kunstdruckpapier
HKS$^{©}$ N – Naturpapier für Offset und Buchdruck
HKS$^{©}$ Z – Zeitungspapier
HKS$^{©}$ E – Endlospapier

Darüber hinaus gibt es den Farbfächer HKS$^{©}$ K auch in der Darstellung von gerasterten Halbtönen mit 10%-Abstufungen von 10 bis 100%.

Pantone
Der in DTP-Programmen am häufigsten angebotene Farbkatalog stammt von der Firma Pantone. Es handelt sich bei den Pantonefarben um insgesamt 1012 verschiedene Sonderfarben. Zwei Grundversionen werden angeboten: Pantone$^{©}$ coated für gestrichene und Pantone$^{©}$ uncoated für ungestrichene Papiere.

Wie bei HKS bekommt man auch Halbtöne, hier aber auf beiden Papieren gedruckt. Der entsprechende Fächer heißt Pantone$^{©}$ Tints.

Daneben gibt es einen Fächer, in dem sämtliche Pantonefarben durch Mischungen von Prozessfarben (CMY und K) simuliert sind. Diese simulierten Farben entstehen häufig, wenn Sie zwar in Ihrem DTP-Programm eine Pantonefarbe auswählen, aber nicht explizit bestimmen, dass das Programm sie auch als Sonderfarbe behandeln soll. Die Unterschiede zwischen den echten einfarbigen Sonderfarben und ihren Simulationen aus Prozessfarben weisen im Druck zum Teil erhebliche Unterschiede auf. Am Monitor bleibt die Darstellung dieselbe!

Darüber hinaus gibt es 204 Metallicfarben, Farben auf Aluminium und Kunststofffolien.

Außerdem bieten viele DTP-Programme Farbkataloge an, die hierzulande nicht oder kaum verwendet werden. Dazu gehörten Truematch und Toyo.

Separation

Solange man am Monitor arbeitet, hat man RGB-Farben vor sich. Diese drei Farben müssen in der Druckvorbereitung in die vier Farben des Drucks – Cyan, Magenta, Gelb und Schwarz – und / oder Sonderfarben überführt werden. Diese Umwandlung von einer Lichtdarstellung in die Körperfarben des Vierfarbdruck kann zu bösen Überraschungen führen. Die gedruckten Farben erscheinen häufig weniger gesättigt und brillant auf dem Papier als noch zuvor auf dem Monitor.

Das Programm Photoshop kann diesem Phänomen zum Teil Rechnung tragen, indem es versucht, die zukünftige gedruckte Farbe schon am Monitor zu simulieren.

Stellen Sie sich folgenden Fall vor: Sie legen einen Malfarbkasten auf einen Scanner, um ein Bild von ihm in den Rechner zu bekommen. Je nach Scanprogramm und seinen Einstellungen, der Monitorkalibrierung und so weiter ist das Ergebnis recht gut. Schließlich hat der Scanner die Farben festgehalten, die von den Körperfarben reflektiert wurden. Vielleicht nehmen Sie noch einige Farbkorrekturen vor,

```
Crayon
DIC COLOR GUIDE
FOCOLTONE
Greys
MUNSELL® Book of Color
MUNSELL® High Chroma Colors
PANTONE ProSim EURO®
PANTONE® Coated
PANTONE® HEXACHROME Coated
PANTONE® HEXACHROME Uncoated
PANTONE® Process
PANTONE® Process Euro
PANTONE® ProSim
PANTONE® Uncoated
PANTONE© Metallics Unvarnished
PANTONE© Metallics Varnished
PANTONE© Pastels Coated
PANTONE© Pastels Uncoated
TOYO COLOR FINDER
TRUMATCH 4-Color Selector
Web Safe Color Library
```

um das Bild an die Farberscheinungen des echten Malkastens anzugleichen.

In dem Kasten sind über dreißig Farben vorhanden. Wenn Sie mit einem Bildbearbeitungsprogramm die Separation vornehmen, werden die Lichtfarben in die Farben CMYK des Vierfarbdrucks umgerechnet. Dass nicht alle Farbtöne im Malkasten exakt durch die vier Farben des Drucks dargestellt werden können, dürfte sich von selbst erklären.

Zum großen Teil dienen Fotos als Vorlagen zum Scannen. Sie sind selbst schon stark farbreduziert, wie man am Vergleich zu Dias sehen kann, und lassen sich deshalb ohne große Abstriche einscannen und ausdrucken.

Es gibt keine Separation eines Bildes in seine unendlich vielen Farben zum Beispiel dadurch, dass es in die zumindest gut tausend Pantonefarben zerlegt würde. Das wäre auch unsinnig, da ein Druck mit so vielen Farben schlichtweg unbezahlbar ist.

Wie wird Farbe gedruckt?

Bei einem Monitor ist es möglich, die Leuchtkraft der einzelnen Farbpunkte zu verstärken
beziehungsweise zu verringern, um unterschiedliche Helligkeiten einer Farbe darstellen
zu können. Im Druck geht das nicht. Ein
Drucker oder eine Druckmaschine kann entweder Farbe drucken oder keine – Zwischenstufen sind technisch nicht möglich.

Deswegen bedient man sich eines Tricks, mit
dem sich unser Auge „betrügen" lässt. Schau-
en wir uns dazu zunächst einen Verlauf von
Schwarz nach Weiß an:

Die Farbe Schwarz wird aufgerastert. In der folgenden Darstellung ist derselbe Verlauf noch
einmal in einem gröberen Raster gedruckt.

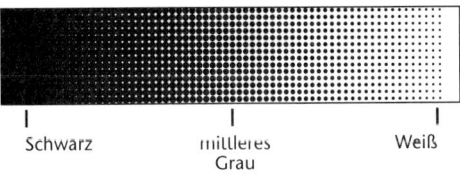

| Schwarz | mittleres Grau | Weiß |

Dort, wo Schwarz erscheinen soll, wird die Fläche durchgehend mit Farbe bedruckt. Dort
hingegen, wo ein mittleres Grau zu sehen sein
soll, werden Rasterpunkte gedruckt, die nur
die Hälfte des Papiers bedecken und so die andere Hälfte unbedruckt lassen. Ist das Raster
fein genug oder unser Auge weit genug von
den einzelnen Punkten entfernt, verrechnet
sie unser Gehirn zu einem mittleren Grau.
Das Weiß des Papiers ist also wichtig für die

Erzeugung von hellen Farben beziehungsweise die Farbe Weiß selbst, denn Weiß wird nicht gedruckt!

Raster

Es gibt unterschiedliche Arten von Rastern, wobei das vorangegangene fast ausnahmslos verwendet wird – mit runden Rasterpunkten.

Hier einige Beispiele:

Punktraster

Ellipsenraster

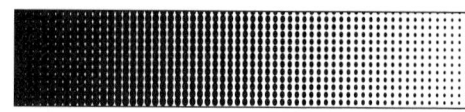

Strichraster

Rasterweite

Die Feinheit eines Rasters wird über den Abstand der einzelnen Rasterpunkte oder -linien zueinander bestimmt. Zur Angabe der Rasterweite wird ein Maß verwendet, das man einem Raster nicht ansieht: *Linien pro Zentimeter* – egal, ob es sich um ein Punkt- oder Linienraster handelt. Da die Rasterpunkte wie Perlen auf gleichmäßig weit voneinander gespannten Perlschnüren erscheinen, zählt man ihre Häufigkeit auf einem Zentimeter.

Im Beispiel auf der nächsten Seite oben rechts kann man fünf Rasterpunkte und damit fünf (nicht sichtbare) Linien pro Zentimeter zählen. Dabei ist es egal, wie groß die Rasterpunkte sind; ein Element oder ein Bild hat immer dieselbe Rasterweite. Die beiden Flächen rechts sind in einem 5er Raster gedruckt

Dieses Buch ist dagegen überall dort, wo kein spezielles Raster eingestellt wurde wie bei den Beispielen auf dieser Doppelseite, in einem 54er Raster gedruckt (siehe erster Verlauf zwei Seiten zuvor).

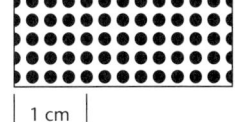

1 cm

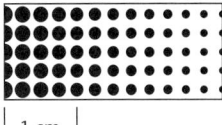

1 cm

Amerikanische Programme

Da alle DTP-Programme, mit denen wir zu tun haben, aus den USA stammen, ist das Grundmaß leider nicht der Zentimeter. In den Programmen findet sich außer bei Photoshop keine Möglichkeit, die Rasterweite in Linien pro Zentimeter anzugeben.

Das amerikanische Grundmaß ist der Inch, der 2,54 Zentimetern entspricht. Damit heißt das Maß *lines per inch* oder lpi. Das 5er Raster entspricht also einem 12,7-lpi-Raster, das 54er Raster der Abbildungen in diesem Buch 137 lpi.

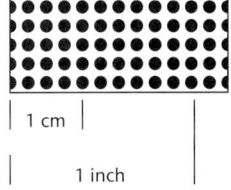

1 cm

1 inch

Rasterwinkel

Unser Auge nimmt senkrecht stehende Raster sehr deutlich wahr, ein gedrehtes dagegen weniger. Da ein Raster im professionellen Druck möglichst unsichtbar sein soll, wird das für Schwarz um 45 Grad verdreht.

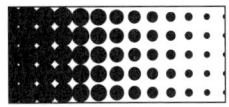 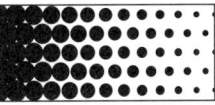

0 Grad   45 Grad

Rasterung farbiger Drucke

Jede der vier Farben im Vierfarbdruck erhält ihren eigenen Rasterwinkel. Damit ergibt sich je nach Größe der Rasterpunkte eine Mischung direkt auf dem Papier, wo sie sich überlappen – dort, wo sie nebeneinander stehen, entsteht dieselbe Mischfarbe im Auge beziehungsweise Gehirn.

Die Abbildung links zeigt einen farbigen Druck, hier Grau dargestellt.

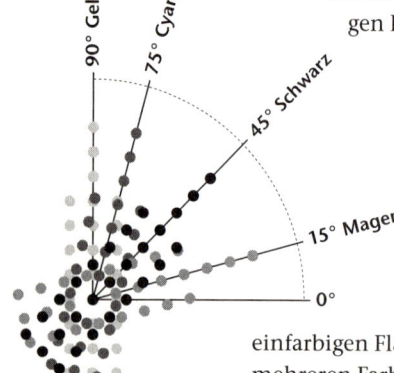

Rosetten

Durch die regelmäßige Anordnung der Rasterpunkte der vier Farben entstehen kreisförmige Muster, so genannte Rosetten. Bei Bildern mit stark variierenden Farben fallen sie nicht auf, in einfarbigen Flächen dagegen, die sich aus mehreren Farben zusammensetzen und einen deutlichen Schwarzanteil aufweisen, können sie zum Teil sehr deutlich und damit lästig werden.

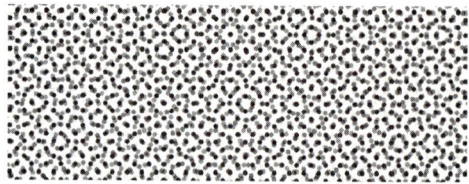

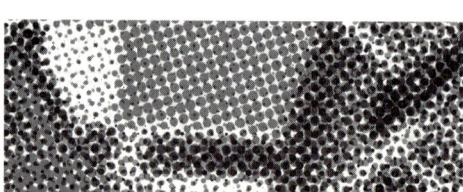

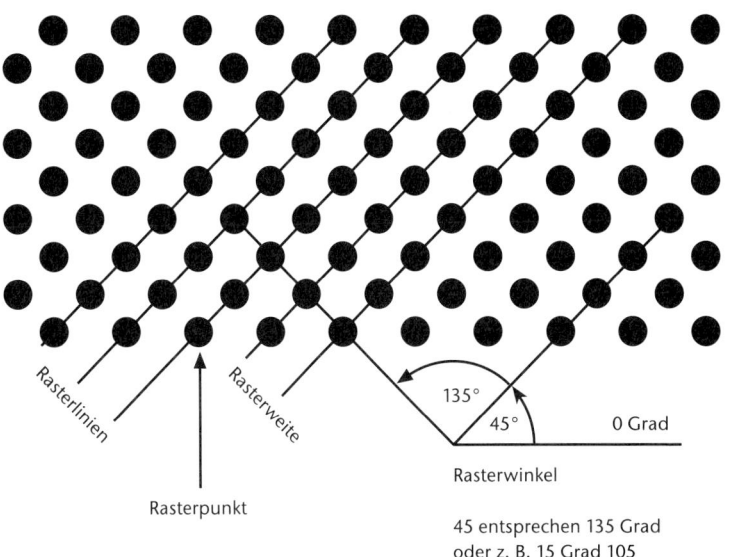

Rasterlinien

Rasterweite

135°

45°

0 Grad

Rasterwinkel

Rasterpunkt

45 entsprechen 135 Grad
oder z. B. 15 Grad 105

Rasterzähler

Mit einem Rasterzähler können Sie die Rasterweite gedruckter Flächen bestimmen. Legen Sie
dazu den Rasterzähler auf eine möglichst gleichmäßig gerastert Fläche – am besten mit großem
Schwarzanteil. Drehen Sie den Rasterzähler solange, bis ein kreuzförmiges Moiré wie in der
Abbildung unten erscheint. Die graue Fläche
unten hat eine Rasterweite von 36 Linien pro
cm oder 91 lpi.

Auf der CD befindet sich
eine Datei, mit deren Hilfe
Sie sich selbst einen Rasterzähler ausbelichten lassen
können.

Frequenzmodulierte Raster,
siehe nächste Seite, erzeugen keine Moirés und kön-
nen deshalb nachträglich
nicht gemessen werden.

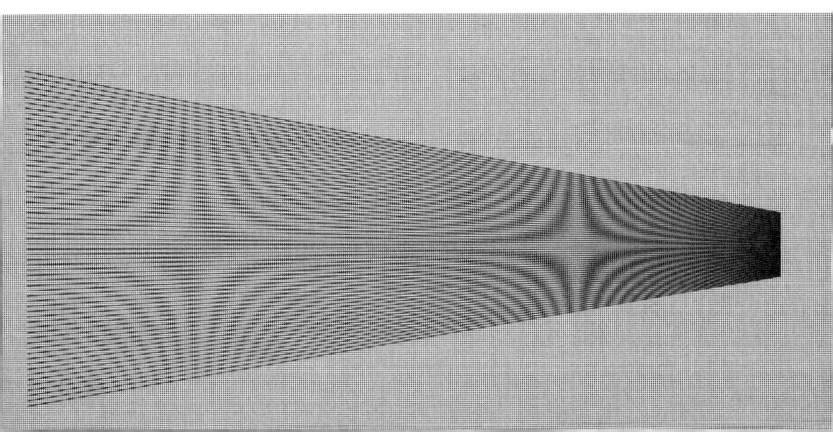

Frequenzmoduliertes Raster

Anders als die bisher vorgestellten Raster besteht ein frequenzmoduliertes Raster aus unregelmäßig angeordneten Rasterpunkten. Leider nehmen die wenigsten Belichtungsfirmen einen entsprechenden Auftrag entgegen.

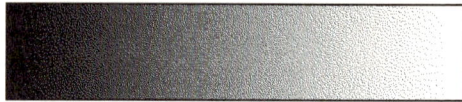

Im farbigen Innenteil finden Sie ein Bild, das in einem solchen Raster gedruckt wurde.

Papier

Bedruckbare Papiere unterscheiden sich zum Teil sehr stark voneinander. Es gibt die unterschiedlichsten Kriterien, nach denen sich Papiere klassifizieren lassen. Da ist zum einen ihre Umweltverträglichkeit, die sich darin zeigt, ob das Papier aus Altpapier hergestellt wurde oder ob die grauen Anteile des Rohstoffs, der Zellulose, mit oder ohne giftiges Chlor gebleicht wurden.

Papierarten

Das hilft aber alles nichts, wenn das Papier zu dünn ist und dadurch die bedruckte Rückseite durchschimmert. Das Gewicht von Papieren wird in Gramm pro Quadratmeter bestimmt. Die Seiten hier sind beispielsweise auf ungestrichenem Papier mit 70 Gramm / m^2 gedruckt.

Papiersorten
Grundsätzlich werden Papiere danach unterschieden, ob sie gestrichen oder nicht gestrichen sind. Das gilt auch für Recyclingpapiere. Es gibt also *Naturpapiere*, das sind ungestrichene Papiere, und *gestrichene Papiere.*

Information von der Internet-Seite www.oktoberdruck.de

• *Naturpapiere* sind entweder „matt" oder „satiniert", das heißt, sie erhielten eine zusätzliche mechanische Glättung.
Verwendung: Holzfrei: speziell „Werkdruck".
Voluminöses Papier mit leicht gelblicher oder

bläulicher Färbung für den Druck von Büchern. Holzhaltige Papiere sind durch den Holzschliffanteil opak, d. h. undurchsichtiger. Sie sind geeignet für Strich, Texte und gröbere Raster. Feinstpapiere sind in der Regel ungestrichene Mischfaserpapiere. Sie enthalten häufig Einschlüsse oder haben eine mechanische Oberflächenveränderung erfahren.

• *Gestrichene Papiere* sind ein- oder zweiseitig mit einem sich entweder „matt" oder „glänzend" zeigenden Kreidestrich versehen. *Verwendung:* Gestrichene Papiere sind u. a. geeignet für hervorragende Bildwiedergaben, deshalb auch „Bilderdruck". Die geschlossene Oberfläche des Papiers ermöglicht feine Raster in höchster Qualität.

Holzfrei: unkomplizierter, heller Bedruckstoff für fast alle Gelegenheiten.

Holzhaltig: wegen der erhöhten Opazität in niedrigeren Grammaturen verwendbar. Briefpapiere bilden eine besondere Gruppe wegen ihrer speziellen Oberflächenbehandlung.

Rohstoffe

Gestrichene und ungestrichene Papiere gibt es als holzfreie (hfr) oder holzhaltige (hh) Papiere. Der Rohstoff holzfreier Papiere ist Zellstoff, chemisch aus Holz gelöst. Holzhaltige Papiere bestehen aus Zellstoff mit „Holzschliff", das heißt mechanisch zerkleinerten Hölzern.

Rohstoff von Recyclingpapier ist Altpapier. Bedrucktes Altpapier ist „deinkt", das heißt von Farbe befreit, und enthält alle Bestandteile der ihm zugeführten Papiere. Unterschieden wird in „pre-consumer" und „post-consumer": Rohstoffe von pre-consumer-Sorten sind unbedruckte Papierabschnitte und Altpapiere, Rohstoffe für post-consumer-Sorten sind Papiere, die schon einmal den Kreislauf bis zum Endverbraucher durchlaufen haben, wobei noch nach Benutzungsgraden unterschieden wird in *untere Sorten*: Haushaltssammelware, Zeitungen, Illustrierte usw., *mittlere Sorten*: Endlosformulare, Remittenden, *bessere Sorten*: weiße Akten, pre-consumer-Sorten.

Die Aussage „chlorfrei gebleicht" garantiert nicht, dass bei der Herstellung aller Bestandteile auf chlorhaltige Bleichchemikalien verzichtet wurde. Zum Beispiel enthält die Chlor-Sauerstoff-Bleiche chlororganische Verbindungen und wird bezeichnet mit „chlorarm" = ecf = elementarchlorfrei, aber auch „chlorfrei".

Ausschließlich die mit Sauerstoffverbindungen gebleichten Papiere erhalten die Bezeichnung tcf = totally chlorin free. Papiere mit dem „Blauen Engel" bestehen aus 100 % Altpapier, das mindestens 50 % Altpapier der unteren Sorte enthält.

Als weitere Rohstoffe zur Papierherstellung finden Naturprodukte Verwendung wie Textilfasern, Hanf, Bambus, und Stroh. Mischfaser-Papiere bestehen zu unterschiedlichen Teilen aus Zellstoff / Holzschliff / Altpapier.

Papierformate

Papierformat bezeichnet die Größe eines Papierbogens. Es haben sich unterschiedliche Standardformate durchgesetzt.

DIN-Formate
Über Deutschland hinaus werden zumeist DIN-Formate benutzt. Außerhalb Europas werden sie dagegen kaum verwendet.

Es gibt mehrere unterschiedliche DIN-Formate, das Ihnen bekannteste dürfte das DIN-A-Format sein. Ihnen liegen zwei sehr praktische Überlegungen zugrunde:

DIN steht für Deutsche Industrie-Norm

1. das größte Format ist (fast) genau einen Quadratmeter groß (0,997920 m^2),
2. durch Halbieren quer zur Länge entsteht das nächstkleinere Format.

Das Besondere ist, dass das Längen-Seiten-Verhältnis bei jedem dieser Formate dasselbe ist. Faltet man einen Bogen Papier genau in seiner Mitte, ergeben sich zwei halb so große Flächen. Nimmt man dabei ein quadratisches Blatt, erhält man anschließend zwei rechteckige mit einem Längenverhältnis von 1:2. Sollen die Längenverhältnisse allerdings wie beim DIN-Format gleich bleiben, müssen sie von vornherein schon ein bestimmtes Verhältnis zueinander aufweisen: die Wurzel aus 2 = 1,414213562.

DIN-Formate,
Größen in Millimetern:

	DIN A			DIN B			DIN C		
0	841	×	1189	1000	×	1414	917	×	1297
1	594	×	841	707	×	1000	648	×	917
2	420	×	594	500	×	707	458	×	648
3	297	×	420	353	×	500	324	×	458
4	210	×	297	250	×	353	229	×	324
5	148	×	210	176	×	250	162	×	229
6	105	×	148	125	×	176	114	×	162
7	74	×	105	88	×	125	81	×	114
8	52	×	74	62	×	88	57	×	81
9	37	×	52	44	×	62	40	×	57
10	26	×	37	31	×	44	28	×	40
11	18	×	26	22	×	31			
12	13	×	18	15	×	22			
13	9	×	13	11	×	15			

Wer viel am Fotokopierer gestanden hat, weiß, dass ein DIN-A4-Blatt auf A3 hochgezogen um circa das 1,4fache oder 141 Prozent vergrößert, ein A3 auf A4 entsprechend auf etwa 71 Prozent (1 : 1,41 ≈ 0,71) verkleinert werden muss.

Konstruieren lässt sich dieses Seitenverhältnis mit Hilfe eines Zirkels: Schlagen Sie einen Kreis um die Diagonale eines Quadrats, wie unten zu sehen.

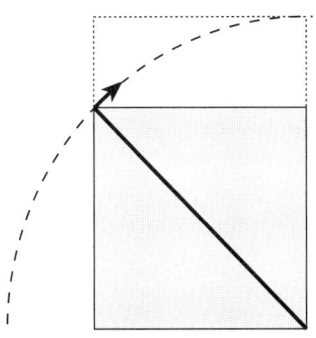 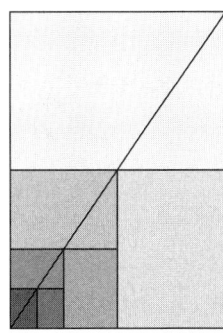

Ein A4-Format entsteht also aus dem vierfachen Falten eines A0-Bogens. Deshalb wird es auch Viertelbogen genannt. Es ergeben sich durch das Falten sechzehn A4-Blätter, also 32 Seiten. Darüber können Sie nebenbei ganz leicht das Gewicht einer 32-seitigen A4-Broschüre ausrechnen. Verwenden Sie beispielsweise 80-Gramm-Papier, Papier also, das 80 Gramm pro Quadratmeter wiegt, wird die Broschüre 80 Gramm wiegen.

Andere Formate
Darüber hinaus gibt es standardisierte Formate, die nicht in das DIN-Format passen; dazu gehören beispielsweise:

Scheck- oder				
Visitenkarte:	86	×	54	mm
Compact Disc	120	×	120	

Amerikanische Formate haben den Füßen, Meilen und flüssigen Unzen entsprechend nicht die Regelmäßigkeit der metrischen Normen in Europa. Hier einige Maße:

US-Brief:	215,9	×	279,4	mm
US-lang:	215,9	×	355,6	
US-Brief-halb:	139,7	×	215,9	
US-lang-halb:	177,8	×	215,9	
Tabloid:	279,4	×	431,8	

Formatlage

Die Ausrichtung der Seite kann hoch oder quer sein. Bei der Angabe der Größen wird mit der ersten Zahl die Breite und mit der zweiten die Höhe angegeben.

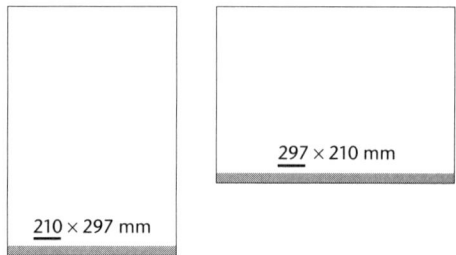

297 × 210 mm

210 × 297 mm

Bei den meisten Papieren stellt das A4-Querformat die größte praktikable Größe dar, weil darüber hinaus das Papier „schlabbrig" wird. Hochformate können dagegen deutlich größer sein, bevor dieser Effekt eintritt.

Technische Umsetzung im Druck

Im Offsetdruck wird der einzelne Rasterpunkt gegenüber seiner Form auf der Druckplatte stark verändert. Zum einen wird die Farbe bei der Übertragung vom Gummituch auf das Papier leicht gequetscht, und zum anderen kann sich die Farbe sehr unterschiedlich verhalten, je nachdem ob sie auf saugendes oder nicht-saugendes Papier übertragen wird.

Der Druckzylinder ist mit einem Gummituch bespannt – siehe Kapitel „Druckverfahren".

Farbverhalten auf verschiedenen Papieren

Farbe verhält sich auf saugenden Untergründen anders als auf nichtsaugenden. Aufgrund der Oberflächenbeschaffenheit saugen matte Papiere die Druckfarbe mehr auf als glatte beziehungsweise gestrichene. Bei ungestrichenen Papieren kriecht die Farbe förmlich in die Oberfläche des Papiers hinein.

Auf einem gestrichenen Papier dagegen bleibt die Farbe etwas dicker stehen. Damit wirken Farben auf Papieren mit glatten Oberflächen intensiver als auf solchen mit matten oder gar rauen Oberflächen.

Wichtiger noch ist, dass sich die einzelnen Rasterpunkte auf saugendem Papier verhalten wie Tintenkleckse auf Löschpapier: sie werden größer, weil die Farbe entlang der Fasern des Papiers nicht nur in die Tiefe kriecht, sondern auch zu den Seiten.

Damit erscheinen Bilder, die auf ungestrichene Papiere gedruckt werden, dunkler als auf gestrichenen Papieren, denn der Raum zwischen den Rasterpunkten wird enger, und so bleibt weniger unbedrucktes weißes Papier stehen.

Druckpunktzuwachs
Dieses Phänomen wird als Druckpunktzuwachs bezeichnet: der einzelne Druck- oder Rasterpunkt wird erst im Druck größer, als er auf der Druckplatte ursprünglich war, und damit der Druck dunkler als geplant.

Die Zuwächse liegen auf den drei Grundarten von Papier bei:
ca. 10 % – gestrichene Papiere
ca. 15 % – ungestrichene Papiere
ca. 30 % – Zeitungspapiere

Rechts sehen Sie zwei stark vergrößerte Verläufe. Der linke sieht aus, wie er soll. Bei den beiden rechten nimmt der Druckpunktzuwachs jeweils stärker zu – die Erscheinung ist damit insgesamt dunkler. Damit laufen auch die dunklen Bereiche mit Farbe zu, sodass dort keine Details mehr wiedergegeben werden können.

Die Zunahme ist nicht linear – je dunkler die Farbe, desto mehr wirkt sich der Größenzuwachs der einzelnen Rasterpunkte aus.

Über Photoshop lassen sich derartige Korrekturen automatisch für die unterschiedlichsten Papiere und Druckfarben vornehmen (siehe ab Seite 167).

Das heißt, Sie müssen sich schon vor der Bearbeitung Ihrer Bilder im Klaren sein, auf welchem Papier Sie später drucken wollen, um entsprechende Einstellungen vornehmen zu können!

Eine Ausnahme bildet der Umgang mit verschiedenen Farbprofilen, die Sie in Bilder einbetten können.

Raster und Papierqualität

Wenn man auf ungestrichenen Papieren in einem sehr feinen Raster druckt, laufen die Räume zwischen den einzelnen Rasterpunkten überproportional stark zu. Dadurch erscheinen fein gerasterte Bilder auf solchen Papieren deutlich dunkler als auf gestrichenen. Deshalb werden Halbtöne zum Beispiel im schwarzweißen Teil dieses Buches in einem 54er Raster gedruckt. Bei einem 60er Raster könnte das Bild schon zu dunkel werden. Unten sehen Sie zweimal dasselbe Bild. Die Helligkeitsunterschiede entstehen erst auf dem Papier – am Monitor sehen sie alle gleich aus!

Im Innenteil des Buches sind auf dem gestrichenen Papier die meisten Bilder in einem 60er und auf dem ungestrichenen Papier in einem 54er Raster gedruckt.

40er Raster

80er Raster

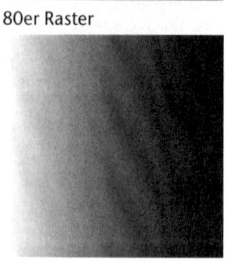

Ungenauigkeiten im Druck

Wenn mehr als eine Farbe gedruckt wird, ist es schwierig, die Farben passgenau neben- und übereinander zu setzen. Wie im nächsten Kapitel genauer vorgestellt, werden mehrfarbige Drucke in Maschinen mit mehreren Druckwerken erzeugt. Dabei wird der Bogen Papier im ersten Druckwerk mit der ersten Farbe bedruckt und weitergegeben ans nächste, wo eine weitere Farbe folgt – beim Vierfarbdruck sind das vier an der Zahl (Cyan, Magenta, Gelb und Schwarz).

Siehe farbiger Innenteil des Buches.

Registerhaltigkeit

Beim Drucken mehrfarbiger Seiten müssen die einzelnen Farben exakt aufeinander passen. Da Papier aber mit der Annahme lösungsmittelhaltiger Farben anfängt, sich minimal auszudehnen, besteht immer die Gefahr, dass die Farben nicht ganz genau zueinander passen – sie halten nicht Register. Man sagt auch, es gibt *Passerschwierigkeiten*.

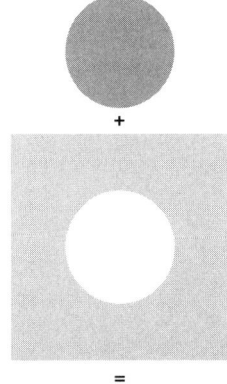

Aussparung

Stellen wir uns folgenden Fall vor: Auf eine gelbe Fläche soll ein cyanfarbiger Punkt gedruckt werden. Würden nun beide Farben vollständig ihre Flächen bedecken, entstünde auf der Fläche des Punktes eine Mischfarbe aus Cyan und Gelb – ein kräftiges Grün. Das ist natürlich nicht beabsichtigt; deshalb wird die untere Fläche an dieser Stelle ausgespart.

Das Gelb wird also dort mit einem Loch versehen, wo der cyanfarbene Punkt stehen soll.

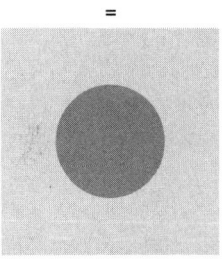

Blitzer

Wenn Farben nicht genau Register halten, entstehen Blitzer: unbedrucktes weißes Papier taucht dort auf, wo zwei Farben zueinander leicht verschoben sind (siehe rechts). In diesem Fall ist die dunkle Farbe zur helleren leicht nach links verschoben.

Dabei springen uns die Flächen des weißen Papiers wesentlich deutlicher ins Auge als die, wo durch die leichte Verschiebung auf der

gegenüberliegenden Seite ein Überdrucken der beiden Farben zustande kommt.

Überfüllung

Da sich diese leichte Verschiebung um Bruchteile von Millimetern technisch nicht vermeiden lässt, werden die Elemente zueinander überfüllt. Dabei wächst immer die hellere leicht in die dunklere Fläche hinein – die Aussparung in der helleren Fläche wird also im Beispiel links etwas kleiner.

Passmarken

Damit der Drucker (Mensch) an der Druckmaschine beim Druck mehrerer Farben beurteilen kann, ob die Farben genau übereinander passen, werden so genannte Passmarken in jeder dieser Farben außerhalb der eigentlichen Seite oder Visitenkarte an jeweils dieselbe Stelle gedruckt.

Stellt sich beim Anlaufen der Druckmaschine heraus, dass eine Passmarke nicht satt schwarz ist (wenn alle Farben übereinander drucken), sondern zum Beispiel einen magentafarbenen Rand bekommt, weiß der Drucker (Mensch), dass diese Farbe nicht genau genug Register hält. Dann muss er die Maschine nachjustieren – früher mit Schraubenschlüsseln an dem jeweiligen Druckzylinder, heute an einem Steuerpult bei laufender Maschine.

Sie finden genau diese Abbildungen auf der ersten farbigen Innenseite wieder.

Buchbinderische Weiterverarbeitung

Aus einer Druckmaschine kommt natürlich
noch kein fertiges Buch. Auch Visitenkarten
sind Teil eines größeren Bogens Papier. Alle
Arbeiten wie Schneiden oder Binden, die sich
an den Druck anschließen, fallen unter das
Thema der buchbinderischen Weiterverarbeitung – es muss also kein Buch dabei entstehen.

Die am meisten für DTP-Aufträge verwendeten
Offset-Druckmaschinen bedrucken Bögen in
einer Größe von 100 zu 70 Zentimetern. Damit passen etliche DIN-A-Seiten auf solch
einen Druckbogen.

Schneiden

Da also normalerweise auf Bögen gedruckt
wird, die wesentlich größer als das fertige Produkt sind, müssen die von Ihnen erstellten
Seiten aus dem Bogen ausgeschnitten werden.
Damit der Buchbinder weiß, wo geschnitten
werden soll, müssen um jede Seite herum
Schneidemarken gesetzt werden, entlang deren
die Seiten ausgeschnitten werden können. Dabei sind nur rechtwinklig zueinander angeord-
nete Schnitte möglich.

Zum Schneiden wird ein Stapel gleich bedruckter Bögen mit einer großen Maschine
zerschnitten. Durch den hohen Druck verzieht sich das Papier leicht, und damit landet
der Schnitt in den unteren Bögen nicht immer
exakt an derselben Stelle wie in den oberen. Je

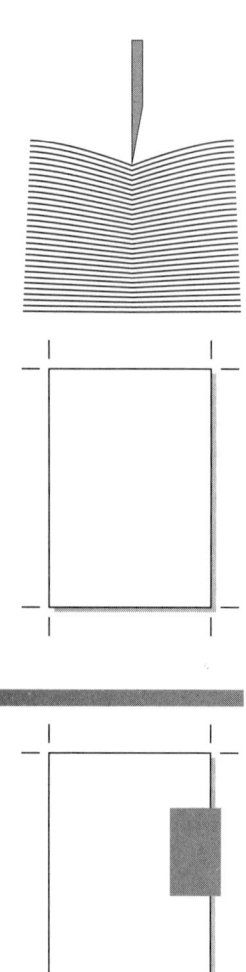

höher der Stapel, desto größer die Ungenauigkeiten.

Die Ränder einer Seite und genauso einer
Visitenkarte sind also Bereiche, in denen in
der Weiterverarbeitung nicht ganz exakt gearbeitet werden kann.

Beschnittzeichen

Da die Seitengröße eines Dokuments oft kleiner ist als das verwendete Papierformat, das
durch die Druckmaschine läuft, müssen die
Ränder der Seite mit so genannten Beschnittzeichen gekennzeichnet werden, damit klar
ist, wo genau die Seite aus dem größeren Bogen herausgeschnitten werden soll.

Es wird senkrecht zu den Blattkanten geschnitten. Nicht rechteckige Formen lassen sich
nur durch Stanzen erzeugen (siehe Seite 58).

Anschnitt

Alle Elemente, die bis genau an den Seitenrand reichen sollen, müssen bei der Gestaltung
über den Seitenrand hinausragen, damit sie
bei einem nicht ganz exakt laufenden Schnitt,
der etwas außerhalb der geplanten Seite verlaufen könnte, noch mit erfasst werden. Der
graue Balken oben lappt deshalb im Computerdokument drei Millimeter nach links über
die Seitenkante hinaus. Er geht in den Anschnitt, wie der Drucker sagt.

Beschnittzugabe

Das Vergrößern der Randelemente nennt man
Beschnittzugabe. Sie liegt bei normalen Druckerzeugnissen bei drei Millimetern. Bei Visitenkarten dagegen, die in kleineren Auflagen und
damit aus dünneren Stapeln geschnitten werden, reicht ein Millimeter.

Unten sehen Sie den linken Teil dieser Seite mit ihren Beschnittzeichen verkleinert dargestellt.

Nutzen

Will man eine Visitenkarte drucken, wird das mit einer kleineren Druckmaschine erledigt, die normalerweise DIN-A4-große Formate verarbeitet. Nun wäre es aber unsinnig, nur eine Visitenkarte auf einen A4-Bogen zu drucken.

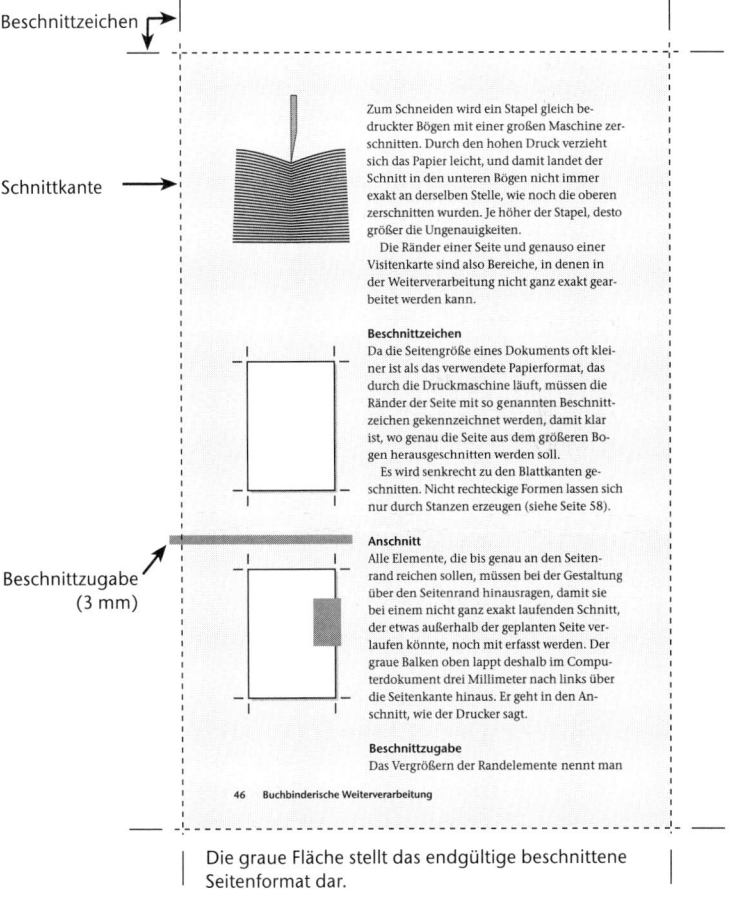

Beschnittzeichen

Schnittkante

Beschnittzugabe (3 mm)

Zum Schneiden wird ein Stapel gleich bedruckter Bögen mit einer großen Maschine zerschnitten. Durch den hohen Druck verzieht sich das Papier leicht, und damit landet der Schnitt in den unteren Bögen nicht immer exakt an derselben Stelle, wie noch die oberen zerschnitten wurden. Je höher der Stapel, desto größer die Ungenauigkeiten.

Die Ränder einer Seite und genauso einer Visitenkarte sind also Bereiche, in denen in der Weiterverarbeitung nicht ganz exakt gearbeitet werden kann.

Beschnittzeichen

Da die Seitengröße eines Dokuments oft kleiner ist als das verwendete Papierformat, das durch die Druckmaschine läuft, müssen die Ränder der Seite mit so genannten Beschnittzeichen gekennzeichnet werden, damit klar ist, wo genau die Seite aus dem größeren Bogen herausgeschnitten werden soll.

Es wird senkrecht zu den Blattkanten geschnitten. Nicht rechteckige Formen lassen sich nur durch Stanzen erzeugen (siehe Seite 58).

Anschnitt

Alle Elemente, die bis genau an den Seitenrand reichen sollen, müssen bei der Gestaltung über den Seitenrand hinausragen, damit sie bei einem nicht ganz exakt laufenden Schnitt, der etwas außerhalb der geplanten Seite verlaufen könnte, noch mit erfasst werden. Der graue Balken oben lappt deshalb im Computerdokument drei Millimeter nach links über die Seitenkante hinaus. Er geht in den Anschnitt, wie der Drucker sagt.

Beschnittzugabe

Das Vergrößern der Randelemente nennt man

46 Buchbinderische Weiterverarbeitung

Die graue Fläche stellt das endgültige beschnittene Seitenformat dar.

Legt man dagegen verschiedene Visitenkarten auf einem Bogen an, handelt es sich nur um jeweils einen Nutzen.

Ein Millimeter Beschnittzugabe reicht bei Visitenkarten, weil die durchschnittenen Stapel wesentlich weniger dick sind als bei anderen Druckerzeugnissen wie Broschüren oder Büchern.

Um in diesem Fall das Format optimal auszunutzen, legt man auf dem Format möglichst viele gleiche Visitenkarten an. Es passen normalerweise neun auf einen A4-Bogen. Dann spricht man von neun Nutzen (siehe rechts verkleinert).

Unten sehen Sie eine einzelne Visitenkarte mit Beschnittzeichen. Die gestrichelte Linie zeigt das endgültige Format, die Striche außerhalb sind die Schnittmarken.

Die Karte geht auf allen vier Seiten in den Anschnitt: links mit den vier Strichen, oben mit dem Ende des rechten Balkens, rechts mit seiner rechten Kante und unten mit seiner unteren – eine Beschnittzugabe von 1 mm reicht. Die Schneidemarken müssen außerhalb des Beschnitts enden.

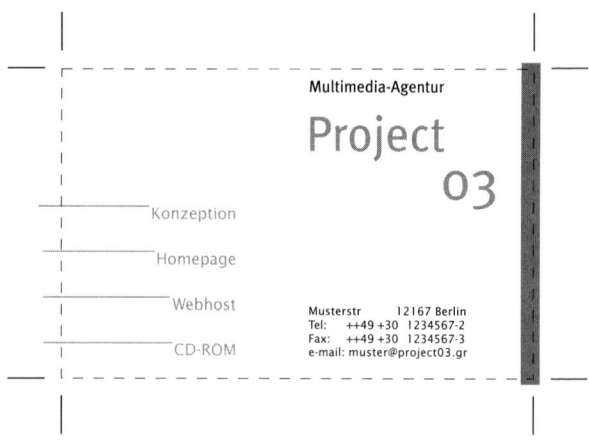

Multimedia-Agentur

Project
03

Konzeption

Homepage

Webhost

CD-ROM

Musterstr   12167 Berlin
Tel: ++49 +30 1234567-2
Fax: ++49 +30 1234567-3
e-mail: muster@project03.gr

Falzen eines Druckbogens
Das Knicken von Papier wird in der Fachsprache Falzen genannt.

Soll eine Broschüre hergestellt werden, werden die Seiten nach dem Druck gebunden.

Multimedia-Agentur
Project 03

Konzeption
Homepage
Webhost
CD-ROM

Musterstr. 10   12167 Berlin
Tel: ++49 +30 1234567-2
Fax: ++49 +30 1234567-3
e-mail: muster@project03.gr

Multimedia-Agentur
Project 03

Konzeption
Homepage
Webhost
CD-ROM

Musterstr. 10   12167 Berlin
Tel: ++49 +30 1234567-2
Fax: ++49 +30 1234567-3
e-mail: muster@project03.gr

Multimedia-Agentur
Project 03

Konzeption
Homepage
Webhost
CD-ROM

Musterstr. 10   12167 Berlin
Tel: ++49 +30 1234567-2
Fax: ++49 +30 1234567-3
e-mail: muster@project03.gr

Multimedia-Agentur
Project 03

Konzeption
Homepage
Webhost
CD-ROM

Musterstr. 10   12167 Berlin
Tel: ++49 +30 1234567-2
Fax: ++49 +30 1234567-3
e-mail: muster@project03.gr

Multimedia-Agentur
Project 03

Konzeption
Homepage
Webhost
CD-ROM

Musterstr. 10   12167 Berlin
Tel: ++49 +30 1234567-2
Fax: ++49 +30 1234567-3
e-mail: muster@project03.gr

Multimedia-Agentur
Project 03

Konzeption
Homepage
Webhost
CD-ROM

Musterstr. 10   12167 Berlin
Tel: ++49 +30 1234567-2
Fax: ++49 +30 1234567-3
e-mail: muster@project03.gr

Zu verschiedenen Binde-
arten siehe Seite 53.

Häufig wird dabei nicht jede Seite einzeln mit dem Rücken des Buches verklebt, sondern ein ganzer Druckbogen so gefalzt, dass mehrere Seiten schon richtig zueinander stehen. Mehrere gefalzte Druckbögen plus Umschlag ergeben dann die fertige Broschüre. Auf einen normalen Druckbogen (100 × 70 cm) passen acht DIN-A4-Seiten – also 16 Seiten eines Heftes mit Vorder- und Rückseite.

Falzschema

Der entsprechende Druckbogen wird normalerweise nach dem links abgebildeten Schema gefalzt.

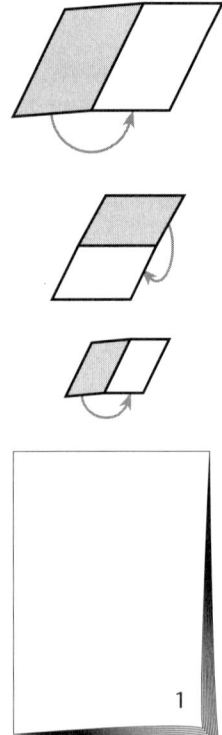

Machen Sie das am besten einmal selbst, damit Sie eine Vorstellung davon bekommen. Nehmen Sie sich dazu ein A4-Blatt und falten Sie es nach der Abbildung links.

Halten Sie es zum Schluss so vor sich, dass die offenen Kanten nach rechts und unten zeigen. Nummerieren Sie anschließend die einzeln entstandenen Seiten mit einem Stift, beginnend mit der 1. Falten Sie danach das Blatt wieder auseinander, verteilen sich die Seitenzahlen wie auf der Grafik rechts: je auf der Vorder- und Rückseite. Nach diesem Muster müssen also auch die Seiten auf dem Druckbogen platziert werden. So liegen die Seiten eines 16-seitigen Buches auf einem Druckbogen. Es ist möglich, einen Bogen von einer Seite beispielsweise im Vierfarbdruck bedrucken zu lassen, die andere Seite hingegen nur mit Schwarz für Text oder Graustufenbilder. Dadurch kann man Geld sparen.

Sollten Sie also einmal einen Auftrag bekommen, bei dem der Kunde zwar gern Farbe hätte, aber nur die Hälfte im Vierfarbdruck bezahlen kann, können Sie aus diesem Schema entnehmen, welche Seiten auf einer Seite

Diese Art Druck wird 4/1 genannt – 4 Skalenfarben auf der einen und eine auf der anderen Seite.

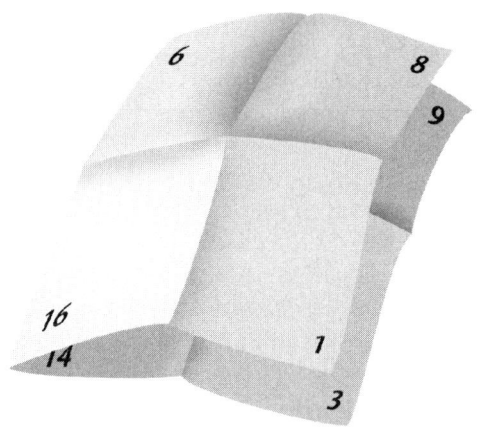

Es können auch andere Falzschemata zur Anwendung kommen – welche genau, erfahren Sie bei Ihrer Druckerei.

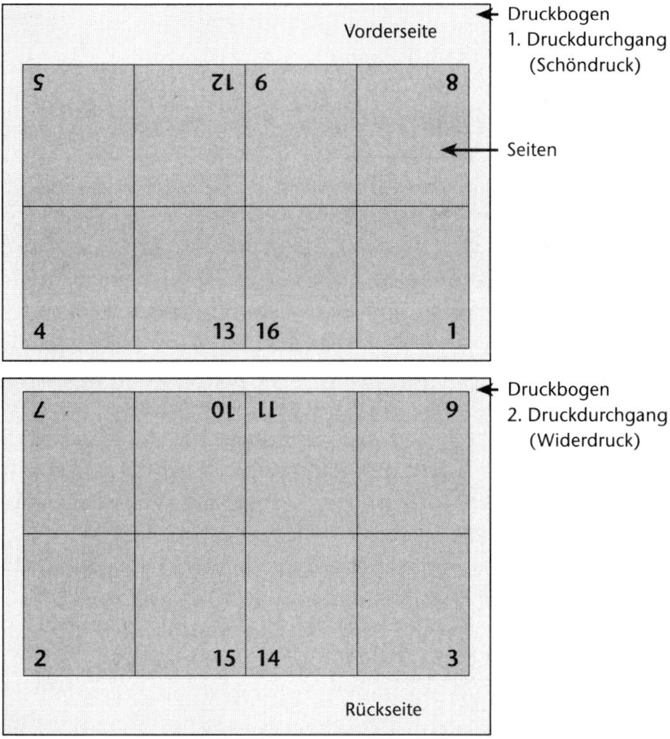

			Druckbogen ← Vorderseite
			1. Druckdurchgang (Schöndruck)

5	12	9	8
			← Seiten
4	13	16	1

Druckbogen ←
2. Druckdurchgang
(Widerdruck)

7	10	11	9
2	15	14	3

Rückseite

Falzen eines Druckbogens   51

des Druckbogens liegen und welche auf der anderen.

Ausschießen

Dieses Anordnen der Seiten auf dem großen Bogen nennt man Ausschießen. Bei einem kleineren Format wie diesem Buch in Ihren Händen passen entsprechend doppelt so viele Seiten auf einen Standardbogen – 32. Deshalb hat dieses Buch auch genau 320 Seiten und wurde somit auf zehn Bogen gedruckt. Auch wenn Sie sich andere Bücher anschauen, werden Sie sehen, dass deren Gesamtseitenzahl immer ein Vielfaches von 16 oder 32 ist.

Ganz selten wird ein halber Druckbogen verwendet; das ist teurer als die volle Ausnutzung eines Bogens und stellt damit nur eine Notlösung dar.

Ausschießen und Beschneiden

Die Darstellung auf der vorangegangenen Seite war eher theoretischer Art. Durch mehrfaches Falzen entsteht ja noch lange nicht automatisch die erwünschte Seitengröße. Außerdem müssen die Seiten aufgeschnitten werden, damit man sie wirklich umblättern kann. Der fertig gefalzte Bogen muss also noch beschnitten werden. Wenn Sie sich dazu Ihr Heftchen vornehmen, können Sie selbst nachvollziehen, wie das Ausschießmuster komplett aussehen muss.

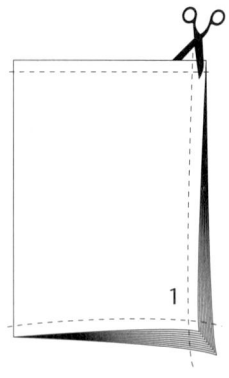

Links sehen Sie, wo das „Heftchen" beschnitten würde. Fahren Sie mit einem Falzbein oder der Rückseite einer Schere kräftig entlang der gewünschten Seitengröße (hier gestrichelt gezeichnet).

Falten Sie anschließend das Heftchen wieder auseinander, erhalten Sie ein Bild wie rechts oben. Die gestrichelten Linien entsprechen Ihren Markierungen und damit den zukünftigen Schnitten. Damit liegen die Seiten in den hier dunkelgrau dargestellten Flächen.

Vorderseite			
S	ZL	6	8
4	13	16	1

∠	OL	LL	9
2	15	14	3
			Rückseite

Bindearten

Bei mehrseitigen Druckerzeugnissen müssen die Seiten gebunden werden, damit sie nicht auseinander fallen.

Schneiden Sie die drei Ränder des gefalteten Heftchens ab, fallen Ihnen vier einzelne Stücke Papier entgegen. Sie müssen also am Rücken miteinander verbunden werden.

Rückstichheftung
Hierbei werden je nach Größe zwei bis vier

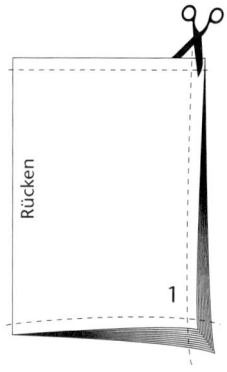

Heftklammern von außen durch den Rücken geschossen. Diese Art der Bindung bietet sich bei billigeren Druckerzeugnissen wie zum Beispiel Illustrierten, Stadtmagazinen und dergleichen an. Dabei werden mehrere gefalzte Bögen ineinander gesteckt, mit Heftklammern gebunden und anschließend beschnitten. Ist ein Heft relativ dick, ergeben sich daraus allerdings stark variierende Seitenbreiten: die Innenseiten sind deutlich schmaler als die äußeren.

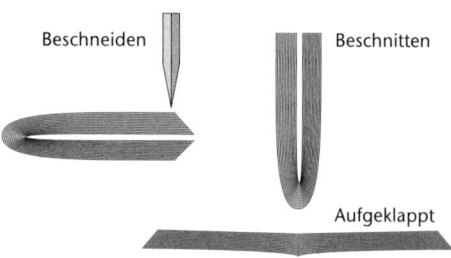

Beschneiden

Beschnitten

Aufgeklappt

Da die einzelnen gefalzten Druckbögen ineinander gesteckt werden, verteilen sich die Seiten anders als auf den Seiten zuvor beschrieben. Das folgende Beispiel stellt den Fall zweier Druckbögen einer 32-seitigen Broschüre dar. Falten Sie dazu zwei „Heftchen" wie zuvor beschrieben, stecken Sie sie ineinander und nummerieren Sie die nun doppelt so vielen Seiten auf dieselbe Weise. Nach dem Auseinanderfalten ergibt sich ein Bild wie rechts.

Fadenheftung

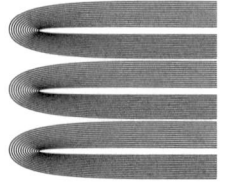

Die Fadenheftung ist die aufwendigste und damit teuerste Art der Bindung. Auf diese Weise werden Bücher mit hartem Deckel und gebogenem Rücken gebunden, beide sind zumeist noch mit Leinen bezogen. Dabei werden die einzelnen Seiten gefalzt wie bei der Rückstich-

Druckbogen 1

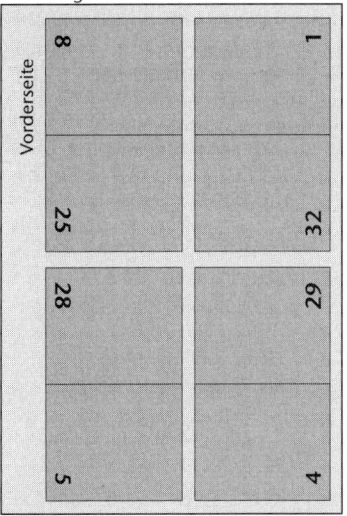

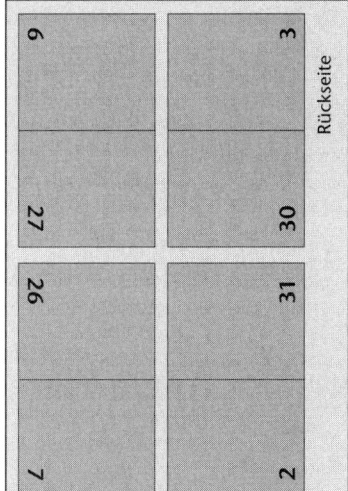

Druckbogen 2

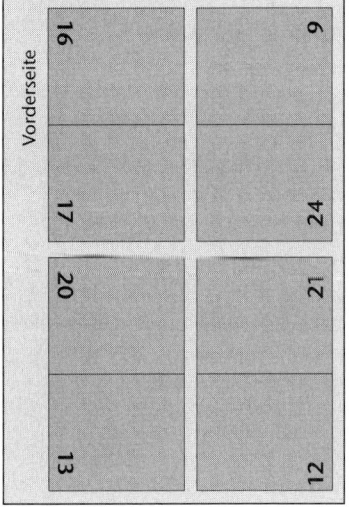

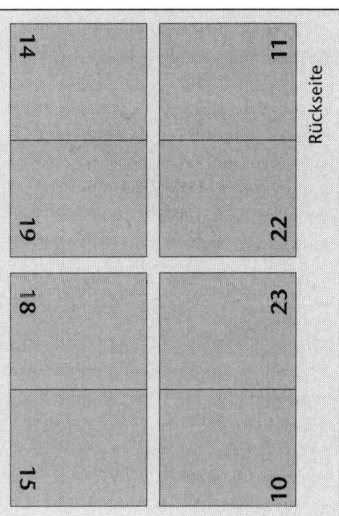

heftung, allerdings anschließend nicht ineinander gesteckt, sondern hintereinander gelegt. Sowohl die Seiten eines Bogens als auch die

der einzelnen Bögen untereinander werden mit einem Faden zusammengenäht. Auf diese Weise lassen sich sehr dicke Bücher herstellen, wie beispielsweise Romane, Bildbände und dergleichen mehr.

Die Seitenverteilung ist hier fortlaufend; der erste Bogen weist dieselbe Verteilung der Seitenzahlen auf wie bei der Rückstichheftung, der zweite wie links abgebildet und so weiter.

Bei der Fadenheftung ergibt sich in jedem gefalzten Bogen eine unzerschnittene Doppelseite.

Vorsicht!
Diese Angaben beziehen sich wohlgemerkt nur auf Seitengrößen, bei denen je acht auf eine Seite eines Druckbogens passen. Falls Sie mit kleineren Seitengrößen zu tun haben, passen entsprechend mehr Seiten auf einen Bogen. Dann müssen Sie Ihr individuelles Ausschießmuster entwickeln.

Klebebindung
Bei dieser Art der Bindung wird jede Seite einzeln mit dem Rücken des Buches verklebt. Sie ist deutlich billiger als die Fadenheftung. Die Vorteile bestehen darin, dass bei allen Seiten dieselbe Breite erhalten bleibt und die Seitenverteilung nicht so starr ist wie bei den beiden zuvor beschriebenen Heftungen. So lassen sich mehr- und einfarbige Seiten problemlos kombinieren. Darüber hinaus muss nicht unbedingt der gesamte Druckbogen ausgenutzt werden – ein halber Bogen kann für das nächste Exemplar herangezogen werden.

Der Nachteil ist, dass sich bei intensivem Gebrauch die Verklebung lösen kann und einzelne Seiten herausfallen. Das passiert besonders bei glatten Papieren, die immer etwas

Bogen 2

17	
	18
	19
20	
21	
	22
	23
24	
25	
	26
	27
28	
29	
	30
	31
24	

steifer sind und in die der Klebstoff nicht so weit einziehen kann wie bei saugenden Papieren – siehe Innenseiten.

Falzen einer Seite

Auch einseitige Druckerzeugnisse lassen sich falzen, wie Sie sie wahrscheinlich fast täglich in Ihrem Briefkasten finden.

Dabei gibt es standardisierte Falzarten und individuelle wie zum Beispiel bei Verpackungen.

Standardfalze

Grundsätzlich wird zwischen Falzen unterschieden, die sich kreuzen, und solchen, die parallel ausgeführt werden.

Seltener werden auch nicht rechtwinklige Falze vorgenommen, wobei das allerdings nicht mit allen Maschinen durchführbar ist.

Kreuzbruchfalz

Die Falze stehen senkrecht zueinander. Bei einer symmetrischen Falzung wird der Bogen jeweils halbiert, bei einer unsymmetrischen ist der Stand zueinander verschoben

Parallelfalz

Die Falzbrüche liegen parallel zueinander. Die bekanntesten sind der Zickzack- oder Leporello- und der Wickelfalz.

Kombinations- oder Gemischtfalzung

Hierbei werden die beiden zuvor genannten Arten der Falzungen miteinander kombiniert.

Dieses Buch ist beispielsweise auf diese Art gebunden.

Dass dennoch die Bücher dieser Reihe nur aus ganzen Bögen zusammengesetzt werden, hat mit der standardisierten Produktion zu tun, über die sich der relativ günstige Preis realisieren lässt.

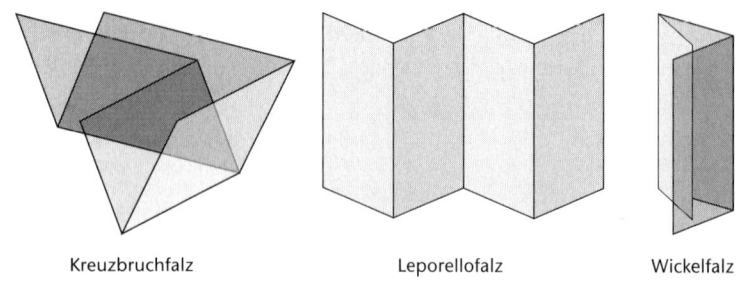

Kreuzbruchfalz   Leporellofalz   Wickelfalz

Bauen Sie sich vor der Produktion einen Dummy, damit Sie wissen, wie die Elemente auf den einzelnen Bereichen des Blattes positioniert werden müssen.

Als Markierungen für die Falzbrüche werden gestrichelte Linien verwendet, die außerhalb der Seiten des Dokumentes angelegt werden müssen.

Stanzen

Unregelmäßige Formen liegen zum Beispiel bei einer Schachtel vor.

Um unregelmäßige Formen aus einem Druckbogen zu schneiden, muss eine andere Technik eingesetzt werden als die des Schneidens. Es ist möglich, Stanzformen herzustellen, mit denen dünne Stapel Papier oder Pappe gestanzt werden können oder Kunststofffolien, wie sie für Aufkleber verwendet werden. Bei Letzteren kann die Stanztiefe sehr gering eingestellt werden, um beispielsweise einerseits die Aufkleber auszustanzen, andererseits aber das Trägerpapier unberührt zu lassen.

Es gibt kaum standardisierte Formen, sie müssen für die jeweiligen Belange zumeist speziell angefertigt werden. Die Kosten für ein Stanzbrett hängen von der Komplexität der Formen ab.

Druckverfahren

Es gibt die unterschiedlichsten Verfahren, mittels deren Farbe auf Papier oder andere Bedruckstoffe gelangt. Beim Drucken geht es zumeist darum, viele Kopien des Originals in gleich bleibender Qualität zu erzeugen. Druckverfahren unterscheiden sich darin, wie die Farbe auf den Untergrund gelangt. Vielleicht erinnern Sie sich an Ihre Schulzeit zurück, als Sie halbe Kartoffeln an deren Schnittfläche mit einem Messer so bearbeitet haben, dass sie als Stempel benutzt werden konnten. Das ist Kartoffeldruck – es handelt sich dabei um den so genannten Hochdruck: die erhabenen Teile der Kartoffel nehmen Farbe an und können sie an das Papier wieder abgeben, während die weggeschnittenen keine annehmen und so auch nicht drucken können.

Entsprechend der Höhe der farbtragenden Schicht werden die Druckverfahren in Hoch-, Flach-, Tief- und Durchdruck unterschieden. Da sie zum Teil schon etliche Jahrhunderte alt sind, werden sie hier als *klassische Druckverfahren* bezeichnet.

klassische Druckverfahren

In den letzten Jahren wurden die *computergestützten Druckverfahren* entwickelt, wie wir sie heute in Form von Tintenstrahl- und Laserdruckern finden, die direkt an einen Computer angeschlossen sind.

computergestützte Druckverfahren

Was braucht es zum Drucken?

Bedruckstoff

Das Papier, der Bierdeckel oder Kunststofffolie eines Aufklebers wird Bedruckstoff genannt, also das Material, auf das die Farbe gedruckt wird. Das Material kann je nach der verwendeten Maschine in einzelnen Bögen oder als Endlosmaterial von der Rolle in die Druckmaschine eingezogen werden.

Druckstock

Die farbtragende Fläche ist der Druckstock. Das kann das Gummi eines Stempels sein, eine Metallplatte oder die einzelnen Buchstaben (Lettern) des klassischen Buchdrucks.

Bei einem Druckdurchgang wird zunächst Farbe auf den Druckstock aufgetragen, der anschließend mit großem Druck auf den Bedruckstoff gesetzt wird. Dadurch gibt er die Farbe an ihn ab. Danach beginnt der Prozess von neuem, und auf einen frischen Bedruckstoff wird erneut Farbe gedruckt.

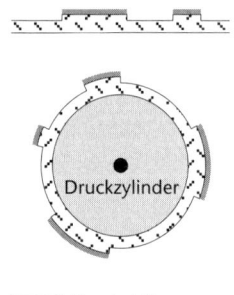

Druckstöcke können entweder plane Flächen sein, oder sie sind auf einen Zylinder aufgezogen. Letztere Variante ermöglicht durch hohe Rotationsgeschwindigkeiten einen wesentlich schnelleren Druck und damit hohe Auflagen in kurzer Zeit.

Bei computergestützten Druckverfahren finden sich keine Druckstöcke mehr – hier wird zum Beispiel mittels winziger Düsen die Farbe auf den Bedruckstoff gespritzt.

Druckfarbe

Je nach Druckverfahren kommen unterschiedliche Farben zum Einsatz – ölhaltige zum Beispiel beim Flachdruck, wasserhaltige in Tintenstrahldruckern. Darüber hinaus gibt es einen grundsätzlichen Unterschied: Es können transparente oder deckende, undurchsichtige Farben verwendet werden.

Normalerweise wird mit transparenten Farben gedruckt. Das bedeutet, dass durch den Druck zweier ungerasterter Farbflächen übereinander eine Mischfarbe entsteht, da die untere durchscheint.

Andererseits können deckende Farben übereinander stehen, ohne dass dabei Mischtöne entstehen. Mit derartigen Farben wurde die CD dieses Buches bedruckt.

Allerdings muss eine Farbe relativ dick aufgetragen werden, damit sie eine darunter liegende auch wirklich völlig abdecken kann. Das ist bei den kommerziellen Druckverfahren nur beim Siebdruck möglich.

Meistens will man ja gerade viele Mischtöne erzeugen, um mit möglichst wenigen eingesetzten Farben möglichst viele Mischtöne zu erhalten. So werden sowohl im Flach- als auch im Tiefdruck transparente Farben verwendet – die einzige Ausnahme bilden solche Farben, die Metallpigmente enthalten wie zum Beispiel Gold, das immer wieder gern in der Vorweihnachtszeit für den Druck von Geschenkpapier benutzt wird.

Klassische Druckverfahren

Hochdruck
Wie zuvor beschrieben, tragen hier die erhabenen Teile des Druckstocks die Farbe. Wird der Druckstock auf den Bedruckstoff gedrückt, gibt er sie an ihn ab.

Der Erfinder des Buchdrucks, Johannes Gu-

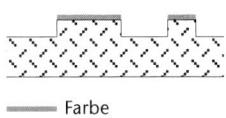

Farbe

tenberg, hat sich dieses Verfahren zunutze gemacht und die Buchstaben des Alphabets einzeln als Druckstöcke in Holz geschnitzt. Im Laufe der Zeit wurde Holz als Material abgelöst und die Buchstaben in Stahl geschnitten oder in Blei gegossen. Auch wurden die einzelnen Buchstaben später nicht mehr mit der Hand gesetzt – das gutenbergsche Prinzip blieb aber bis heute im teuren Handsatz gleich.

Im künstlerischen Bereich kommt dieses Verfahren beispielsweise beim Linol- oder Holzschnitt zum Einsatz.

Ansonsten wird der Blei- oder Stahlsatz nur noch im hochwertigen Buchdruck verwendet. Es gibt keine Schnittstelle zu üblichen PCs, und damit ist es nicht möglich, aus einem DTP-Programm heraus für dieses Verfahren Dateien vorzubereiten.

Tiefdruck

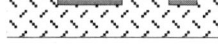

Bei diesem Verfahren wird eine hochglänzende Druckplatte mit leichten Kratzern oder stumpfen Stellen versehen. Die Farbe wird auf die Druckplatte aufgebracht und anschließend wieder von ihr heruntergewischt. Auf den nicht glänzenden Partien und in den Kratzern bleibt Farbe zurück, die unter hohem Druck an den Bedruckstoff abgegeben wird.

Künstler verwenden dieses Verfahren bei der Radierung oder im Stahlstich. Karten oder Atlanten wurden bis Anfang des letzten Jahrhundert im Stahlstich hergestellt.

Die benötigten Vertiefungen können durch Gravuren (zum Beispiel Stahlstich) oder Ätzungen erreicht werden.

Heute kommt dieses Verfahren im kommerziellen Druck beispielsweise bei auflagenstarken Illustrierten zur Anwendung.

Flachdruck

Im DTP wird dieses Druckverfahren in Form des Offsetdrucks bevorzugt genutzt.

Wie der Name sagt, gibt es keine deutlichen Höhenunterschiede auf dem Druckstock; er ist flach. Um auf dieser Fläche druckende von nichtdruckenden Bereichen zu trennen, hat man sich die Eigenschaften von Fett und Wasser zunutze gemacht. Fett stößt Wasser ab und Wasser wiederum Fett oder Öl.

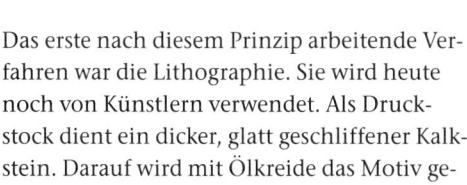

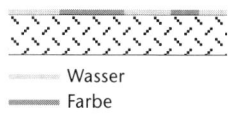
Wasser
Farbe

Das erste nach diesem Prinzip arbeitende Verfahren war die Lithographie. Sie wird heute noch von Künstlern verwendet. Als Druckstock dient ein dicker, glatt geschliffener Kalkstein. Darauf wird mit Ölkreide das Motiv gezeichnet, das später gedruckt werden soll.

Anschließend wird diese Fläche mit einer verdünnten Säure benetzt, die man kurz einwirken lässt und anschließend mit Wasser wieder abspült. Bei dieser Behandlung bleibt die Kreidezeichnung unverändert erhalten. Die durch die Säure leicht aufgeraute Steinoberfläche ist wasseranziehend. Mit einer Farbrolle wird ölhaltige Farbe auf den Stein aufgebracht, die von den feuchten Stellen abgestoßen und von der Ölkreide angezogen wird. Die Farbe steht dadurch nur auf der Ölkreide.

Daher leitet sich auch der Name dieses Verfahrens ab: im Griechischen heißt „Lithos" Stein und „graphein" schreiben.

Danach wird ein Blatt Papier auf den Stein gelegt und beides durch eine Druckpresse gezogen. Unter dem Druck wird die Farbe ans Papier abgegeben.

Da das Druckergebnis seitenverkehrt zur ursprünglichen Zeichnung auf dem Stein ist, wurden Umkopierverfahren entwickelt. Dabei wird zunächst auf ein wenig saugendes Papier die Zeichnung angelegt. Diese wird unter Druck auf den Stein übertragen, wo sie damit seitenverkehrt vorliegt.

Anschließend wird die Platte genauso mit Säure behandelt wie zuvor beschrieben. Wird nun diese seitenverkehrte Zeichnung gedruckt, erhält man ein seitenrichtiges Ergebnis.

Im kommerziellen Druck wird dieses Verfahren seit den fünfziger Jahren des letzten Jahrhunderts in Form des Offsetdrucks verwendet, mit dem heute ein Großteil von Druckerzeugnissen hergestellt wird – von der Visitenkarte über Plakate bis zu allen Seiten dieses Buches.

Auch bei diesem Verfahren wird das Bild über einen Zwischenschritt umkopiert. Die Druckplatte druckt zunächst auf ein so genanntes Gummituch, das anschließend die Farbe auf das Papier weitergibt. Der Nebeneffekt dieser Übertragung ist, dass die Druckplatte nicht mit dem relativ harten Papier in Berührung kommt und so höhere Auflagen möglich sind.

Dennoch sind die Druckplatten nicht so widerstandsfähig wie beim kommerziellen Tiefdruck – ohne eine zusätzliche Hartverchromung der Platte ist eine Auflage von mehr als 150 000 nicht möglich. Das reicht aber für die meisten Plakate, Bücher, Geschäftsausstattungen wie Visitenkarten und Briefpapier, Stadtmagazine und dergleichen aus.

Sie werden wahrscheinlich die meisten Ihrer Druckaufträge in diesem Verfahren drucken lassen, es sei denn, Sie gestalten Anzeigen für auflagenstarke Illustrierte.

Durchdruck

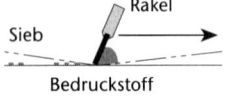

Anders als die zuvor beschriebenen Druckverfahren kommt der Durchdruck ohne einen Druckstock aus. Die Farbe wird direkt durch eine Schablone auf das Papier gedrückt, wozu kein großer Druck wie bei den anderen Verfahren erforderlich ist.

Als Siebdruck findet dieses Verfahren sowohl bei Künstlern als auch im kommerziellen Druck Verwendung.

Dabei wird ein sehr feinmaschiges offenes Gewebe, das Sieb, auf einen Rahmen gespannt. Teile des Siebs werden mit einem Lack bestrichen, der die Maschen verschließt. Legt man das Sieb über den Bedruckstoff und drückt mit einer Gummirakel die Farbe hindurch, gelangt sie nur dort auf den Bedruckstoff, wo die Maschen offen sind – die mit Lack versiegelten Stellen sind dicht und verhindern ein Durchdringen der Farbe.

Im kommerziellen Druck wird dieses Verfahren zumeist benutzt, um Kunststoffe oder Glas zu bedrucken: CDs, Aufkleber, Zeichen auf Computertastaturen, Biergläser, Einwegfeuerzeuge usw.

Die CD im Buch wurde mit diesem Verfahren bedruckt.

Mehrfarbiger Druck

Sollen mehrere Farben gedruckt werden, können diese Farben auf einem Druckstock aufgebracht werden. Viele Visastempel, die man früher in seinen Pass bekam, waren zweifarbig; dabei wurde der Gummi von einer übergehend zu einer anderen Farbe eingefärbt. Damit zeigte auch der Stempelabdruck diesen Verlauf. Normalerweise wird allerdings ein Druckstock mit nur einer Farbe belegt. Will man mehrere Farben drucken, braucht man also mehrere Druckstöcke, die je eine Farbe drucken – im Vierfarbdruck sind das vier.

Es ist möglich, einen Druckbogen in der gesamten Auflagenhöhe mit einer Farbe zu bedrucken, anschließend die Druckplatte und die Farbe in der Druckmaschine zu wechseln, um die bislang einfarbig bedruckten Bögen mit der nächsten Farbe zu bedrucken und so fort. Das häufige Umrüsten der Druckmaschine kostet allerdings viel Zeit. Deshalb benutzt man Mehrfarbmaschinen, die aus mehreren Druckwerken bestehen, die jeweils eine Farbe drucken und den bedruckten Bogen anschließend weitergeben an das nächste Druckwerk, in dem die nächste Farbe folgt. Je nach der Anzahl der Druckwerke spricht man von Ein-, Zwei-, Vierfarbmaschinen und so fort.

Computergestützte Druckverfahren

Hier gibt es zwei unterschiedliche Arten von Druckern und damit Druckverfahren: Laser- (auch LED-) und Tintenstrahldrucker.

Laserdrucker und Digitaldruck

Laserdrucker arbeiten in einem dem Flachdruck vergleichbaren Verfahren. Am verbreitetsten sind schwarzweiße Laserdrucker. Sie besitzen eine Drucktrommel, die mit einem Laserstrahl, der über Linsen und drehbare Spiegel auf alle Stellen der Trommel geleitet werden kann, elektrostatisch aufgeladen wird. Anschließend wird die Trommel durch die Farbe, hier ein feines trockenes Tonerpulver, gezogen, das nur an den aufgeladenen Stellen hängen bleibt und weiter auf das eingezogene Papier gedrückt. Damit das Tonerpulver auf dem Papier haften bleibt, wird es durch große Hitze an die Papieroberfläche geschmolzen.

Beim *Digitaldruck* stehen mehrere solcher Drucker hintereinander, die jeweils ein Blatt Papier einziehen, bedrucken und an den nächsten Drucker weitergeben. Der Toner in den einzelnen Druckern hat unterschiedliche Farben, sodass ein farbiger Druck entstehen kann.

Normale Schwarzweiß-Laserdrucker sind fast ausnahmslos *PostScript-fähig*. Damit eignen sie sich besonders gut für einen DTP-Arbeitsplatz.

PostScript siehe Seite 89.

Tintenstrahldrucker

In Tintenstrahldruckern spritzen winzige Düsen, die in einem so genannten Druckkopf zusammengefasst sind, die Farbe auf das Papier. Während des Drucks wird der Druckkopf auf einer Schiene quer über das Papier geführt und kann so streifenweise das Papier bedrucken. Ist er auf der anderen Seite angelangt, wird das Papier um eine Streifenbreite weitertransportiert, und ein neuer Streifen kann gedruckt werden.

Tintenstrahldrucker sind zumeist nicht PostScript-fähig.

Im Druckkopf sind Düsen für alle Farben zusammengefasst, sodass in einem Arbeitsschritt allein ein Mehrfarbdruck entstehen kann.

Diese Art Drucker kann je nach Bauweise Bedruckstoffe von mehreren Metern Breite verarbeiten. Da sie keine Trommel wie Laserdrucker verwenden, können auch Endlosmaterialien von der Rolle bedruckt werden.

So lassen sich beispielsweise Riesenplakate herstellen oder Baugerüstplanen bedrucken.

Plotter

Dieses Verfahren gehört eigentlich nicht in die Liste der Druckverfahren. Da es aber manchmal anstelle des Siebdrucks verwendet wird, sei es hier mit aufgeführt.

In Plottern fährt ein Arm über den Untergrund. Dieser Arm kann sowohl einen Stift tragen, um zum Beispiel eine Architekturzeichnung anzufertigen, oder ein Messer, um Folien zu schneiden. Anders als bei einem Tintenstahldrucker kann er nicht nur quer zum Papier laufen, sondern die gesamte Arbeitsfläche in einem Arbeitsgang erreichen. So können auch runde Formen ausgeschnitten werden, Buchstaben und dergleichen.

Aus mit Plottern geschnittenen Folien bestehen oft individuelle Fensterbeschriftungen von Geschäften. Vorkonfektionierte Buchstaben sind dagegen gestanzt.

Die meisten Plotterprogramme brauchen als Druckvorlage eine vektororientierte Grafikdatei, können also mit pixelorientierten Scans nichts anfangen.

Übliche Druckverfahren genauer betrachtet

Sie werden mit dem ein oder anderen der hier genauer beschriebenen Druckverfahren in Ihrer Arbeit schon zu tun gehabt haben oder noch zu tun bekommen. Da jedes Druckverfahren seine spezifischen Eigenarten hat, die sich zum Beispiel in unterschiedlicher Ausgabe der Farben auf dem Bedruckstoff äußern oder den Möglichkeiten des Überdruckens, müssen Ihre Dateien speziell für das jeweilige Druckverfahren angelegt werden.

Im Folgenden können Sie sich genauer über die gebräuchlichsten Druckverfahren informieren. Damit werden Sie sich einerseits bei Ihrem nächsten Auftrag vielleicht für ein anderes Druckverfahren entscheiden, und andererseits können Sie die Anforderungen des jeweiligen Druckverfahrens an Ihre Dateien abschätzen, um sie präzise für den Druck mit dem jeweiligen Verfahren anlegen zu können – denn *jedes Druckverfahren braucht anders aufgebaute Dateien.*

Offsetdruck

Die überwiegende Anzahl Ihrer Druckaufträge werden Sie wahrscheinlich über eine Offsetdruckerei abwickeln lassen.

Beim Offsetdruck handelt es sich um ein Flachdruckverfahren. Der Name Offset kommt von „to set off" und heißt so viel wie „absetzen". Die Druckplatte druckt hier nicht direkt auf das Papier, sondern setzt die Farbe auf einem so genannten Gummituch ab, das sie erst anschließend auf den Bedruckstoff überträgt. Durch dieses Verfahren wird die Druckplatte geschont, da sie nicht mit dem relativ harten Papier in Kontakt kommt.

Außerdem entsteht auf dem Gummituch, einer mit Gummi bezogenen Walze, ein spiegelverkehrtes Abbild. Deshalb muss die Vorlage auf der Druckplatte seitenrichtig abgebildet sein.

Bogenoffset

Für normale Aufträge wird eine so genannte Bogenoffsetmaschine eingesetzt. Dabei werden einzelne Bögen, häufig im Format 100 × 70 cm, durch die Maschine gezogen.

Der Druck kann nicht bis ganz an den Rand des Bogens erfolgen, da jeder einzelne Bogen von einem Greifer an seiner Querseite gefasst und in die Maschine gezogen werden muss. Je nach Druckmaschine müssen so an der Oberkante gut ein bis zwei Zentimeter einkalkuliert werden, die nicht bedruckt werden können. Auch Druck- und Falzmarken dürfen nicht in diesem Bereich liegen.

Rollenoffset

Für den Druck von Zeitungen werden Rollenoffsetmaschinen verwendet. Hier läuft eine viele hundert Meter lange Papierrolle durch die Maschine. Der Vorteil liegt in der wesentlich höheren Geschwindigkeit.

Für normale Drucksachen, wie Sie sie anlegen, werden Bogenoffsetmaschinen verwendet.

Es kann allerdings sein, dass eine von Ihnen erstellte Anzeige in einer Zeitung über eine Rollenoffsetmaschine ausgedruckt wird.

Wasserfilm

Eine klassische Offsetdruckmaschine arbeitet mit rotierenden Zylindern. Die Druckplatte wird mit Wasser benetzt, um die ölhaltige fettige Farbe abzustoßen und sie nur dort anzunehmen, wo wiederum das Wasser abgestoßen wird. Ein großes Problem beim Drucken mit einer solchen Maschine ist der Aufbau eines gleichmäßigen Wasserfilms an den entsprechenden Stellen auf der Druckplatte. Der entsteht nämlich erst, wenn schon etliche Bögen durch die Maschine gelaufen sind.

Wasser
Farbe

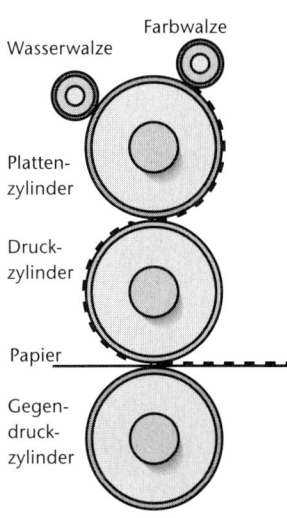

Farbwalze
Wasserwalze
Platten-
zylinder
Druck-
zylinder
Papier
Gegen-
druck-
zylinder

Beim Einrichten der Maschine muss diese mehrfach angehalten werden, um zum Beispiel Passerungenauigkeiten zu korrigieren, bis ein zufrieden stellendes Druckbild erreicht wird. Da nach dem Anlaufen erneut der Wasserfilm erst wieder aufgebaut werden muss, bis eine Beurteilung der vorgenommenen Korrekturen möglich ist, müssen die bis dahin in schlechter Qualität aus der Maschine gekommenen Bögen als Makulatur in den Müll – hinter jeder Offsetmaschine steht ein großer Container, in dem die noch schlechten Ergebnisse landen.

Aus diesem Grund können für einen Druckauftrag leicht einige hundert Bögen als Makulatur anfallen, bis endlich die ersten brauchbaren Druckbögen aus der Maschine kommen. Deshalb macht ein Druckauftrag auf einer Offsetdruckmaschine erst ab einer Auflage von rund 1000 Bögen finanziell Sinn.

Bei höheren Auflagen ist der Einzelpreis eines bedruckten Bogens sehr gering. Der größte Kostenfaktor ist die Nutzungszeit der Maschine, die mit vier Druckwerken einige Millionen Mark kostet. Bei einer Druckgeschwindigkeit von 9000 bis 15 000 Bögen pro Stunde wird der einzelne Bogen schnell billig.

Farbkorrekturen im Druck

Es ist möglich, beim Einrichten der Druckmaschine leichte Farbkorrekturen vorzunehmen. Das können Sie beispielsweise veranlassen, wenn Sie beim Andruck dabei sind.

Andruck siehe Seite 127.

Dabei ist es möglich, sowohl die gesamte Farbe einer Druckplatte etwas kräftiger zu drucken oder zurückzunehmen, falls der Druck einen Farbstich aufweisen sollte. Darüber hinaus kann auch in bestimmten Zonen der Farbauftrag beeinflusst werden.

Bei Offsetdruckmaschinen liegt ein Abstreifblech an dem Zylinder, der die Farbe aus dem Farbtank zieht. An diesem Blech saßen bei alten Druckmaschinen Schrauben, über die der Druck des Blechs auf den Zylinder verändert werden konnte. Dadurch war es möglich, mehr oder weniger Farbe an das Gummituch weiterzugeben. Bei heutigen Maschinen kann

Zonenschrauben

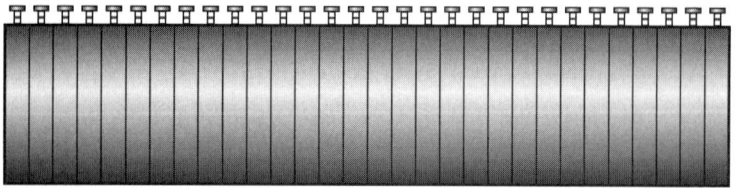

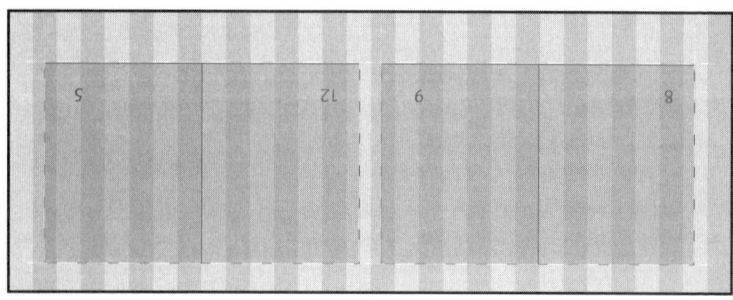

Zonen auf dem Druckbogen

man diese Schrauben nicht mehr sehen. Sie werden nicht von Hand bedient, sondern können vom Drucker über sein Steuerpult per Knopfdruck eingestellt werden. Der Farbauftrag lässt sich also nur streifenweise über den gesamten Druckbogen beeinflussen. Mit dieser Technik ist die Farbkorrektur nur streifenweise möglich – mitten im Druckbogen lässt sich Farbe nicht beeinflussen.

Aber immerhin, wenn ein farbiges Logo in einer Zone sitzt, in deren weiterem Verlauf nur schwarzer Text liegt, kann man ohne Probleme dem Logo etwas mehr Farbe geben. Liegen in derselben Zone allerdings noch andere Elemente, werden sie entsprechend mitverändert.

Wendewerk

Bei manchen Offsetdruckmaschinen ist in die Mitte zwischen die Druckwerke ein Wendewerk eingebaut. Damit ist es möglich, den Bogen in einem Druckdurchgang von beiden Seiten zu bedrucken. Diese Maschinen können aus zwei Druckwerken bestehen oder aus vier; seltener sind acht oder gar zehn Werke.

Ohne ein Wendewerk muss das bedruckte Papier umgedreht werden und für den Druck der Rückseite ein zweites Mal durch die Maschine laufen. Das ist bei einer Rollenoffsetmaschine unmöglich, und deshalb verfügen sie alle über ein Wendewerk.

Plattenbelichtung

In einer klassischen Offsetdruckerei werden Druckplatten verwendet, die mit einer UV-Licht-empfindlichen Schicht versehen sind. Um die gestalteten Layoutseiten der DTP-Dateien mit allen Grafiken, Bildern und Texten auf die Druckplatten zu übertragen, werden Filme von ihnen erzeugt, die anschließend auf die Druckplatte gelegt und mit hartem UV-Licht circa drei Minuten beleuchtet werden.

Dabei wird die Schicht auf der Druckplatte dort, wo sie vom Licht getroffen wurde, zerstört – an den Stellen, wo der Film durch seine Schwärzungen die Platte schützt, bleibt die Beschichtung erhalten.

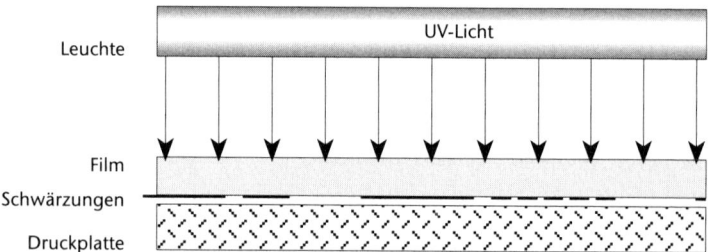

Nach der Belichtung wird die Platte durch eine Maschine gezogen, in der die zerstörten Teile der Schicht weggewaschen und die erhaltenen gehärtet werden.

Trotz der dadurch entstehenden minimalen Höhenunterschiede gehört der Offsetdruck zum Flachdruck.

Ein Film für den klassischen Offsetdruck

Damit die zum Teil winzigen Details möglichst exakt und scharf auf der Druckplatte landen, müssen die Schwärzungen des Films direkt auf der Platte liegen – damit liegt das Trägermaterial des Films oben (hier grau dargestellt).

Die UV-Leuchte besitzt kein Linsensystem, mit dem es möglich wäre, exakt parallele Strahlung zu erzeugen. Es tritt also viel Streulicht auf, sodass das Licht den Film und die Druckplatte nicht nur senkrecht von oben trifft.

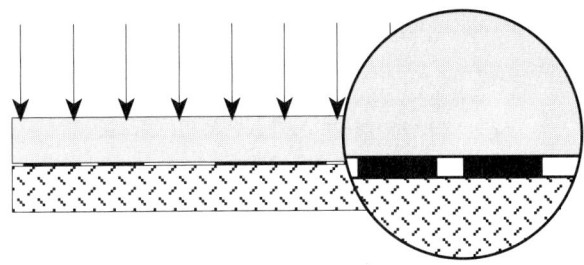

Läge der Film andersherum auf der Druckplatte, unterstrahlte deshalb das UV-Licht die
Ränder der Schwärzungen. Kleine Rasterpunkte
oder dünne Linien gingen dadurch verloren.
Der Film, der für einen Druckauftrag in einer
Offsetdruckerei hergestellt wird, muss also seine *Schwärzungen auf der Unterseite* tragen.

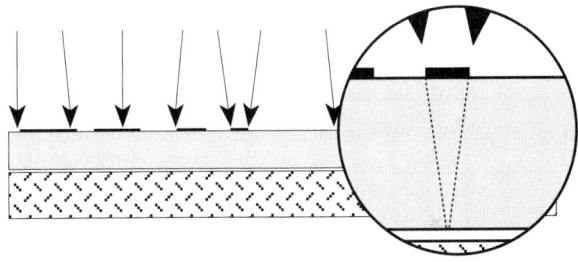

Da die Druckmaschine nicht direkt druckt,
sondern die Farbe zunächst auf das Gummituch überträgt, das die Farbe auf das Papier
weitergibt, muss die Darstellung auf der
Druckplatte *seitenrichtig* sein.

Druckplatte	Gummituch	Bedruckstoff

Hundekuh	ʜundekuh	Hundekuh

Wenn man sich einen solchen Film anschaut, zeigt er von seiner hochglänzenden Seite das Träger- oder Filmmaterial. Von dieser Seite betrachtet müssen die Darstellungen auf dem Film seitenrichtig erscheinen, von der Rück- oder Schichtseite seitenverkehrt.

Da die Druckplatte dort Farbe annehmen wird, wo Schwärzungen auf dem Film vorhanden sind, ist das Bild *positiv* (schwarz ist schwarz und weiß ist transparent) und *seitenverkehrt*, damit es seitenrichtig auf die Druckplatte belichtet werden kann.

Ab der Haarlinie wird es kritisch

Wie Sie auf den Seiten zuvor lesen konnten, kann die Präzision einer digitalen Computerdatei nicht exakt umgesetzt werden, wo man es mit Belichtung, Entwicklung, Wasserfilm, Druckfarben und verschiedenen Druckwerken zu tun hat. Umso erstaunlicher ist, wie präzise dennoch gedruckt werden kann. Aber Sie sollten um einige Dinge wissen, damit Ihnen nicht feine Striche oder zarteste Halbtöne abhanden kommen beziehungsweise dunkle Bereiche in Bildern schwarz zulaufen.

Die im folgenden beschriebenen Umstände sind wichtig sowohl für die Erstellung von Grafikdateien als auch für die Bildbearbeitung mit Programmen wie Photoshop.

Stellen Sie sich folgenden Fall vor: eine extrem dünne Linie oder ein ebenso feiner Rasterpunkt soll gedruckt werden. Auf seinem Weg von der Computerdatei zum gedruckten Punkt durchläuft er mehrere Stufen, in denen seine Form jeweils in einen anderen Zustand überführt wird. Darunter leidet seine Qualität ähnlich den vielleicht noch bekannten Kopien von Musikkassetten von Kopien von Musikkassetten oder Faxe von Faxen.

Selbst wenn der Film bei der Belichtung mit seiner Schichtseite nach unten auf der Druckplatte gelegen hat, so hat die Beschichtung der Druckplatte selbst eine geringe Dicke. Auch hier macht sich Unterstrahlung bemerkbar: Ein ganz feiner Punkt kann wegbrechen.

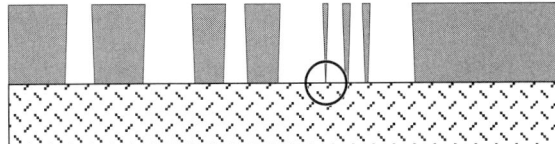

Beschichtung

Druckplatte

Das ließe sich nur mit kürzerer Belichtungszeit umgehen. Dann erhielten aber die feinsten Details in dunklen Bereichen zu wenig Licht und die Schicht würde zu wenig zerstört mit dem Ergebnis, dass diese Details nicht mit Wasser geschützt werden, deshalb mit Farbe vollaufen und auf dem Druck nicht mehr auftauchen.

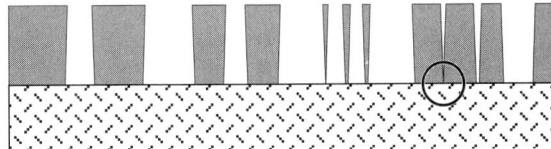

Beschichtung

Druckplatte

Aber selbst wenn alles gut gelaufen ist, müssen die feinen Vertiefungen in der Druckmaschine mit Wasser gefüllt werden, um die Farbe abzustoßen. Führt die Maschine etwas zu wenig Wasser, nehmen die feinsten Löcher in der Beschichtung nicht genug Wasser an und werden anschließend mit Farbe überschwemmt. Wird dagegen etwas mehr Wasser eingesetzt, kann es passieren, dass die feinsten Punkte oder Linien vom Wasser überschwemmt werden und so keine Farbe annehmen können.

Details in dunklen Bereichen

Unabhängig von den zuvor geschilderten Problemen taucht in dunkleren Bereichen das Phänomen des Druckpunktzuwachses auf – Rasterpunkte werden größer, als sie auf der Platte vorhanden sind. Aber auch alle anderen Flächen, die Farbe aufnehmen, wachsen in die unbedruckten Bereiche hinein.

Druckpunktzuwachs siehe Seite 40.

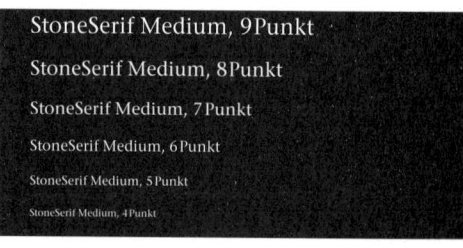

StoneSerif Medium, 9

StoneSerif Medium, 8 Pun

StoneSerif Medium, 7 Punkt

StoneSerif Medium, 6 Punkt

StoneSerif Medium, 5 Punkt

StoneSerif Medium, 4 Punkt

StoneSerif Medium, 9 Punkt

StoneSerif Medium, 8 Punkt

StoneSerif Medium, 7 Punkt

StoneSerif Medium, 6 Punkt

StoneSerif Medium, 5 Punkt

StoneSerif Medium, 4 Punkt

Was sehen Sie links? Auf eine schwarze Fläche habe ich eine weiße Haarlinie gelegt. Wenn ich diese Seite auf meinem Laserdrucker ausgebe, ist sie noch zu sehen. Allerdings verhält sich trockener Toner auf Papier anders als ölhaltige Farbe. Jetzt, da ich diese Seite schreibe, weiß ich noch nicht, welche Maßnahmen der Drucker vielleicht ergreifen wird, damit sie doch sichtbar wird. Vielleicht säuft sie ab, vielleicht ist sie noch zu sehen …

Also: Finger weg von zu feinen Details!
Für die Darstellung von Halbtönen, also Rastern, bedeutet das, dass Sie in den hellsten wie in den dunkelsten Bereichen noch Rasterpunkte haben sollten.

In der folgenden Grafik sind die Enden eines Grauverlaufes zu sehen. Sowohl in den dunklen wie den hellen Bereichen spielt sich nichts mehr ab.

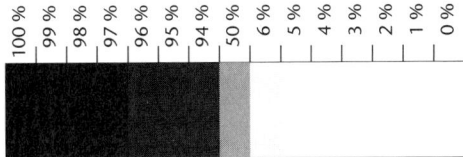

Deshalb sollten in einem Bild nur 5 – 95% Farbe vorhanden sein. Auf einen Verlauf übertragen, passiert sonst Folgendes: Das Schwarz läuft zu, und Zeichnung kann in diesen Bereichen ebenso wenig noch dargestellt werden wie in den hellen, die aufreißen.

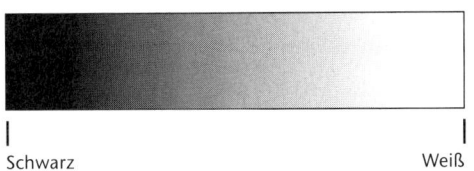

Schwarz   Weiß

Wie Sie Bilddateien entsprechend bearbeiten müssen, finden Sie im Kapitel „Photoshop" beschrieben.

Bei diesen Betrachtungen geht es wohlgemerkt nur um den Fall, dass Sie mit Farben zu tun haben, die in Verläufen oder Bildern 0 oder 100 Prozent erreichen.

Hohlkopie
Die bislang geschilderten Probleme beschreiben den Normalfall. Ein regelrechter Fehler, der nichts mit drucktechnischen Problemen, sondern schlichtweg mit Dreck zu tun hat, ist die Hohlkopie. Beim Auflegen des Films auf die Druckplatte kann es passieren, dass ein

Staubkorn

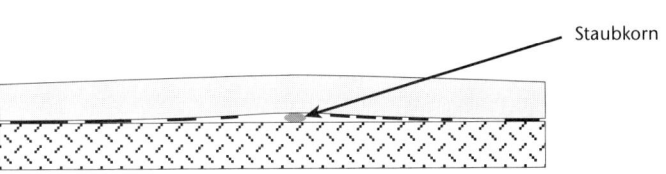

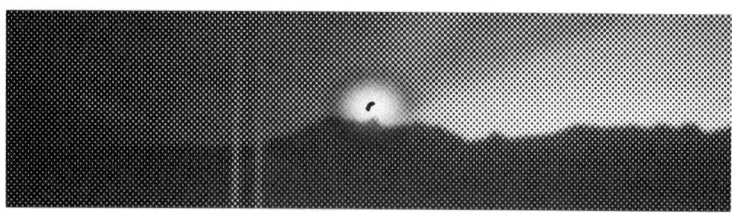

Staubkorn dazwischen liegt. An dieser Stelle liegt der Film dann nicht plan auf der Platte auf, und es kommt zu heftigen Unterstrahlungen einerseits und der Abbildung des Staubkorns andererseits.

Computer to Plate

Bei diesem Verfahren wird die Druckplatte direkt belichtet; der Zwischenschritt über den Film findet also nicht statt.

Damit entfallen alle Probleme, die beim Kopieren des Films auf die Druckplatte entstehen, weg. Sowohl Unterstrahlungen als auch Hohlkopien können hier nicht entstehen. Die direkte Belichtung der Druckplatte durch einen Laser in der Belichtungsmaschine sorgt außerdem für exakt senkrecht auftreffende Strahlen. Dadurch sind feinste Raster auf der Druckplatte möglich.

Die drucktechnischen Probleme, also das Farbverhalten auf dem Bedruckstoff, ändern sich dadurch allerdings nicht. Der Druckpunktzuwachs ist damit nicht aus der Welt.

Bei Einführung dieses Verfahrens hatten viele gehofft, die präzisere Zeichnung der Druckplatten würde den Weg für das frequenzmodulierte Raster frei machen. Leider ist es darum wieder sehr still geworden, weil die Erfahrungen dazu fehlen, und man ist wieder zum Bewährten, dem autotypischen Raster, zurückgekehrt.

Das Problem liegt einfach darin, dass viele sich nicht die Zeit nehmen, die neue Technik auszureizen. Dazu müssten Testreihen angelegt werden, die zunächst zu bezahlen sind. Aber die Kunden sind ja auch so zufrieden …

Im Innenteil der Buches findet sich eine Abbildung in diesem Raster, obwohl es auf herkömmliche Weise belichtet wurde. Es steht neben einem normal gerasterten Bild – der Unterschied ist deutlich.

Wasserloser Offset
Bei den Computer-to-Plate-Druckmaschinen setzt sich immer mehr das Verfahren des wasserlosen Drucks durch.

Die Druckplatte ist eine Plastikfolie, die eine Silikonschicht trägt, die durch die Belichtung in der Maschine zerstört wird. Das Silikon übernimmt die Funktion des Wassers. Der Vorteil dieser Maschinen liegt in der kurzen Einrichtzeit, da kein Wasserfilm aufgebaut werden muss – große Abfallberge produzieren sie nicht.

Andereseits muss die Farbe zäher sein als bei einer klassischen Offsetmaschine. Dadurch kommt es leicht zu Streifenbildung in großen Farbflächen mit hoher Deckung.

Siebdruck

Sollen Feuerzeuge, Aufkleber, Bierhumpen und so weiter bedruckt werden, eignet sich der Siebdruck. Je nach Auflagenhöhe kann dieses Verfahren manuell oder maschinell ausgeführt werden.

Zum Übertragen einer Layoutseite auf ein Sieb wird wie beim klassischen Offset ein Film benötigt. Anschließend wird das Sieb mit UV-Licht bestrahlt.

Der Lack verhält sich genau andersherum als der auf Offsetdruckplatten – er wird durch das UV-Licht nicht zerstört, sondern gehärtet. Die durch den Film geschützten Bereiche werden anschließend mit einem Entwickler ausgewaschen. Deshalb müssen die Filme negativ sein.

Da der Lack auf der Unterseite des Siebes steht, um eine möglichst genaue Zeichnung auf dem Bedruckstoff zu gewährleisten, muss der Film seitenrichtig ausbelichtet werden.

Negativ, seitenrichtig

In Abhängigkeit von der Engmaschigkeit des Siebes sind unterschiedlich feine Raster realisierbar. Gerade kleine Siebdruckereien haben keine sehr große Auswahl an unterschiedlichen Sieben. Sie müssen deshalb nachfragen, welche Raster technisch umsetzbar sind.

Wie die Dateien für das CD-Label in diesem Buch angelegt wurde, finden Sie im Kapitel „FreeHand" beschrieben.

Druckvorlage

Früher war die Definition dieses Begriffs einfach: Das Zwischenmedium, meistens ein Film, der zur Belichtung der Druckplatte oder eines Siebes benötigt wurde, hieß Druckvorlage. Inzwischen werden zunehmend Verfahren eingesetzt, mit denen es möglich ist, Dateien direkt auf das Druckmedium zu übertragen.

Damit ist die Grenze zwischen Datei und Druckvorlage je nach verwendetem Verfahren fließend geworden. Dort, wo ein Film benötigt wird, ist die Druckvorlage eben dieser Film, dort, wo die Datei direkt auf das druckende Material übertragen wird, ist sie selbst die Druckvorlage.

Da Sie die Geräte für die Filmerzeugung, direkte Druckplattenbelichtung oder einen professionellen Tintenstrahldrucker normalerweise nicht an Ihrem Arbeitsplatz zur Verfügung haben, müssen Sie eine Datei erstellen, die ohne Korrekturen direkt auf dem gewünschten Gerät ausgegeben werden kann – eine so genannte *reprofähige Vorlage*.

Das korrekte Anlegen der Dateien mit all den Einstellungen für Überfüllung, Separation, Rastereinstellungen und dergleichen mehr gehört in den Bereich der Druckvorlagenherstellung, die Sie an Ihrem Mac oder PC abwickeln können.

Dieses Kapitel beschreibt generell, wie Druckvorlagen entstehen und welche (Film oder Datei) Sie für die verschiedenen Verfahren brauchen.

Welche Arbeitsschritte Sie in den einzelnen Programmen vornehmen müssen, finden Sie in den entsprechenden Kapiteln weiter hinten im Buch.

Druckvorlagen für den Offsetdruck

Der Offsetdruck hat sich in den letzten Jahren insoweit verändert, als unterschiedliche Druckvorlagen zum Einsatz kommen können. Die Entwicklung geht zunehmend weg von der Erzeugung von Filmen für die Belichtung der Druckplatten hin zu Computer to Plate (CtP) und Computer to Press. Jedes Verfahren hat seine Vor- und Nachteile, sodass sie heute gleichberechtigt nebeneinander stehen. Die meisten Druckereien spezialisieren sich auf ein Verfahren, und so kommt das eine oder andere zur Anwendung, je nach der Druckerei, mit der Sie zusammenarbeiten.

Falls Sie also mit einer Offsetdruckerei zusammenarbeiten wollen, müssen Sie sich vorab erkundigen, in welchem Verfahren die Druckplatten hergestellt werden – der Druckvorgang ist mehr oder minder derselbe.

Klassisches Verfahren

Ihre Dateien werden je Layoutseite einzeln seitenverkehrt auf einen Film belichtet.

Montage
Die einzelnen Filme werden anschließend auf einem Leuchttisch so montiert, dass das zumeist deutlich größere Format des Druckbogens möglichst vollständig ausgenutzt werden kann. Damit sich die einzelnen Filme nicht zueinander verschieben, werden sie dabei mit Klebestreifen auf einer durchsichtigen Montagefolie fixiert.

Je Farbauszug werden die Filme in derselben Ausrichtung zueinander montiert. Beim klassischen Vierfarbdruck entstehen so vier Montagefolien mit den jeweiligen Farbauszugsfilmen.

Ausschießmuster siehe Seite 52.

Filmmontage
© Oktoberdruck, Berlin

Druckplattenbelichtung

Die montierten Filme werden mit der Schichtseite nach unten auf die beschichtete Druckplatte gelegt und mittels Vakuum an sie angesaugt.

Plattenbelichtung
© Oktoberdruck, Berlin

Anschließend wird sie belichtet und durch eine Entwicklermaschine gezogen, in der die belichteten Stellen der Schicht gelöst und abgespült werden.

Diese Platte wird in der Druckmaschine im Druckwerk für die entsprechende Farbe auf den Druckzylinder aufgezogen.

Je nach der Farbe, die in den Farbbehälter des Druckwerks gekippt wird, druckt die Platte diese Farbe auf den Bedruckstoff.

Druckvorlage

Als Druckvorlage dient hier der einzelne zu montierende Film. Sie können also die Filme bei einem Belichter Ihrer Wahl herstellen lassen und anschließend zur Druckerei schicken.

Computer to Film
Dieses Verfahren funktioniert genauso, nur dass die Montage am Leuchttisch wegfällt. Dazu werden schon auf dem Belichterrechner die einzelnen Layoutseiten im benötigten Ausschießmuster mit einer speziellen Software angeordnet und auf einem entsprechend großen Film ausgegeben.

Da sich noch nicht alle Firmen entsprechende Maschinen angeschafft haben, wird häufig noch von Hand montiert. Für Ihre Dateien macht es selten einen Unterschied, ob konventionell ausgeschossen wird oder direkt auf einen großen Film.

Diese Methode hat den Vorteil, dass die sehr aufwändige Handarbeit der Filmmontage wegfällt. Bei Korrekturen muss allerdings immer der gesamte Film neu belichtet werden.

Druckvorlage

Da in der Druckerei das Ausschießen der Dateien ausgeführt wird, braucht man bei diesem Verfahren Ihre Dateien als Druckvorlage.

Moderne Verfahren

Zunehmend werden Belichtungstechniken und Druckplatten entwickelt, bei denen ein Film als Belichtung nicht mehr notwendig ist.

Computer to Plate

Die Vorgehensweise des Ausschießens im Belichtungscomputer ist hier dieselbe. Allerdings wird bei diesem Verfahren der Film gespart, da die Druckplatte ohne Umweg über einen Film direkt vom Computer aus belichtet wird.

Mit normalen Belichtern lassen sich nur beschichtete Kunststoffplatten verarbeiten, die eine Auflagenhöhe von etwa 20 000 aushalten gegenüber etwa 150 000 bei normalen Aluminiumplatten

Wie bei Computer to Film müssen Sie belichtungsfähige Dateien abliefern.

Druckvorlage

Druckvorlagen für den Siebdruck

Auch die Siebe werden über Filme belichtet. Sie müssen also Filme als Druckvorlage abliefern.

Da im Siebdruck nicht mit so feinen Rastern gedruckt werden kann, werden gröbere Raster verwendet.

Kommt es auf Qualität nicht besonders an, lassen sich auch Papierausdrucke eines Laserdruckers als Vorlagen verwenden. Werden sie mit Öl eingestrichen, wird das Papier dadurch transparent genug, um genug Licht hindurchzulassen. Die Zeichnung ist allerdings nicht so scharf wie bei Filmen, Ränder fransen leicht aus.

Da sich die Farben im Siebdruck völlig anders verhalten als im Offset, müssen Sie Ihre Dateien anders aufbauen, als das normalerweise der Fall ist. Im Kapitel „FreeHand" wird beschrieben, wie das Label der CD hinten im Buch aufgebaut wurde.

PostScript

Das DTP war 1984 unter dem Motto „What You See is What You Get" angetreten: Was man auf dem Monitor sah, sollte auch so aus dem Drucker kommen, was bis dahin nicht der Fall war.

Das war die eine große Errungenschaft, reichte aber allein nicht aus, da es ja genauso darum ging, Druckvorlagen zu erzeugen. In denen stecken noch ganz andere Informationen, als die, die auf dem Monitor gezeigt werden (können).

Damit beinhalten Dateien zweierlei Informationen: die für die korrekte Anzeige am Monitor und die für den sauberen Ausdruck auf einem Drucker.

Apple entwickelte für seine Computer die Sprache QuickDraw, die die Informationen auf den Monitor brachte, und die Firma Adobe entwickelte PostScript, das für die korrekte Ausgabe von Druckvorlagen bestimmt war.

PostScript ist heute Standard im Druckgewerbe – unabhängig davon, ob Sie an einem Macintosh oder Windows-PC arbeiten.

Wenn Sie eine Datei zum Drucken geben, wird sie normalerweise auf einem Gerät ausgegeben, das PostScript versteht. Typischerweise sind das Belichtungsmaschinen, die Filme herstellen für die Plattenkopie im Offsetdruck, Computer-to-Plate-Maschinen, die Drucker einer Digitaldruckanlage oder Ihr Schwarzweiß-Laserdrucker.

PostScript enthält Anweisungen für den Drucker, wie er die Datei drucken soll. Sie bestehen

Überfüllung siehe Seite 44.

aus so unterschiedlichen Dingen wie der Separation von Farben, Einstellung der Überfüllung zwischen Farben, Erzeugen von Rasterungen, Erkennen eines Beschneidungspfades und letztendlich, wie die Vektorinhalte von Grafiken, aber genauso gut die einzelnen Buchstaben des gesetzten Textes in Pixel auf dem PostScript-Gerät umgesetzt werden sollen.

Die verschiedenen DTP-Programme erzeugen also, ausgelöst durch den Befehl *Drucken*, PostScript-Code, der an den Drucker geschickt und nur von ihm verstanden wird.

Dieser Prozessor wird RIP genannt, was für Raster Image Processor steht.

In jedem PostScript-Gerät steckt nun ein Mikroprozessor, der diese PostScript-Anweisungen interpretiert und in Pixel auf dem eingelegten Material (Papier, Film oder Druckplatte) umsetzt.

PostScript-Geräte sind also kleine Computer für sich und kosten damit deutlich mehr als Tintenstrahldrucker, die zumeist nicht Post-Script-fähig sind.

Nicht PostScript-fähige Geräte erhalten von den DTP-Programmen Ersatzanweisungen in Form der Bildschirminformationen. Wie Sie vielleicht schon öfter erfahren haben, weichen die Bildschirmansicht und ein Laserausdruck zum Teil stark voneinander ab.

PostScript am Beispiel des EPS

Wollen Sie Dateien zwischen verschiedenen Programmen austauschen, brauchen Sie sie zumeist im Dateiformat EPS.

EPS heißt Encapsulated PostScript — gekapseltes PostScript. Es enthält eine geschlossene (gekapselte) Druckanweisung.

Will man beispielsweise in das Quark-Dokument dieses Buches eine Grafik importieren, muss sie aus dem Erzeugerprogramm als EPS

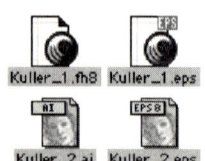

Kuller_1.fh8   Kuller_1.eps

Kuller_2.ai   Kuller_2.eps

gesichert oder exportiert werden. Die Originaldatei eines Grafikprogramms, ob FreeHand, Illustrator oder CorelDraw, kann ein Satzprogramm wie XPress, InDesign oder PageMaker nicht erkennen, ein EPS dagegen schon. Auch das EPS besteht aus zwei Teilen: der Druckeranweisung und der Monitordarstellung, die leider ganz übel aussieht.

Kuller   **Kuller**

Wird die Layoutdatei mit dem importierten EPS auf einem PostScript-Drucker ausgegeben, landet das EPS in seiner ursprünglichen Qualität auf dem Papier.

Drucken Sie dagegen dasselbe auf einem Tintenstrahldrucker aus, erhält der nur die Bildschirminformation, da er PostScript eben nicht versteht.

Kuller

Kuller

Ohne PostScript ist heute also keine DTP-Arbeit mehr denkbar. Aus dem vorangegangenen Beispiel können Sie entnehmen, dass Sie zur Kontrolle Ihrer Dateien einen PostScript-fähigen Drucker haben sollten, damit Sie Fehler frühzeitig erkennen können und nicht erst auf den teuren Filmen oder gar den viel teureren Platten des CtP-Verfahrens (Computer to Plate).

Umsetzung der Computerdateien in Pixel

PostScript-Geräte lösen Halbtöne normalerweise in autotypisches Raster auf. Nun denken Sie vielleicht, dass Sie mit einem PostScript-Drucker die Filme selbst herstellen könnten, wenn Sie anstelle von Papier eine Folie bedrucken. Leider reicht die Qualität von Laserdruckern aus zweierlei Gründen nicht an die einer Belichtungsmaschine heran.

Zum einen verziehen sich sowohl eine durch den Drucker gezogene Folie als auch das

Siehe auch Raster, Seite 28.

Registerhaltigkeit siehe
Seite 43.

Papier, wodurch nie exakte *Registerhaltigkeit*
erreicht wird. Zum anderen ist die *Auflösung*
eines Laserdruckers nicht so hoch wie die einer Belichtungsmaschine, und so können
feinste Nuancen nicht exakt ausgegeben werden — nicht umsonst kosten sie nur den
Bruchteil einer Belichtungsmaschine.

Das heißt, dass Sie zwar einen PostScript-fähigen Laserdrucker haben sollten, aber gerade
bei der Darstellung feinster Details die geringe Auflösung berücksichtigen müssen.

Auflösung

Die Auflösung digitaler Drucker wird in dpi =
dots per inch (Punkte pro Inch) gemessen.
Ein Inch sind 2,54 Zentimeter. Alte Laserdrucker haben eine Auflösung von 300 dpi,
moderne 600 oder 1200 dpi.

Druckt man mit einem 300-dpi-Drucker
eine Haarlinie in der Länge eines Inch, setzt
der Drucker 300 Pixel hintereinander ab.

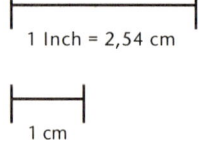

1 Inch = 2,54 cm

1 cm

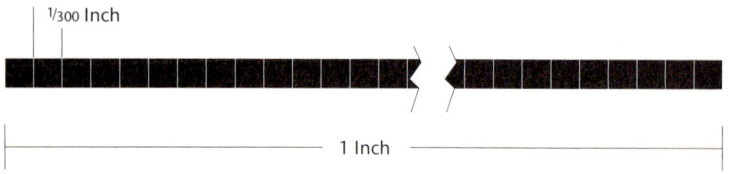

1/300 Inch

1 Inch

Ein Drucker mit 600 dpi setzt entsprechend
600 Pixel auf derselben Strecke ab und auch
doppelt so viele in der Breite — also insgesamt
1200 Pixel.

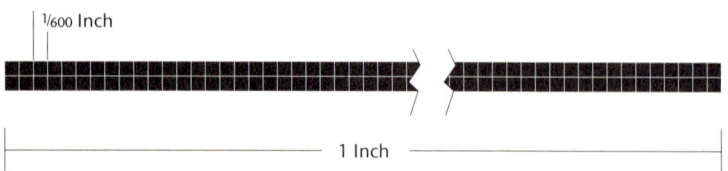

1/600 Inch

1 Inch

Die beiden unten links abgebildeten Linien liegen nicht als einzelne Pixel im DTP-Programm vor, sondern werden erst im Post-Script-Drucker in seine eigenen, die Maschinenpixel, übersetzt.

Auflösungsunabhängige Vektoren

Bis auf Bildbearbeitungsprogramme, die mit Pixelbildern umgehen, sind alle Formen, die in den restlichen DTP-Programmen erzeugt werden, aus Punkten und sie verbindenden Linien aufgebaut. Ein Rechteck braucht beispielsweise vier Punkte — an jeder Ecke einen. Zwischen den Punkten verlaufen Verbindungslinien. Diesen Linien und den eingeschlossenen Flächen können diverse Attribute wie Farben, Muster, Linienstärke und so weiter zugeordnet werden.

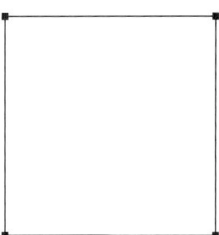

Ist eine Linie gebogen, beschreibt ein Vektor den von der Geraden abweichenden Verlauf. Er zeigt in die Richtung der Abweichung von der Geraden. Je länger er ist, desto stärker ist seine Kraft auf die Linie. Sie werden das in Grafikprogrammen in Form der Tangentenanfasser schon x-mal gesehen haben.

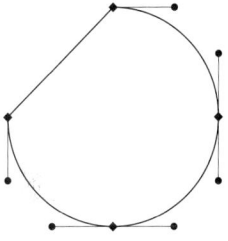

Bei Buchstaben verhält sich das übrigens genauso. Auch sie bestehen aus Vektorinformationen. Wenn Sie Schrift in einem Grafikprogramm in Pfade, also Vektorlinien umwandeln, werden die einzelnen Buchstaben in genau die Linien umgewandelt, in deren Form sie gezeichnet wurden. Schrifterstellungsprogramme funktionieren auf dieselbe Weise wie Grafikprogramme, sie haben zum Teil sogar dieselben Werkzeuge.

Wird eine Grafik oder ein Schriftzeichen auf einem PostScript-Gerät ausgegeben, werden die Vektorlinien in Pixel des Geräts umgerech-

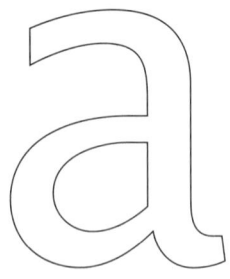

net. Wie scharf der Ausdruck erscheint, hängt von der Größe der Maschinenpixel ab — ein 600-dpi-Drucker kann feiner drucken als einer mit nur 300 dpi. Die Datei wird im Drucker so berechnet, dass sie optimal mit der Auflösung des Druckers ausgegeben werden kann.

Der RIP, der Raster Image Processor, im Drucker zerlegt eine Vektorgrafik in Pixel, die er ausgeben kann. Egal, wie groß oder klein die Vektordarstellung skaliert wird, sie wird immer entsprechend den Pixeln des Druckers zerlegt.

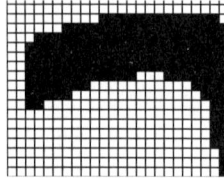

PostScript und Rasterpunkte

Geht es nun darum, Rasterpunkte zu erzeugen, müssen diese zumeist runden Punkte aus den quadratischen Pixeln des jeweiligen Druckers zusammengesetzt werden. Auch sie müssen in das Maschinenpixelraster des jeweiligen Druckers passen. Je gröber der Drucker in seiner Auflösung, desto weniger haben die von ihm gedruckten Gebilde etwas mit runden Punkten zu tun.

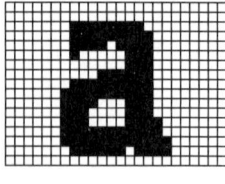

Rasterzelle

Soll ein digitaler Drucker ein autotypisches Raster absetzen, wird der Aufenthaltsbereich jedes einzelnen Rasterpunktes mit einer Rasterzelle bestimmt. In jeder Rasterzelle ist Platz für einen Rasterpunkt, egal wie groß er ist. Eine Rasterzelle hat die Ausmaße der Rasterweite des entsprechenden Rasters.

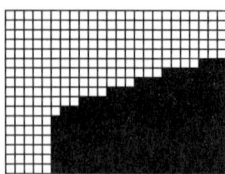

Bei einem 60er Raster sind die Rasterzellen 1/60 Zentimeter im Quadrat groß.

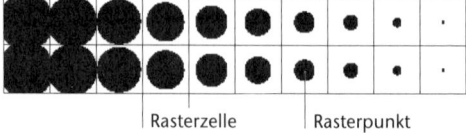

| Rasterzelle | Rasterpunkt |

Bei noch stärkerer Vergrößerung kann man die einzelnen Pixel, aus denen die Rasterpunkte zusammengesetzt werden, erkennen. Wie groß die Rasterzelle ist, hängt von der eingestellten Rasterweite ab; aus wie vielen Pixeln sich eine Rasterzelle für den jeweiligen Drucker zusammensetzt, von seiner Auflösung.

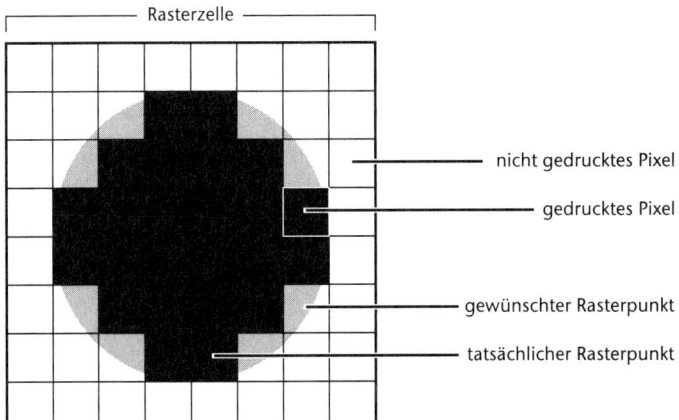

Darstellbare Halbtöne
Je nach Auflösung und Rasterweite können die unterschiedlichsten Geräte also nur eine beschränkte Anzahl an Halbtönen erzeugen, ein 600-dpi-Drucker bei einem 60er Raster beispielsweise 15, wie auf den folgenden Seiten beschrieben.

Für eine saubere Darstellung brauchen wir aber keine unendlich vielen Abstufungen. Alle Bildbearbeitungsprogramme lösen ein Graustufenbild in maximal 256 Halbtöne auf, Farbbilder werden mit maximal 256 Abstufungen pro Druckfarbe (Cyan, Magenta, Gelb und Schwarz plus eventuell Sonderfarben) aufgelöst.

Ein 60er Raster auf drei Maschinen mit unterschiedlicher Auflösung

Ein 300-dpi-Drucker kann eine Rasterzelle eines 60er Rasters nur mit maximal 2 mal 2 Pixeln füllen und damit nur drei Varianten eines Rasterpunkts darstellen:

0 Pixel	=		Weiß
1 Pixel	=	25 %	Schwarz
2 Pixel	=	50 %	Schwarz
3 Pixel	=	75 %	Schwarz
4 Pixel	=	100 %	Schwarz

ein 300-dpi-Drucker

Ein 600-dpi-Drucker kann dieselbe Rasterzelle mit 4 mal 4 Pixeln füllen und damit Weiß, 15 Graustufen und Schwarz darstellen.

Aus diesem Grund benutzt man Belichtungsmaschinen, die Auflösungen von 1270 bis über 3000 dpi haben.

ein 600-dpi-Drucker

Ein 2540-DPI-Belichter kann dieselbe Rasterzelle mit 17 mal 17 Pixeln füllen und hat damit 289 Möglichkeiten, seine Rasterzelle bei einem geforderten 60er Raster zu füllen. Damit kann er also Weiß, Schwarz und 288 unterschiedlich große Rasterpunkte erzeugen.
Aus diesem Grund benutzt man Belichtungsmaschinen mit sehr hohen Auflösungen.

ein 2540-dpi-Belichter

Unser Auge ist zwar für feinste Farbnuancen empfindlich, Helligkeitswerte dagegen können wir bei weitem nicht in ähnlichem Umfang wahrnehmen. Deshalb reicht diese Anzahl an Abstufungen aus.

Wenn Sie ein Servicebüro beauftragen, Ihre Dateien ausbelichten zu lassen, werden Sie oft gefragt, welche Auflösung die Belichtungsmaschine haben soll. Dazu müssten Sie wissen, wie viele Halbtöne Sie brauchen und wie viele die Maschine schafft.

Berechnung der darstellbaren Halbtöne
Es gibt Belichtungsmaschinen mit 1270, 2540 und über 3000 dpi. Die Belichtung eines Films auf einer Maschine mit geringerer Auflösung ist etwas billiger als auf der mit einer höheren. Da bei Belichtungsaufträgen zum Teil viele Filme zusammenkommen können, lässt sich durch die richtige Auswahl der Maschine zum Teil deutlich Geld sparen.

Zur Berechnung der Anzahl der darstellbaren Halbtöne müssen Sie die gewünschte Rasterweite und die Auflösung der Maschine wissen. Daraus ergibt sich folgende Formel:

$$\left(\frac{\text{Maschinenauflösung in dpi}}{\text{Rasterweite in lpi}} \right)^2 = \text{darstellbare Halbtöne}$$

Beispiel: Sie wollen in einem 60er Raster drucken. Dazu muss zunächst die Rasterweite in lpi umgerechnet werden: $60 \times 2{,}54 = 152{,}4$.

Die Rasterzelle eines 60er Rasters hat also eine Kantenlänge von einem 152,4tel Inch.

Rasterweiten ausgegeben in Linien pro Zentimeter oder Inch (lpi).

Rechnen wir der Einfachheit halber mit der Zahl 150 — das ist immer noch genau genug.

Eine Maschine mit 1270 dpi Auflösung kann auf einen Inch Länge 1270 Pixel absetzen, entlang einer Kante der Rasterzelle den 150sten Teil ≈ 8,5 Pixel. Die Fläche der Rasterzelle kann also mit $8,5 \times 8,5$ (oder $8,5^2$) Pixeln gefüllt werden ≈ 72. Damit kann diese Maschine 71 Halbtöne plus Schwarz erzeugen. Das ist für die saubere Darstellung von Verläufen in Graustufen ausreichend wegen unseres eingeschränkten Wahrnehmungsvermögens Helligkeiten gegenüber. Für die Darstellung von Farben ist das allerdings zu wenig, da man Sprünge im Verlauf erkennen würde.

Besonders heikel wird das natürlich, wenn Sie einen Kunstdruckkatalog herstellen wollen, bei dem die Bilder normalerweise in einem noch feineren Raster gedruckt werden.

Welche Auflösung für welchen Zweck?
1270 dpi: Alle reinen schwarzweißen Grafiken und Text wie auf den meisten Seiten dieses Buches brauchen keine höhere Ausflösung. Die etwa 72 Halbtöne reichen — besonders bei ungestrichenen Papieren fallen feinste Feinheiten sowieso dem saugenden Papier zum Opfer. Außerdem können Sie die Pixel der Maschine nicht einzeln wahrnehmen, sodass auch Text und Grafiken sauber erscheinen.

Auf Zeitungspapier kann nur in einem gröberen Raster, vom 34er bis maximal 48er, gedruckt werden. Auch hier reichen 1270 dpi.

2540 dpi: Farben und Rastern bis zu einem 70er brauchen unbedingt eine Belichtungsmaschine mit dieser Auflösung.

Mehr als 2450 dpi: alles darüber hinaus wie zum Beispiel Kunstdrucke in feinstem Raster.

15 Stufen   50 Stufen   100 Stufen

Leistungen von PostScript

Alle druckrelevanten Funktionen beherrscht PostScript. Im Folgenden führe ich eine kleine Liste auf, in der diese Funktionen beschrieben sind, ohne Anspruch auf Vollständigkeit, da das ein ganzes Buch füllen könnte.

Separation
Die in Ihren Dateien angelegten Farben können in ihre Anteile der Prozessfarben Cyan, Magenta, Gelb und Schwarz aufgeteilt und in je einem Auszug ausgegeben werden.

Cyan Magenta Gelb Schwarz

Eventuell in die Datei eingebaute Sonderfarben werden als weitere Auszüge ausgegeben.

Druckmarken
Druckmarken siehe Seite 44.
Beschnitt und Passmarken können außerhalb der Layoutseite angelegt werden.

Beschnittzugabe
Bis zu einem selbst definierten Wert können Elemente, die über die Seitenkante Ihres Layouts hinausragen, ausgedruckt werden.

Überfüllung
Eine Überfüllung kann sowohl eingeschaltet als auch in ihrer Größe bestimmt werden.

Überdrucken
Sowohl das Überdrucken einzelner Elemente als auch einer Farbe in einer gesamten Datei kann eingestellt werden. Wichtig zum Beispiel

bei schwarzer Schrift auf farbigem Untergrund.

PostScriptdatei

Haben Sie einen PostScript-Drucker in Ihrem Betriebssystem angewählt, können Sie im Drucken-Dialog aller DTP-Programme als Ziel „Datei" angeben. Damit wird eine PostScriptdatei erzeugt, die von jedem PostScript-Drucker interpretiert und ausgegeben werden kann. Zum Drucken einer solchen Datei braucht man kein weiteres Programm.

Schriften

In PostScript-Druckdateien können die im Dokument verwendeten Schriften eingebettet werden, sodass sie auf einem anderen Rechner ausgedruckt werden können, ohne dass diese Schriften dort installiert sein müssen.

PostScript-Level

Im Laufe der Entwicklung sind mehrere PostScript-Varianten entstanden — es begann mit Level 1, den die meisten RIPs verstehen, und hat heute den Level 3 erreicht, für den aber noch nicht viele RIPs auf dem Markt sind.

Die verschiedenen Level sind abwärtskompatibel, sodass ein älterer immer von einem neueren RIP verstanden wird.

Mit Level 2 oder 3 sollen saubere Verläufe ausgegeben werden können.

PostScript-Steuerung anwendungsintern

Alle Einstellungen, die Sie in Ihrem Dokument machen, werden mit dem Befehl „Drucken" aus dem Programm heraus in PostScript-Code verschlüsselt und an den Drucker oder Belichter geschickt. Es gibt allerdings eine Ausnahme: Wenn Sie die Rasterwinklung in einem DTP-Programm im Drucken-Dialog ändern, wird diese nicht von der Belichtungsmaschine übernommen.

PostScript-Steuerung im RIP
Einige Funktionen können auch erst im RIP des Druckers ausgeführt werden. Besonders Adobe, der Entwickler von PostScript, spezialisiert seine Programme auf diese Variante. Dadurch ist es möglich, auch nicht ganz korrekt eingestellte Dateien, denen bestimmte Informationen wie Überfüllung oder Rasterweite fehlen, dennoch korrekt auszugeben.

Viele RIPs unterstützen das aber noch nicht. Dann bekommt man aus InDesign beispielsweise den lapidaren Kommentar:

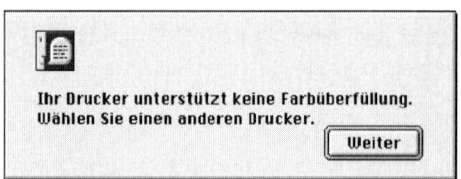

Ihr Drucker unterstützt keine Farbüberfüllung. Wählen Sie einen anderen Drucker.

Weiter

Der unterstützte PostScript-Level ist keine Garantie dafür, dass das klappt! Jeder Drucker- und Belichterhersteller baut seinen eigenen RIP, der nicht unbedingt alle von Adobe entwickelten Funktionen unterstützt.

PostScript-Fehler
Wenn von einem RIP ein Befehl in einer Druckdatei nicht ausgeführt werden kann, wird ein PostScript-Fehler ausgegeben. Diese Meldungen sind für Normalsterbliche nicht verständlich. Hat man einen PostScript-fähigen Laserdrucker, der nicht die Datei, sondern nur einen solchen Fehler ausgibt, kann man sehr sicher sein, dass er auf dem Belichter auch auftauchen wird.

In den Belichtungsbüros haben die Angestellten leider häufig mit diesen Fehlern zu kämpfen. Kommen Ihre Dateien sauber aus Ihrem PostScript-Drucker, bekommt der Mensch am Belichtungsrechner ein paar graue Haare weniger — wahrscheinlich. Denn leider stammen die RIPs von unterschiedlichen Herstellern.

Was können PostScript-fähige Laserdrucker?
Alle notwendigen Funktionen, die auf der vorangegangenen Doppelseite beschrieben wurden, beherrschen auch ältere Drucker.

Allerdings können mit moderneren Programmen auf alten Druckern zunehmend PostScript-Fehler auftauchen, die man nicht ausmerzen kann. Mein neun Jahre alter PostScript-Level-1-Drucker ist ein Beispiel dafür. Manchmal werden Schriften in importierten EPSen als `Courier` ausgegeben, die tags zuvor noch keine Probleme machten, und komplexe Acrobat-Dateien können teilweise nicht gedruckt werden. Mein neuer Drucker hat damit (noch?) keine Schwierigkeiten.

Zu etwa 99 Prozent machen PostScript-Drucker dieselben Fehler wie PostScript-Belichter. Mit einem solchen Gerät hat man also eine sehr zuverlässige Möglichkeit der Überprüfung der eigenen Dateien.

Nur ihre Auflösung und das bedruckbare Format reichen nicht an teure Belichtungsmaschinen heran.

Digitaldruck

Beim Digitaldruck handelt es sich um PostScript-fähige Farblaserdrucker. Sie funktionieren wie Schwarzweiß-Laserdrucker, nur haben sie über Schwarz hinaus die Druckfarben Cyan, Magenta und Gelb. Es gibt sie als Maschinen mit nur einem Druckwerk oder vier Werken. Letztere sind wesentlich schneller und damit für höhere Auflagen geeignet.

Ihre Geschwindigkeit reicht aber bei weitem nicht an die einer Offset-Druckmaschine heran. Auch sind die Druckkosten für den einzelnen Bogen teurer als beim Offsetdruck.

Wollen Sie eine kleine Auflage drucken lassen, eignet sich der Digitaldruck, weil nicht die hohen Einrichtungskosten wie im Offset entstehen – es fallen keine Hunderte von Makulaturbögen an. Bei großen Auflagen allerdings sind die Kosten deulich höher als im Offset.

Die Farben dieser Laserdrucker sehen etwa so aus wie Ihnen vielleicht von Farblaserkopierern bekannt. Sie glänzen und zeigen manchmal leichte Streifen. Bislang sehen die Druckerzeugnisse deshalb zum Teil noch etwas „billig" aus. Es gibt aber zunehmend Drucker, die eine ähnliche Oberflächenbeschaffenheit simulieren, wie sie aus dem Offset bekannt ist.

Es können nur spezielle Papiere bedruckt werden — ungestrichene Papiere sind nicht verwendbar. Damit erscheinen Digitaldrucke immer glänzend.

Ohne PostScript

Falls Sie auf einem PostScript-Belichter Filme oder Druckplatten belichten lassen wollen, bieten Tintenstrahldrucker keine zuverlässige Methode der Dateikontrolle über entsprechende Ausdrucke.

Viele Drucker werden mit Druckertreibern verkauft, die nicht einmal Farbauszüge kennen. Sie können so beispielsweise keine Sonderfarben in Ihren Dateien aufspüren.

So wichtig PostScript für den Offsetdruck ist, es gibt Bereiche, die auch ohne auskommen. Dazu gehören großformatige Tintenstrahlausdrucke, die zum großen Teil kein PostScript beherrschen.

Soll ein Druckauftrag auf einer solchen Maschine erfolgen, brauchen Sie keinen PostScript-Drucker — er hilft dafür relativ wenig.

Was können Tintenstrahldrucker?

Die Farbausgabe guter Tintenstrahldrucker ist zum Teil hervorragend. Ihre Qualität reicht beim Einsatz spezieller Papiere an die von Fotos heran. Die Hersteller versuchen, das Beste aus ihren Druckern herauszuholen. Für eine optimale Farbdarstellung, nicht zu verwechseln mit Farbtreue, rastern Tintenstrahldrucker Halbtöne in der Art eines frequenzmodulierten Rasters auf. Damit erscheinen Farben homogener als bei der Ausgabe mit einem autotypischen Raster, das die meisten dieser Drucker gar nicht beherrschen.

Frequenzmoduliertes Raster siehe Seite 32.

Farben

Damit die Farben einerseits möglichst satt erscheinen, zum anderen aber auch zarteste Farbnuancen darstellbar sind, verwenden viele teurere Tintenstrahldrucker sechs Druckfarben: neben CMYK noch ein helles Cyan und ein helles Magenta.

Dass damit keine sehr genaue Farbübereinstimmung mit klassischen 4c-Drucken erreicht werden kann, versteht sich von selbst. Im Gegenteil, Farbausdrucke mit diesen Druckern übertreffen häufig die Farbigkeit von Offsetdrucken.

Die Farben von Tintenstrahldruckern sind wasserlöslich. Derartige Drucke eignen sich deshalb nicht für Standarddrucksachen, wie sie im Offsetdruck erstellt werden. Schon feuchte Finger können die Farben auf einer Visitenkarte verschmieren.

Spezialpapiere
Viele Druckerhersteller verkaufen für ihre Drucker spezielle Papier, auf denen Drucke wie eine Fotografie erscheinen. Sie haben zumeist eine hochglänzende Oberfläche, in die die winzigen Tintenklecke eindringen und darunter etwas zerfließen. Dadurch fallen die aufgespritzten Pixel noch weniger auf, weil sie eher als Färbung denn als einzelner Punkt erscheinen.

Solche Papiere werden von manchen Firmen sogar mit einer Diskette ausgeliefert. Darauf befindet sich ein Farbprofil, das diese Eigenschaft des Papiers berücksichtigt und so die beste Qualität aus einem Druck herausholt.

Überformate
Es gibt inzwischen viele Drucker, die bis zu 140 Zentimeter breites Endlospapier verarbeiten können. Damit eignen Sie sich hervorragend für den Druck großer Plakate. Werden die Drucke mit einer klaren Kunststofffolie kaschiert, können sie auch gegen Witterungseinflüsse unempfindlich gemacht werden.

Die größten Maschinen schaffen sogar acht Meter Druckbreite. Bei Druckern, die Überformate ausgeben können, liegt die Auflösung zumeist deutlich tiefer als bei den handelsüblichen A4- bis A3-Druckern, die man schon für ein paar hundert Mark erwerben kann. Da Plakate meistens aus größeren Entfernungen betrachtet werden, spielt das aber keine Rolle. Wenn Sie Bilder ausdrucken lassen wollen, sollten Sie sich unbedingt informieren, welche Auflösung sie brauchen. Häufig reichen 72 dpi oder weniger je nach Größe des Formats.

Auflagen
Die Druckgeschwindigkeit ist im Verhältnis zu einer Offsetdruckmaschine sehr, sehr niedrig. Darüber hinaus sind die Druckkosten eines einzelnen Bogens relativ hoch, sodass sich größere Auflagen nicht lohnen.

Ausgabe von eingebundenen EPSen
Da die meisten Tintenstrahldrucker kein PostScript verstehen, werden auf eine Layout-Seite importierte Grafiken in Form von EPS-Dateien sehr pixelig dargestellt. Darüber hinaus stimmen auch die Farben nicht.

Um dem zu begegnen, können Sie die EPS-Dateien zuvor in Pixeldateien umrechnen lassen. Grafikprogramme bieten entsprechende Möglichkeiten. Bei Corel Draw und Adobe Illustrator können Sie die gewünschte Auflösung wählen. Ansonsten werden die Grafiken in 72 dpi umgerechnet (FreeHand).

Diese Auflösung reicht für überformatige Drucke, bei kleineren Drucksachen, die man in Händen hält, reicht sie dagegen nicht. Vor diesem Problem steht jeder, der eine Kundenpräsentation machen und dafür farbige Ausdrucke zeigen möchte. Besonders wenn das Logo des Auftraggebers dann pixelig aussieht, will der sich keine Vorträge über PostScript anhören.

In FreeHand, wo man für die Umrechnung der Grafiken in Pixel die Auflösung nicht wählen kann, bietet sich nur der Umweg über

Photoshop. Sie können eine FreeHand-Datei unter anderem als Photoshop-EPS exportieren. Öffnen Sie diese Datei mit Photoshop, fragt das Programm nach der gewünschten Auflösung. Geben Sie eine Auflösung ein, ab der der von Ihnen benutzte Drucker keine pixeligen Ränder mehr zeigt.

Was kann ein Software-RIP?

Es gibt Programme, die die Arbeit eines RIPs in einem PostScript-Drucker erledigen können. Dabei werden die Berechnungen der PostScript-Informationen auf dem Rechner erledigt, also unter anderem Vektorgrafiken in Pixel umgerechnet. Anschließend erst werden diese Daten an den Drucker geschickt, der so keine PostScript-Daten mehr erhält und problemlos und sauber drucken kann.

Ein Software-RIP wird normalerweise wie ein Druckertreiber ausgewählt.

PostScript ohne PostScript?

Leider haben all diese Lösungen ihre Haken und Ösen. Generelle Aussagen lassen sich schlecht treffen; einige arbeiten recht gut, andere bieten zu wenige Funktionen.

Unter dem Strich kann man sagen, dass man so zumindest mehr oder minder sauber, eben nicht pixelig, importierte EPS-Dateien auch über Drucker ausdrucken kann, die kein PostScript verstehen.

Als Ersatz für Aufspüren und Beseitigung eventueller PostScript-Fehler, die beim Ausbelichten entstehen können, dient leider keine der oben genannten „unechten" Softwarelösungen. Sie machen andere Fehler als ein echter RIP.

Gigantieren (nicht PostScript)

Es kann passieren, dass Sie ein Druckerzeugnis erstellen wollen, das auf der Belichtungsmaschine wegen seiner Größe nicht ausgegeben werden kann.

Ein klassisches Beispiel ist ein DIN-A0-Plakat. Mit seiner Kantenlänge von 841 × 1188 mm kann es auf vielen kleineren PostScript-Belichtern mit ihren Filmbreiten von 400 mm oder 600 mm nicht ausgegeben werden. Dann müssen Sie nicht unbedingt die Belichtungsbude wechseln – Gigantieren ist möglich.

Bei diesem Verfahren handelt es sich um einen rein optischen Weg, bei dem kein Computer eingesetzt wird.

Zunächst wird ein kleinerer Film, der von der zu kleinen Maschine ausgegeben werden kann, normal ausbelichtet. Anschließend wird dieser Film über einen Vergrößerer, der einem Vergrößerungsgerät in einer Dunkelkammer oder einem Diaprojektor ähnelt, „aufgeblasen".

Falls in dem zu kleinen Ursprungsfilm keine Raster vorhanden sind, haben Sie keine Probleme.

Sind allerdings Raster vorhanden, werden sie beim Vergrößern natürlich auch gröber. Deshalb müssen Sie vorher wissen, um welchen Faktor der Film gigantiert (vergrößert) wird, um für den Ursprungsfilm ein entsprechend feineres Raster anzulegen.

Siehe das Kapitel „QuarkXPress"; dort wird das Gigantieren eines Plakates beschrieben.

Die DIN-Formate verhalten sich in ihren Größen so zueinander, dass das nächste Format immer eine doppelt so große Fläche umfasst, das übernächste den Skalierungsfaktor von 200 Prozent. Der Vergrößerungsfaktor von einem zum nächsten A-Format liegt bei ca. 141, der Verkleinerungsfaktor bei ca. 71 Prozent.

Wollen Sie also ein A0-Plakat herstellen, bauen Sie es zunächst in der Größe auf, die noch auf dem Belichter ausgegeben werden kann. Nehmen wir an, ein A3-Format ist möglich.

Soll das fertige Plakat beispielsweise in einem 48er Raster gedruckt werden, muss das Raster in dem zu kleinen A3-Film entsprechend feiner ausbelichtet werden, um beim nachträglichen Gigantieren die gewünschte Rasterweite zu erreichen.

Um vom A3-Format die Größe des A0-Formates zu erreichen, müssen Sie drei Formatsprünge berechnen: von A3 auf A2, von A2 auf A1 und von A1 auf A0. Von einem Format zum nächsen nimmt die Größe des Rasters um 141 Prozent zu. Oder andersherum: vom gewünschten A0-Format nimmt die Größe der Elemente, und damit auch des Rasters, hin zum kleineren Format um 71 Prozent ab.

Ein kleineres Raster bedeutet höhere Rasterweite – mehr Rasterpunkte pro Zentimeter. Die Rasterweite muss also um jeweils 141 Prozent zunehmen.

Von der Datei zum fertigen Druck

Je nach Druckverfahren, mit dem Sie Ihre Dateien ausdrucken lassen wollen, nehmen Ihre Dateien unterschiedliche Wege von Ihrem Computer auf das Papier oder einen anderen Bedruckstoff. Im Folgenden werden mögliche Abläufe anhand verschiedener Druckverfahren aufgezeigt.

Druckverfahren siehe ab Seite 61 und 71.

Die Dateivorbereitung ist für jedes Druckverfahren unterschiedlich. Wie Sie Ihre Dateien dafür in den jeweiligen DTP-Programmen im Einzelnen korrekt aufbauen müssen, lesen Sie ab Seite 167, wo die relevanten Arbeitsschritte exemplarisch vorgeführt werden.

Bevor Sie aber mit Ihrer Arbeit loslegen, sollten Sie unbedingt technische Informationen zum Druck und über die zu erwartenden Druckkosten bei einer von Ihnen ausgesuchten Druckerei einholen.

Anfrage bei einer Druckerei

Um die Machbarkeit Ihres Projektes abzuklären und natürlich auch den Preis zu erfragen, sollten Sie möglichst früh bei einer Druckerei anrufen. Wenn Sie sich über das Papier, auf dem Sie drucken lassen wollen, nicht sicher sind, sollten Sie direkt zur Druckerei fahren und sich dort aus entsprechenden Musterbüchern diverse Papiere zeigen lassen. Hier können Sie auch Farbfächer von Sonderfarben einsehen, falls Sie vorhaben, solche Farben zu verwenden, und selbst keine entsprechenden Farbfächer besitzen. Die Darstellung von Sonderfarben am Monitor und auf Farbdruckern stimmt übrigens nie.

Einen Kostenvoranschlag bekommt man natürlich nur auf eine genaue Anfrage hin. Nach diesem ersten Kontakt können Sie auch Anfragen von anderen Druckereien einholen. Eine entsprechende Preisanfrage muss mindestens folgende Punkte beinhalten:

– Bezeichnung der Drucksache
– Format
– Umfang (bei mehr als einer Seite)
– Papiersorte
– Farben (Anzahl und Art wie Euroskala oder Sonderfarben)
– Buchbinderische Weiterverarbeitung wie Schneiden, Falzen und ggf. Binden
– Vorlagen, die Sie liefern (Filme oder Dateien)
– Auflage
– gewünschter Liefertermin

Die beiden nachfolgenden Beispiele sind entsprechend aufgebaut:

Briefbogen
Format: DIN A4
Material: Papier, 80 g/m^2, geeignet für Tintenstrahl- und Laserdrucker
Farben: Schwarz und Volltonfarbe HKS 72 N, beide Farben Vorderseite, Rückseite keine
Vorlage: Filme
Auflage: 1.) 1000 oder 2.) 2000

Broschüre
Format: 215 × 330 mm

Umfang: 32 Seiten plus Umschlag
Material: Innenseiten Schneidersöhne, Off-
setweiß 110 gr.
Umschlag Schneidersöhne Offsetweiß
150 gr.
Bindung: Rückstichheftung
Farben: innen 4/4 c;
außen 4/4 c, einseitig lackiert
Vorlage: Filme
Auflage: 3000

Mehr zu Papier siehe Seite 35.

Skalenfarben siehe Seite 23.

4/4c heißt jeweils vierfarbig auf der Vorder- und
Rückseite.

Anfrage bei einem Verlag

Sollen Ihre Dateien in Form einer Anzeige in
einer Illustrierten oder Zeitung erscheinen,
müssen Sie die Vorgaben des Verlages einhal-
ten. Dazu gehören Größe, Stand und damit
Preis der Anzeige wie auch das verwendete Raster.

Entsprechende Informationen werden als
Mediadaten bezeichnet, die Ihnen jeder Verlag
auf Anfrage zuschicken wird.

Nachdem diese Fragen geklärt sind, können
Sie am Computer mit den notwendigen Arbeiten beginnen.

Der klassische Offsetdruck

Da Sie Ihre Aufträge wahrscheinlich am häufigsten über eine Offsetdruckerei abwickeln
werden, wird der Gang auf den folgenden Seiten genauer erklärt – beginnend mit einer Grafik über den gesamten Arbeitsprozess oder
neudeutsch Workflow.

Zunächst wird der klassische Offsetdruck
beschrieben, in dem mehr Arbeitsgänge notwendig sind als bei den neueren Varianten
dieses Druckverfahrens, zum Beispiel CtP.

CtP = Computer to Plate

eigener Arbeitsplatz

Arbeitsplatz in Belichtungsb

Computer PostScript-Laserdrucker

Computer

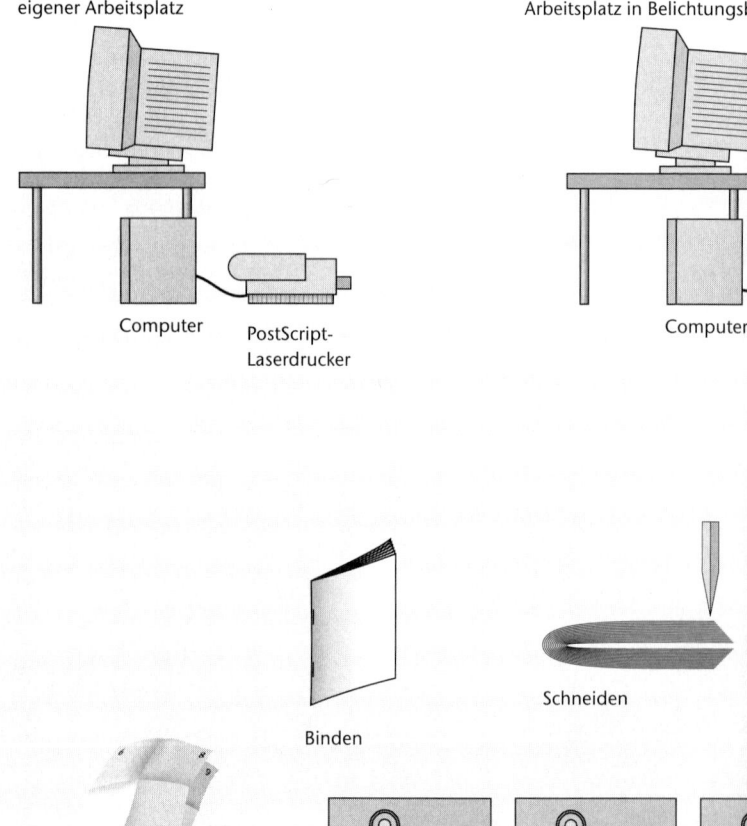

Binden

Schneiden

Falzen

bedruckte Bögen

Druckmaschine mit vier Werken — für jede Farbe eins, eine Druckplatte aufgezogen.

PostScript-Filmbelichter
gibt pro Farbe einen Film aus

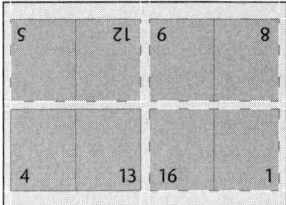

Bogenmontage
– direkt ausgeschossen auf
   großem Film über Software auf
   dem Belichtungscomputer
– oder Filme der Einzelseiten von
   Hand nach Ausschießmuster auf
   Leuchttischen zusammengeklebt

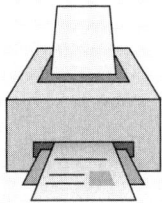

Proof
zur Farbkontrolle
direkt aus der Datei
oder über vorher
belichtete Filme

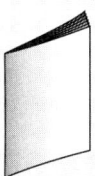

Blaupause
einfarbige Kopie (blau) aller Seiten
zum Überprüfen von Schreibfehlern

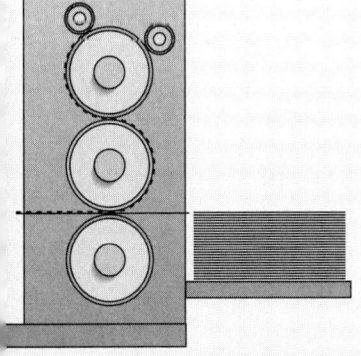

n Druckzylinder ist   unbedruckte
                        Bögen

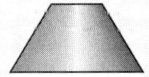

Druckplattenbelichtung
je Farbe wird eine Platte belichtet

Arbeiten am eigenen Arbeitsplatz

Mit Ihrem Computer und den notwendigen Programmen erstellen Sie die einzelnen Dateien, die gedruckt werden sollen. Je nach Inhalt des zukünftigen Druckerzeugnisses kommen dabei ein bis normalerweise drei Programme zum Einsatz: Bildbearbeitung, Grafikerstellung und Aufbau des Layouts.

Layout
Beim Layout handelt es sich um die gestaltete Seite oder Seiten – siehe unten.

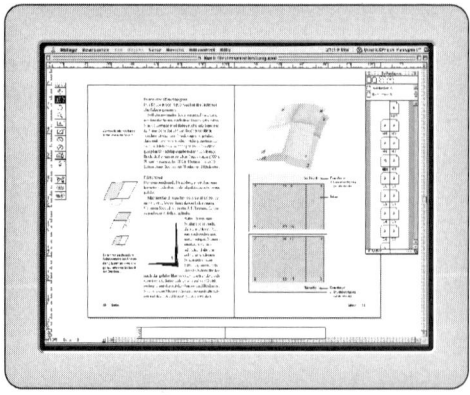

Je nach Umfang des Druckerzeugnisses kann ein Layout mit einem Grafikprogramm (wenige Seiten) oder Layoutprogramm aufgebaut werden.

In der Grafik oben ist das Layout beispielsweise in QuarkXPress erstellt, ein Bild stammt aus Photoshop, die Grafiken aus FreeHand.

Reprofähige Vorlage
Für den Druck auf einer Offsetdruckmaschine braucht es den Film zur Belichtung der Druck-

platte. Sie müssen dafür alle Dateien so aufbauen, dass sie direkt auf dem notwendigen Film ausbelichtet werden können. Falls sich später herausstellt, dass Korrekturen vorgenommen werden müssen, kann es eventuell etwas teurer werden – auf jeden Fall verzögert sich der Drucktermin.

Sind alle Dateien im Einzelnen und in der Montage zusammen ohne Korrekturen ausbelichtbar, haben Sie eine reprofähige Vorlage hergestellt.

Kontrollausdrucke

Um überprüfen zu können, ob die zusammengestellten Dateien tatsächlich eine solche reprofähige Vorlage ergeben, sollten Sie unbedingt Ausdrucke machen.

Dabei können Sie beispielsweise Probleme mit Schriften entdecken, die nicht kommen wollen und deshalb ersatzweise in `Courier` ausgegeben werden oder eventuell gleich gar nicht auftauchen. Weitere Fehler können Grafikdateien produzieren, die ungewöhnlich pixelig erscheinen.

Kuller   **Kuller**

Farbauszüge drucken

Falls es sich bei Ihrer Arbeit um ein mehrfarbiges Druckerzeugnis handelt (wie bei den Innenseiten dieses Buches beispielsweise), sollten Sie über die oben erwähnten Ausdrucke hinaus auch wirklich *unbedingt Farbauszüge* ausdrucken. Schließlich werden auf dem PostScript-Belichter eben genau diese separierten Ausdrucke erzeugt. Und nur so können Sie

darin eventuell auftretende Fehler schon vorher erkennen.

Außerdem wollen die meisten Belichtungsfirmen neben Ihren Dateien genau diese Ausdrucke haben. Nur so können die dort arbeitenden Menschen sich einen Überblick darüber verschaffen, wie Ihre Dateien aussehen sollen.

Proof

Falls Sie sich nicht sicher über die Farbdarstellung Ihres Monitors sind oder besonders heikle Farben in Ihren Dateien enthalten sind wie zum Beispiel Hauttöne, sollten Sie unbedingt einen Proof von den entsprechenden Seiten anfertigen lassen.

Ein Proof ist der (mehr oder minder) farbverbindliche Ausdruck einer Layoutseite. Je nach dem, wie viel Sie investieren können und wie genau die Farben sein müssen, stehen unterschiedlich präzise Verfahren zur Verfügung, einen Proof herzustellen.

Das farbechteste Verfahren ist ein Andruck. Dabei handelt es sich um einen Druck auf einer vollwertigen Offsetmaschine, die speziell für geringe Auflagen angefertigt ist. Für die notwendige Druckplatte brauchen Sie Filme – die Platte kann später für den Auflagendruck verwendet werden.

Nicht so farbtreu sind Digital-Proofs. Dabei handelt es sich um spezielle Tintenstrahldrucker, die auf diese Arbeit spezialisiert sind. Sie haben nicht, wie ihre billigeren Konkurrenten, sechs, sondern nur vier Druckfarben.

Da sie keine Raster drucken, wie sie bei der Belichtung entstehen, können eventuelle Moirés nicht erkannt werden. Außerdem ist

eine Simulation des Drucks auf unterschiedlich saugenden Papieren nur in sehr begrenztem Umfang möglich.

Da keine Filme erzeugt werden müssen, fallen eventuelle PostScript-Fehler nicht unbedingt auf.

Analog-Proof (Chromalin)
Hierbei werden Auszugsfilme benötigt, von
denen mittels einer Folie die vier Druckfarben
auf ein spezielles Papier übertragen werden,
das hochglänzend ist – eine ungestrichene Variante gibt es nicht. Dadurch sind die Farben
immer etwas zu brillant.

Dateiversand
Haben Sie alle Fehler aufgespürt und ausge-
merzt, müssen Ihre Dateien an die Firma, die
Ihre Dateien ausbelichten soll, verschickt werden. Dafür bieten sich zwei grundsätzlich verschiedene Wege an: über die Straße oder per
Datenfernübertragung. Dabei ist zu beachten,
wie groß der Speicherumfang Ihrer Dateien
ist.

Immer wenn Sie mit Scans oder sonstigen
Pixelbildern zu tun haben, wird der benötigte
Speicherplatz riesig. Sie sollten sich deshalb
darüber informieren, wie viele Kilo- oder
wahrscheinlich eher Megabyte Ihre Dateien
auf der Festplatte Ihres Rechners benötigen.
Sind alle zu druckenden Dateien und Schriften in einem Ordner, können Sie auf der
Schreibtischoberfläche Ihres Betriebssystems
die Größe dieses Ordners abfragen.

Datenträger
Die gute alte Diskette stirbt langsam aus; die
neuen Macs haben sogar schon keine Laufwer-
ke mehr dafür. Ihre 1,4 Megabyte Speicher-

platz reichen heutzutage fürs DTP auch kaum noch aus. Dieses Buch benötigt beispielsweise nur für den schwarzweißen Teil 120 Megabyte, allein für den farbigen Innenteil 280 Megabyte. Je nachdem, welchen Datenträger Sie am Arbeitsplatz an den Computer angeschlossen haben, werden Sie ein Medium mit allen erforderlichen Dateien beschreiben und es an das Belichtungsbüro schicken – oder besser noch selbst vorbeibringen.

Es gibt inzwischen immer mehr Belichtungsbüros, die Ihre Dateien auch über Datenfernübertragung annehmen – also per Modem oder ISDN. Diesen Weg sollten Sie nur benutzen, wenn Sie schon öfter mit der entsprechenden Firma zusammengearbeitet haben. Ansonsten entstehen normalerweise zu viele Rückfragen, besonders wenn man Anfänger ist, und die kosten nur unnötig Zeit. Diese Zeit lässt sich sparen, wenn Sie die Dateien persönlich vorbeibringen und unter Anleitung bei der Dateiannahme in der Belichtungsfirma den Belichtungsauftrag ausfüllen.

Im Service-Büro

Hier werden die Filme hergestellt, die für die Druckplattenbelichtung gebraucht werden. Etliche Druckereien haben ihre eigenen Belichtungsmaschinen im Hause oder arbeiten bevorzugt mit bestimmten Firmen zusammen.

Sie können sich aber genauso gut für eine Belichtungsfirma Ihrer Wahl entscheiden. Den größten Unterschied machen die Kosten aus. Holen Sie entsprechende Informationen ein, um sich für den einen oder anderen Anbieter zu entscheiden.

Es gibt zum Teil riesige Preisunterschiede. Ein DIN-A4-Film kann zwischen acht und 25 Mark kosten. Meistens ab einer Anzahl von zehn Filmen gibt es Rabatte, sodass größere Belichtungsaufträge nicht gar so teuer werden. Die teureren Firmen bürgen für bessere Qualität, was sich in der Kontrolle der Filme bemerkbar macht. Sie werden dann mit den von Ihnen abgelieferten Laserausdrucken verglichen und gegebenenfalls noch einmal ausbelichtet. Die billigeren Firmen wollen von Ihnen zwar auch die Ausdrucke, verwenden aber kaum Zeit auf den Vergleich.

Stehen Sie am Anfang Ihrer Erfahrungen mit den Ausbelichtungen von Dateien, sollten Sie sich eher für einen teureren Anbieter entscheiden. Haben Sie genügend Routine, kann es auch ein billigerer sein.

Belichtungsauftrag

Hiermit vergeben Sie den Auftrag zur Belichtung Ihrer Dateien. Sie müssen darin bestimmte Angaben über die auszubelichtenden Dateien machen. Ein Belichtungsauftrag kann aussehen wie unten abgebildet.

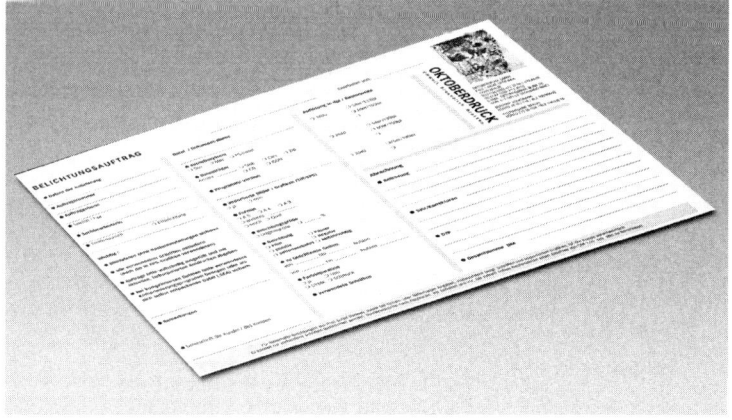

Die wichtigsten Punkte eines Belichtungsauftrages:

• *Dateiname;* schreiben Sie den Namen der Layoutdatei auf, die gedruckt werden soll, nicht die der möglicherweise importierten Dateien.

• *Betriebssystem;* zur Wahl stehen Mac OS und Windows, selten noch MS-DOS.
Eventuell wird auch nach einer PostScript-Datei gefragt, besonders wenn Sie Windows-Dateien ausbelichten lassen wollen.

• *Programm/-version;* liefern Sie keine PostScript-Datei, muss die Layoutdatei mit dem entsprechenden Programm geöffnet werden. Das kann zum Beispiel QuarkXPress 3.3.2 sein oder InDesign 1.5.

Auch hier notieren Sie nur das Programm, mit dem Sie die Layoutseiten aufgebaut haben, nicht die, mit denen Sie externe Dateien wie zum Beispiel Bilder bearbeitet haben.

Mehr zu externen, eingebundenen Dateien siehe Kapitel „Sammeln der druckrelevanten Dateien".

• *importierte Bilder / Grafiken;* hier gibt es nur ein Ja oder Nein. Falls Sie solche Dateien in Ihr Layout eingebunden haben, müssen Sie unbedingt auf dem Datenträger mitgeliefert werden!

• *Seiten von bis;* normalerweise wollen Sie alle Seiten ausbelichten, aber für einen Test können es weniger sein – also alle oder 13 bis 17.

Die folgenden Begriffe sind auch genauer erklärt im Kapitel „Buchbinderische Weiterverarbeitung" ab Seite 47.

• *Seitenformat;* die Seitengröße Ihrer Layoutdatei ist gefragt. Weicht das Format von diesen Standardgrößen ab, tragen Sie die Größe in Millimetern ein – Zentimeter sind nicht gebräuchlich.

Falls in Ihrem Dokument Elemente in den Anschnitt gehen, rechnen Sie diese normalerweise 3 Millimeter *nicht* zum Seitenformat hinzu! Die Seiten dieses Buches beispielsweise sind 125 × 190 mm groß, egal ob Elemente in den Anschnitt gehen oder nicht; alle Seiten dieses Buches haben schließlich dieselbe Größe.

• *Filmformat;* es stimmt meist nicht mit dem

Seitenformat überein. Soll eine mehrfarbige DIN-A4-Seite gedruckt werden, müssen außerhalb noch die Druckmarken erscheinen. Das notwendige Format für eine solche Seite heißt DIN A4 plus oder A4 plus. Entsprechendes gilt für die anderen DIN-Formate. Das etwas größere Plus-Format kann bei manchen Belichtungsfirmen etwas teurer sein.

• *Fomatlage* oder Ausrichtung; Hoch- oder Querformat – diese Seite ist hochformatig.

• *Ausgabegröße;* fast immer 100%. Falls Sie im Drucken-Dialog Ihres Programms einen anderen Wert eingestellt haben, um zu Testzwecken die Seite(n) inklusive Pass- und Beschnittmarken auszudrucken, wird dieser Wert wieder auf 100 zurückgestellt, wenn Sie das im Belichtungsbogen eingetragen haben. Tragen Sie nichts ein, wird die Datei in der Größe ausgegeben, die im Drucken-Dialog eingetragen ist.

• *Nutzen;* gibt die Anzahl gleicher Exemplare auf einem Film an. Haben Sie beispielsweise eine Visitenkarte schon mit 9 Nutzen auf einer Seite aufgebaut, wollen Sie von der Datei nur einen Nutzen ausbelichten lassen. Falls Sie nur eine Visitenkarte auf einer Seite angelegt haben, können Sie veranlassen, insgesamt 9 Nutzen anlegen zu lassen.

• *Farbauszüge;* bei mehrfarbigen Dateien müssen Sie angeben, ob sie separiert und, wenn ja, welche Auszüge ausbelichtet werden sollen. Es kann nämlich passieren, dass sich während der Arbeit an einem Dokument Farben eingeschlichen haben, die im fertigen Zustand nicht mehr von den auf der Seite liegenden Elementen benutzt werden. Dennoch geben manche Programme auch für diese nicht mehr verwendeten Farben Auszüge aus – die müssen Sie bezahlen, auch wenn sie leer sind.

Wie Sie überflüssige Farben in einigen Programmen wieder loswerden, finden Sie ab Seite 146 beschrieben.

Es stehen zwei Arten von Farben zur Auswahl: die Prozessfarben Cyan, Magenta, Gelb und Schwarz sowie Sonderfarben.

Falls Sie eine oder mehrere Sonderfarben verwendet haben, müssen Sie auch eintragen, wie sie heißen.

• *keine Separation;* dieser Punkt wird auch manchmal abgefragt. Bei den nur schwarz-weißen Seiten dieses Buches macht es zum Beispiel keinen Unterschied, ob Sie Schwarz als Farbauszug ausbelichten oder keine Separation, also Composite oder Probezusammenstellung ausdrucken – das Ergebnis ist dasselbe.

Weitergehende Informationen finden Sie im vorangegangenen Kapitel „Druckvorlage".

• *Ausgabe;* hiermit bestimmen Sie das Material, auf dem die Belichtung erfolgen soll. Film ist Standard, es kann aber auch in seltenen Fällen Papier sein.

Außerdem müssen Sie bestimmen, ob positiv (Standard-Offset), negativ, seitenverkehrt (Standard-Offset) oder seitenrichtig ausbelichtet werden soll.

• *Passmarken;* sie sind bei mehrfarbigem Druck immer, bei einfarbigem nie notwendig. Haben Sie aber die Passmarken selbst mit auf das Blatt gesetzt (seltener Fall), dann brauchen Sie sie natürlich nicht.

• *Beschnittzeichen;* wenn Sie Layoutseiten gestaltet haben, brauchen Sie sie immer. Falls Sie aber selbst die Beschnittzeichen gesetzt haben, brauchen Sie keine zusätzlichen.

• *Rasterweite;* manche Firmen wollen die Angabe in lpi oder in l/cm wissen. Zur Umrechnung vom Zentimeter auf den Inch reicht der Faktor 2,5 – die exakten 2,54 werden selten gewünscht, aber falsch ist das auch nicht.

• *Auflösung der Belichtungsmaschine;* je nach Firma stehen die unterschiedlichsten Maschinen und damit Auflösungen zur Auswahl. Es gibt Belichter mit 1270, selten 1800, zumeist

2540, und unterschiedliche Auflösungen über 3000 dpi.

Nochmal: für Strichgrafik und Halbtöne bis zu einem 48er Raster reichen 1270, darüber bis zu einem 70er Raster 2540 dpi. Noch feinere Raster brauchen die höchsten Auflösungen.

• *Schriften;* falls Sie eine PostScript-Datei abliefern sollten, können alle verwendeten Schriften mit in die Datei eingebunden werden. Dasselbe gilt auch für PDFs.

Packen Sie aber alles als offene Dateien auf den Datenträger, sollten Sie auch die Schriften unbedingt mitliefern. Das ist zwar nicht legal, weil man eine Schrift nur für die Benutzung auf einem Ausgabegerät erworben hat, ist aber allgemein gültige Praxis – machen Sie es besser auch so! Dann können Sie im Belichtungsauftrag einfach schreiben „anbei", „mitgeliefert" oder „auf Datenträger". Selbst Systemschriften, zumindest beim Mac zum Beispiel die Helvetica, wurden im Laufe der Jahre immer wieder leicht verändert. Welche auf dem Belichtungsrechner vorhanden ist, können Sie nicht wissen.

Darüber hinaus bieten die teureren Firmen Kontrolle und gegebenenfalls Überarbeitung der Dateien an. Dazu zählen beispielsweise die Überprüfung von Überfüllungen, Beschnitt, Öffnen von Bilddateien und möglicherweise Anpassung an den richtigen Farbmodus (CMYK anstelle von RGB). Notwendige Korrekturen kosten allerdings extra.

Billigere Firmen belichten nur am Fließband und haben keine Zeit für den Check Ihrer Dateien.

Filmkontrolle

Bevor die Druckplatten belichtet werden, sollten Sie die Filme kontrollieren, falls Sie sich für das klassische Druckverfahren entschieden haben.

Mögliche Fehler, die Sie unter anderem entdecken können, sind falsche Schriften oder pixelige Darstellung von importieren Grafiken.

Außerdem können Sie anhand der Filme der einzelnen Seiten feststellen, ob wirklich die gewünschte Anzahl an Farben separiert wurde oder sich zusätzlich Sonderfarben eingeschlichen haben beziehungsweise gewünschte Sonderfarben in 4c separiert wurden.

Legen Sie alle Filme einer Layoutseite übereinander, können fehlende Elemente entdeckt werden, wenn man das so entstehende Bild mit dem Composite-Ausdruck vergleicht. Weitere mögliche Fehler können nicht überdruckendes Schwarz sein: lässt also beispielsweise schwarze Schrift Farben, auf der sie steht, frei, liegt zumeist ein Fehler vor.

Schwierig dagegen ist es, Überfüllungen zu kontrollieren, da es sich dabei nur um Bruchteile von Millimetern handelt. Man wird die Filme kaum so genau übereinander legen können, um korrekte von mangelhaften Überfüllungen unterscheiden zu können.

Fast unmöglich ist das Aufspüren von Fehlern in vielseitigen Druckaufträgen mit mehreren Farben, weil man vor lauter Filmen nicht weiß, wonach man suchen soll.

Blaupause

Haben Sie ein Layout mit viel Text aufgebaut, ist eine Blaupause eine gute Kontrollmöglichkeit. Sie wird durch die Kopie eines Films auf Papier hergestellt. Dafür wird zumeist der Schwarzfilm genommen, weil er den meisten Text enthält. Die Schwärzungen des Films erscheinen auf diesem Papier dunkelblau – daher der Name. Neben schwarzem Text erscheinen so auch alle Bilder mit ihrem Schwarz-Auszug.

Da viele Grafiken eventuell kein oder nur wenig Schwarz (wie zum Beispiel Linien) enthalten, würden sie nicht auftauchen. Aus diesem Grund können Blaupausen auch mit Hilfe von zwei Auszugsfilmen hergestellt werden.

Sie eignet sich also nicht zur Kontrolle der Farben, aber zumindest von Elementen, die aus Schwarz und eventuell einer weiteren Farbe aufgebaut sind.

Die Blaupause legen Sie Ihrem Kunden vor, damit er darin mögliche Schreibfehler korrigieren kann. Anschließend lassen Sie sich vom Kunden die Blaupause abzeichnen und zurückgeben. Mögliche Fehler können Sie jetzt korrigieren und sind damit belegbar aus dem Schneider, falls im fertigen Druckerzeugnis Textfehler entdeckt werden sollten. Dann können Sie mit der Blaupause wedeln und auf dieselben dort übersehenen Fehler und die Unterschrift des Kunden zeigen.

In der Druckerei

Andruck

Der Begriff meint zwei ganz unterschiedliche Dinge. Zum einen nennt man so das beste Proofverfahren und zum anderen den Beginn des endgültigen Drucks. Letzterer ist hier gemeint.

Sie sollten beim Anlaufen der Druckmaschine möglichst dabei sein, um eventuell noch leichte Farbkorrekturen vom Drucker einstellen zu lassen. Bei reinen schwarzweißen Drucken, die nur Text enthalten, ist das nicht notwendig. Sie können mit Ihrer Druckerei verabreden, dass sie Sie anrufen soll, wenn es so weit ist. Dann stehen Sie neben dem Drucker, der am Steuerpult seiner Maschine Ihren Proof liegen hat und nach seiner Farberscheinung die Druckmaschine einrichtet.

Leichte Veränderungen einzelner Farben auf dem gesamten Druckbogen oder in einzelnen Zonen können noch angepasst werden.

Zonen siehe Seite 74.

Imprimatur

Hierbei handelt es sich um Ihre Bestätigung eines Bogens aus der Andruckphase. Mit Ihrer Unterschrift auf einem Bogen erkären Sie ihn als verbindliche Vorlage für alle weiteren Drucke. Sie beenden damit also die Einrichtzeit, die folgenden Druckbögen landen nicht mehr als Makulatur im Container, sondern sind für das fertige Druckerzeugnis bestimmt.

Bei mehrseitigen Druckerzeugnissen, die aus mehreren Druckbögen aufgebaut sind, kann der nächste Andruck etliche Stunden später erfolgen. Wenn Sie es wünschen, können Sie wieder dabei sein.

Belegexemplare

Als Produzent haben Sie ein Recht auf einige wenige fertige Druckerzeugnisse. Leider muss man inzwischen viele Druckereien immer wieder auffordern, sie zurückzulegen.

Verzichten Sie auf keinen Fall darauf! Durch nichts lernt man mehr als die genaue Betrachtung des fertigen Drucks. Auch können Sie daran Ihren Monitor eventuell noch besser kalibrieren, als das mit den für Sie fremden Dateien auf der CD möglich ist.

Grundlegende Einstellungen für den Druck

Alle Arbeiten in DTP-Programmen laufen auf den Druck hinaus. Auch wenn die Einstellungen für den perfekten Druck in den verschiedenen Programmen unterschiedlich erreicht werden, sind sie doch grundsätzlich gleich.

In diesem Kapitel finden Sie generelle Informationen zum Ausdruck einer Datei, zur Erstellung von Druckmarken, Farbauszügen, Überfüllungen, Überdrucken und zu der Handhabung von Prozess- (4c-) und Volltonfarben.

Zunächst geht es um ein allgemeines Problem: Wie können Dateien, die größer als das von Ihrem Drucker verarbeitbare Papier sind, für Kontrollausdrucke verkleinert ausgegeben werden? Dabei geht es um die beiden Grundbegriffe Dokument- und Papierformat.

Dokument- und Papierformat

Dokumentformat

Wenn Sie eine Datei anlegen, müssen Sie sich für die Größe der Seite(n) entscheiden. Diese Größe entspricht der des fertigen Druckerzeugnisses.

Bei Layoutprogrammen lässt sich für alle Seiten eines Dokumentes normalerweise nur eine Seitengröße einstellen. Grafikprogramme, in denen sich mehrere Seiten anlegen las-

Nur Illustrator kann das nicht – siehe Seite 269.

sen, lassen dagegen unterschiedliche Seitengrößen innerhalb eines Dokumentes zu.

Papierformat

Papierformate siehe auch Seite 35.

Unter Papierformat versteht man die Größe des bedruckten Papiers – Offsetdruckmaschinen verarbeiten häufig Bögen von 100×70 cm, ein normaler Arbeitsplatz-Drucker bedruckt maximal A4 oder US Letter. Nur wenige erschwingliche Tintenstrahldrucker können Papiere bis zu einer Größe von A3 extra einziehen und bedrucken.

Damit ein PostScript-Drucker korrekt arbeitet, muss die richtige PPD-Datei angewählt sein – mehr dazu siehe ab Seite 308.

Die Größe Ihrer Datei und der in Ihrem Drucker liegenden Bogen können mitunter weit voneinander abweichen.

Verkleinerter Kontrollausdruck

Um Kontrollausdrucke von größeren Dokumenten machen zu können, müssen Sie also versuchen, eine Seite inklusive ihrer Druckmarken verkleinert auf dem Bogen Papier in Ihrem Drucker auszugegeben.

Druckmarken siehe Seite 44.

In diesem Zusammenhang sind die verschiedenen Programme unterschiedlich komfortabel: von der automatischen Verkleinerung über den *Druckendialog* bis zum Ausprobieren einer angemessenen Verkleinerung unter *Papierformat* reichen diverse Einstellmöglichkeiten.

Dialog Drucken

Die meisten Programme bieten für eine Verkleinerung im Drucken-Dialog entsprechende Einstellungen: auf Papiergröße skalieren, in Druckbereich einpassen oder ähnlich. Dabei wird alles auf den Papierbogen im Drucker gedruckt – wenn Druckmarken aktiviert sind, wird die Dokumentseite entsprechend weiter verkleinert.

Wie der Druckendialog auf Ihrem Rechner aussieht, hat mit dem installierten Druckertreiber zu tun. Druckertreiber für Post-Scrip-Drucker zeigen alle mehr oder minder dasselbe Bild.

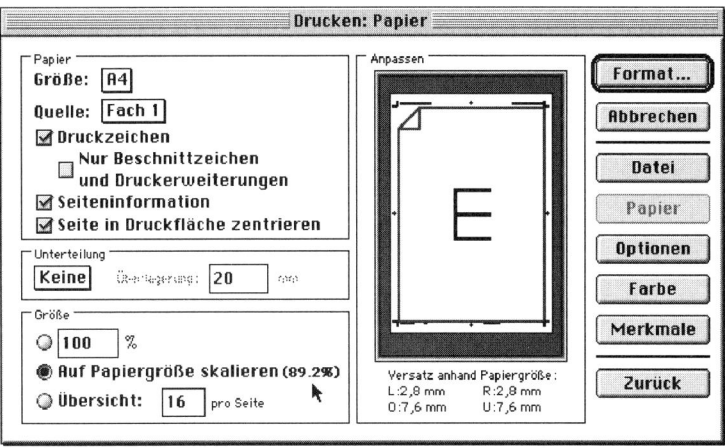

Oben sehen Sie ein Beispiel aus PageMaker.
Die 89,2% errechnet das Programm selbst.

Dialog Papierformat
Sollte Ihr Programm diesen Komfort nicht bieten (XPress in der 3.3er Version oder Illustrator), müssen Sie über den Dialog *Papierformat*
einen verkleinerten Ausdruck erreichen.

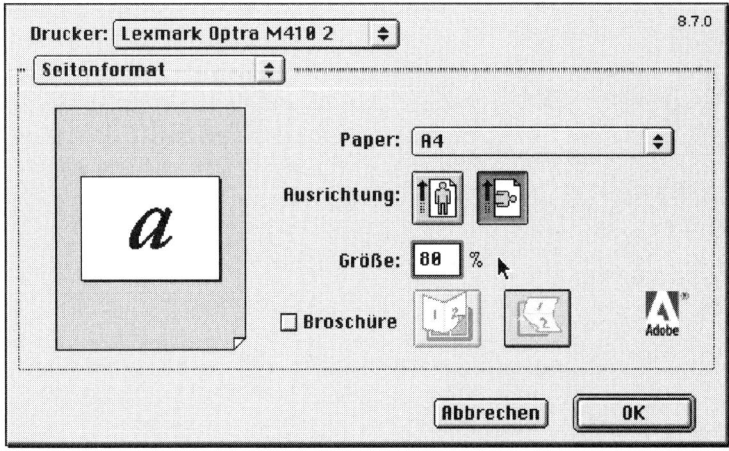

Die Einstellungen hier haben nichts mit dem druckenden Programm direkt zu tun. Deshalb findet sich keine „Automatik" wie im Drucken-Dialog. Über die Größe in Prozent müssen Sie ausprobieren, auf wie viel Sie Ihre Datei verkleinern müssen, um sie vollständig mit ihren Druckmarken ausdrucken zu können. Vergessen Sie nicht, vor Abgabe der Datei zur Belichtung den Wert wieder auf 100 zu setzen!

Dokumentgröße für kleinere Elemente

Als kleinster Film wird normalerweise ein A4-Format berechnet. Häufig baut man Dateien auf, die kleiner als eine A4-Seite sind. Das ist zum Beispiel der Fall, wenn man eine Postkarte herstellen möchte. Dabei stellt sich die Frage, wie groß das Format des Dokumentes sein sollte. Zwei Möglichkeiten bieten sich an:

1. Sie bauen eine Datei mit zwei Seiten für jeweils die Vorder- und Rückseite auf, die der Größe einer Postkarte entsprechen (A6). Dabei fallen Belichtungskosten für zwei Seiten an.

2. Auf einer größeren Seite legen Sie sowohl die Vorder- als auch Rückseite der Postkarte an. Damit entstehen nur Kosten für eine Seite.

Wenn Sie nun diese Postkarte auf einer A4-Dokumentseite anlegen, brauchen Sie bei einer mehrfarbigen Datei Passmarken und Farbauszugsnamen. Die können automatisch von allen DTP-Programmen außerhalb der Seite ausgegeben werden (Beschreibung siehe Seite 138). Dann passt der Ausdruck allerdings ohne Verkleinerung wieder nicht mehr auf ein A4-Blatt in Ihrem Drucker.

Legen Sie deshalb eine kleinere Datei an (ca. 190×270 mm); drucken Sie diese Datei aus, passen die Druckmarken noch mit auf den A4-Bogen in Ihrem Drucker (siehe rechte Seite).

Wie das Dokument, das ganz rechts verkleinert abgebildet ist, aufgebaut wurde, finden Sie im Kapitel „QuarkXPress" beschrieben.

Wie unter 1. beschrieben müssten Sie vorgehen, wenn Ihre Druckerei häufiger Sammelaufträge ausführt. Dabei werden mehrere Postkarten anderer Kunden mit Ihrer auf einem Bogen gedruckt.

Der unter 2. beschriebene Weg bietet sich an, wenn keine Sammelaufträge von Ihrer Druckerei abgewickelt werden und Ihre Postkarte allein gedruckt wird.

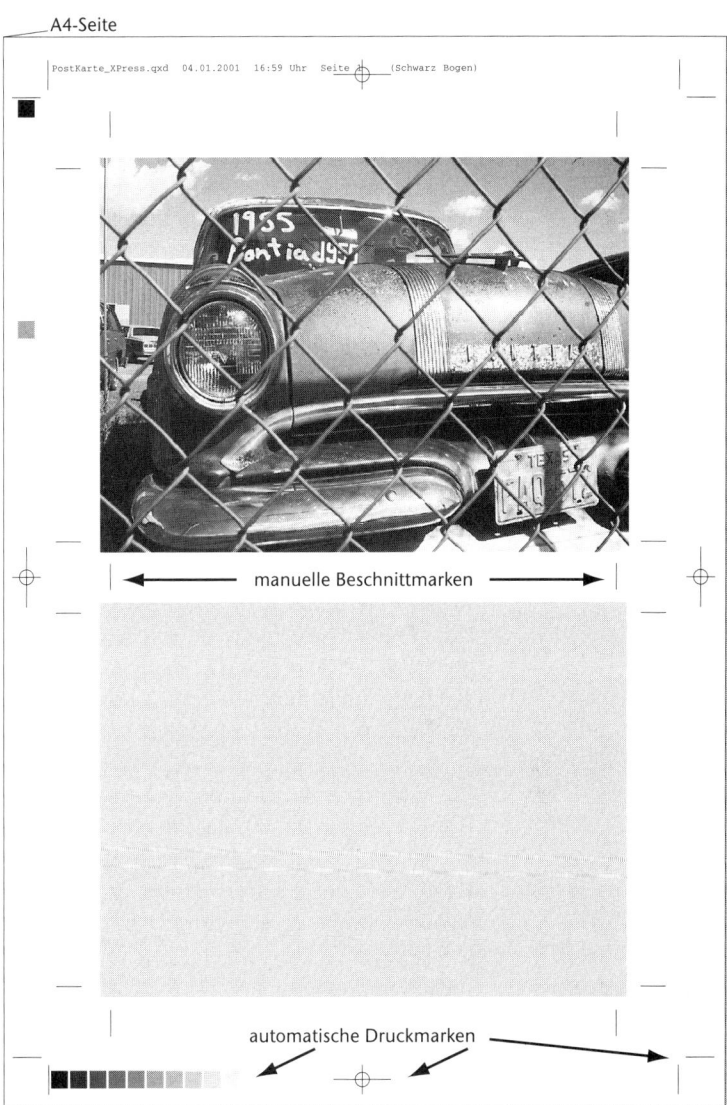

A4-Seite

PostKarte_XPress.qxd   04.01.2001   16:59 Uhr   Seite ⊕   (Schwarz Bogen)

manuelle Beschnittmarken

automatische Druckmarken

Der äußere Rahmen der Abbildung entspricht einem A4-Blatt, die äußeren Druckmarken entstanden automatisch, die inneren Beschnittzeichen wurden manuell angelegt.

Druckmarken siehe Seite 44 und 137.

Dokumentgröße für kleinere Elemente   133

Ein- und doppelseitige Dokumente

Nur Layoutprogramme beherrschen den Aufbau von Doppelseiten. Unabhängig davon, ob ein Dokument ein- oder doppelseitig ist, wird als Dokumentformat immer nur das der einzelnen Seite bezeichnet. Dieses Buch beispielsweise hat eine Seitengröße von 125 × 190 mm. Schließlich muss jede Seite für sich je nach

Ausschießmuster siehe Seite 52.

Bindung ausgeschossen und geschnitten werden – sie liegt so nicht unbedingt neben der benachbarten Seite auf dem Druckbogen. Beim Ausdruck auf einem Arbeitsplatz-Drucker wird jede Seite eines Dokumentes auf einem Blatt ausgegeben.

Für Kontrollausdrucke will man zumeist aber nicht so viel Papier verschwenden; so macht es zum Beispiel Sinn, wenn beim Drucken der Seiten dieses Buches zunächst Doppelseiten gemeinsam auf einem Blatt Papier ausgedruckt werden. Erst bei der endgültigen Belichtung muss jede Seite für sich mit ihren Druckmarken belichtet werden.

Die Innenseiten eines doppelseitigen Druckerzeugnisses mit Rückstichheftung

Centerfold

Bindung siehe Seite 53.

Bei der Rückstichheftung bestehen die beiden Innenseiten eines doppelseitigen Druckerzeugnisses aus einer nicht zerschnittenen Doppelseite.

Falls Sie Elemente über die beiden Innenseiten Ihres Dokumentes gelegt haben, kann das zu Fehlern beim Drucken führen. Stellen Sie sich folgenden Fall vor: Sie haben einen farbigen Fond oder ein Bild über diese beiden Seiten gelegt.

Bei der klassischen Filmmontage – und nur hier – werden alle Seiten des Dokuments einzeln mit ihren Druckmarken im Belichter auf

einer großen Filmrolle ausgegeben. Anschließend werden sie von Hand ausgeschnitten und bei der Montage auf dem Leuchttisch auf einer Trägerfolie zusammengeklebt. Läuft dieser Schnitt durch eine gerasterte Fläche, wird das Raster an dieser Stelle zerstört, und der Schnitt wird später als Linie im Druck zu sehen sein.

Bogenmontage siehe Seite 85.

Wird elektronisch ausgeschossen, kommt es auf das jeweilige Programm an, wie es mit Ihren Dateien klarkommt.

Erkundigen Sie sich deshalb unbedingt bei Ihrer Druckerei, wie Sie diese Innenseite anlegen müssen.

Sollte in Ihrer Druckerei die Bogenmontage aber von Hand vorgenommen werden, müssen Sie diese Doppelseite vor dem unausweichlichen Schnitt schützen.

Mit InDesign kann man zwar einzelne Seiten zu einer so genannten *Druckbogeninsel* zusammenfassen, sie werden aber dennoch weiterhin einzeln ausgegeben, können nur zusammen verschoben werden. Die Seiten stehen nur auf dem Monitor optisch nebeneinander.

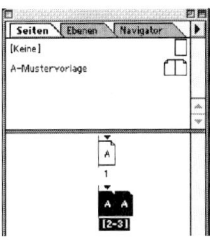

Deshalb müssen diese beiden Seiten *gesondert ausgedruckt* werden: um die beiden Seiten einer Doppelseite zusammen ausdrucken zu können, *muss* im Drucken-Dialog *Montageflächen* (XPress) oder *Doppelseiten* (InDesign) nur für diese beiden Seiten als Option aktiviert sein. Das heißt, bis zu diesen beiden Seiten wird das Dokument normal ausgegeben, alle folgenden Seiten ebenfalls. In PageMaker heißt die Option *Doppelseitendruck* und findet sich ebenfalls im Drucken-Dialog.

Da Sie nicht am Belichtungsrechner sitzen, müssen Sie im Belichtungsauftrag *diese beiden Seiten* gesondert mit der Bemerkung *als Doppelseite belichten* aufführen, falls sie nicht zerschnitten werden darf.

Belichtungsauftrag siehe Seite 121.

Doppelseitige Dokumente in Grafik-programmen

Da Grafikprogramme keine Doppelseiten kennen, gibt es zwei Möglichkeiten, wie Sie ein entsprechendes Dokument aufbauen können (lassen Sie sich unbedingt von Ihrer Druckerei beraten, welchen Weg man dort für machbar hält):

1. Legen Sie die einzelnen Seiten Ihrer Datei in der gewünschten Größe an. Nur die Innenseite wird in der doppelten Breite aufgebaut, falls es durchgehende Elemente gibt wie zuvor beschrieben.

2. Da die Seiten nicht wie bei den Doppelseiten in einem Layoutprogramm direkt im Bund aneinander stoßen, ist es kaum möglich, am Monitor einen Eindruck vom fertigen Druckerzeugnis zu bekommen – die Seiten liegen verteilt auf der Montagefläche.

Wie rechts abgebildet liegen beispielsweise mehrere Seiten in einem Free-Hand-Dokument auf der Montagefläche. Auch wenn Sie zwei Seiten direkt aneinander schieben, versteht sie das Programm *nicht* als eine Doppelseite.

Sie können die Seiten in der *doppelten Breite* aufbauen, *wenn* die Bogenmontage manuell ausgeführt wird. Damit sind alle Seiten so groß, wie man sie später im Druckerzeugnis als Doppelseiten wahrnimmt.

Werden sie in der manuellen Montage zer-schnitten, verschwinden die Schnitte im Bund und fallen dadurch nicht auf. Nur die innere „Doppelseite" wird nicht zerschnitten.

Da dieser Weg recht unkonventionell ist, fragen Sie unbedingt bei Ihrer Druckerei nach, ob man sich dort darauf einlässt, sonst müssen Sie womöglich Ihre gesamte Datei um-stricken.

Falls elektronisch ausgeschossen wird, fra-gen Sie nach, ob Seiten „halbiert" werden kön-nen. Wenn das nicht der Fall ist, müssen Sie die Seiten aufbauen wie unter 1. beschrieben.

PostScript-Ausgabe

Die im Folgenden beschriebenen Einstellun-gen lassen sich zumeist nur in einer PostScript-Umgebung realisieren. Sie brauchen dazu also entweder einen PostScript-fähigen Drucker oder einen Software-RIP.

Siehe auch Kapitel „Post-Script" ab Seite 91.

Software-RIP siehe Seite 108.

Da PostScript-Informationen nur an den Drucker geschickt werden, werden sie nicht auf dem Monitor dargestellt. Sie lassen sich al-so erst durch einen Ausdruck kontrollieren. Deshalb finden sich die meisten der im Fol-genden beschriebenen Einstellungen im Drucken-Dialog.

Druckmarken

Druckmarken lassen sich auf zweierlei Weise erzeugen: Entweder Sie veranlassen Ihr Pro-gramm, sie automatisch auszugeben, oder Sie zeichnen Sie selbst.

Automatisch erzeugte Druckmarken
Unter Druckmarken versteht man all jene Zeichen und Informationen, die zum

Druck einer Datei benötigt werden. Dazu gehören:

Beschnittzeichen
Passmarken
Name des Farbauszugs
Name der Datei (plus ggf. Seitenzahl)
Beschnittzugabemarken (z. B. InDesign)
Farbkontrollstreifen

Druckmarken normal –
hier XPress

Jedes DTP-Programm kann diese Druckmarken automatisch ausgeben, wenn Sie im Drucken-Dialog die entsprechende Funktion aktivieren. Bei manchen Programmen sind die oben aufgelisteten Druckmarken einzeln aktivierbar (InDesign), oder sie werden alle ausgegeben, wenn Sie nur „Passkreuze" (zum Beispiel XPress) aktivieren.

Beschnittzeichen werden entlang der Seitenkanten außerhalb der Dokumentenseite ausgegeben. Nur Illustrator setzt sie unorthodoxerweise um die maximale Ausdehnung aller Elemente im Dokument – den Stand der Seite berücksichtigt das Programm nicht.

Druckmarken unorthodox:
Illustrator

Passmarken werden auf jedem Auszugsbogen außerhalb der Seite an derselben Stelle ausgegeben.

In XPress lässt sich ein Versatz der Passmarken zueinander einstellen (Mittelpunktversatz), andernfalls stehen sie sich exakt gegenüber. Auf das Aussehen der Passmarken hat man keinen Einfluss. Unschön bei XPress ist, dass sie sehr nah an der Seite stehen und so leicht in den Beschnitt hineinragen können.

Name des Farbauszugs ist beispielsweise Cyan, Magenta oder HKS 45. Da die Auszüge allesamt schwarzweiß ausgegeben werden, sollten Sie diese Option immer aktivieren, falls sie einzeln zur Verfügung steht, damit Sie und später der Drucker nachvollziehen können, mit welchem Auszug man es zu tun hat.

Name der Datei wird bei den meisten Programmen beim Aktivieren der Druckmarken automatisch mit ausgegeben.

Beschnittzugabenmarken bieten nur InDesign und PageMaker; sie kennzeichnen die eingestellte Beschnittzugabe, sind allerdings nicht notwendig.

Farbkontrollstreifen werden von jedem Programm beim Druck von Auszügen ausgegeben und können unterschiedlich aussehen:

Sie werden sowohl vom Menschen an der Belichtungsmaschine als vor allem an der Druckmaschine benötigt. Ersterer kann sehen, ob die Chemikalien noch genügend Schwärzungen erzeugen, Letzterer, ob die jeweiligen Farben satt genug gedruckt werden.

Manuell erzeugte Druckmarken
Da die automatisch gesetzten Druckmarken immer um eine Seite gesetzt werden (außer bei Illustrator), helfen sie wenig, wenn mehrere Nutzen auf einer Seite angelegt und später ausgeschnitten werden müssen. Kein Programm kann erkennen, dass um beispielsweise neun Visitenkarten auf einer A4-Seite jeweils Beschnittmarken angelegt werden müssen. In diesem Fall müssen Sie die Beschnittzeichen von Hand zeichnen.

Nutzen siehe Seite 47.

Beschnittzeichen werden normalerweise in der Farbe Schwarz angelegt mit einer Stärke von 0,25 Punkt. Sie müssen immer senkrecht und waagerecht angelegt sein. Falls Sie mehrere Nutzen auf einer Dokumentseite anlegen, müssen Beschnittzeichen immer fluchten, also auf einer Geraden liegen, da beim Schnitt der gesamte Bogen zerschnitten wird.

Falls in Ihrem Dokument kein Schwarz vorhanden sein sollte, wählen Sie die dunkelste Druckfarbe oder Passmarken (siehe unten).

Passmarken können auch selbst gezeichnet werden. Das kann in dem seltenen Fall vorkommen, wenn Sie einen Film zerschneiden wollen, um ihn an verschiedene Druckereien oder Verlage zu schicken.

Auch hier wählen Sie als Stärke 0,25 Punkt – ein einfacher Kreis mit zwei sich senkrecht zueinander kreuzenden Linien reicht.

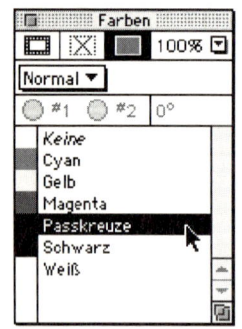

Als Farbe müssen Sie eine wählen, die auf jedem Farbauszug ausgegeben wird. Dazu halten alle DTP-Programme eine spezielle Farbe bereit, die Passmarken, Ausrichtungsfarbe oder ähnlich heißt. Sie ist unter dem jeweiligen Namen in den Farbpaletten zu finden und lässt sich nicht löschen.

Diese Farbe sieht zumeist schwarz aus. Wichtig ist nur, dass damit eingefärbte Elemente auf jeden Farbauszug gedruckt werden, egal ob er Cyan, Gold oder anders heißt.

Eine selbst gezeichnetes, mit dieser Farbe belegtes Element taucht also auf jedem Film an derselben Stelle auf.

Alle anderen Druckmarken lassen Sie am besten automatisch vom Programm erzeugen wie oben unter „Automatisch erzeugte Druckmarken" beschrieben.

Druckerweiterung

Falls in Ihrem Dokument Elemente in den Anschnitt gehen, müssen Sie diese ein paar Millimeter über den Seitenrand hinaus vergrößern.

Beschnittzugabe siehe
Seite 46.

Nicht alle Programme drucken aber automatisch, was über den Seitenrand hinauslappt
– dazu gehören FreeHand, InDesign, Illustrator und die XPress-Versionen ab 4. In diesen
Programmen müssen Sie explizit einstellen,
dass das Programm über den Seitenrand hinaus drucken darf und so Elemente am Seitenrand nicht abschneidet.

Die Druckerweiterung
heißt in den verschiede-
nen Programmen:
Beschnittzugabe: InDesign
Anschnitt: Illustrator und
XPress ab Version 4
Erweiterung: FreeHand

Alle anderen Programme (alte Version von
XPress, CorelDraw und PageMaker) drucken
Elemente aus, die *Kontakt zur Seite* haben; ein
Element neben einer Seite drucken sie aller-
dings nicht, selbst wenn es innerhalb der ein-
gestellten Beschnittzugabe liegt.

Falzmarken

Soll ein Druckerzeugnis gefalzt werden, müs-
sen Sie die entsprechenden Marken zeichnen.
Legen Sie dazu außerhalb auf beiden Seiten
der Dokumentseite gestrichelte Linien in einer
Stärke von 0,25 Punkt und in der Farbe
Schwarz oder Passmarken an. Lassen Sie bis
zum Seitenrand 3 mm Platz, damit beim
Schneiden der Druckbögen nicht noch ein
Stück der Falzmarke erfasst und damit sichtbar
auf dem fertigen Druckerzeugnis wird.

Im Zusammenhang mit dem zuvor geschilderten Verhalten, Elemente außerhalb der Seite zu drucken, müssen Falzmarken in den verschiedenen Programmen unterschiedlich
angelegt werden:

1. Bei den Programmen, die Elemente drucken, die *keinen Kontakt zur Seite* haben, müs-

FreeHand, InDesign, und
XPress ab Version 4

sen Sie die Beschnittzugabe so groß einstellen, dass die Falzmarken komplett gedruckt werden (zum Beispiel 10 mm – dann reicht der Platz für eventuell in den Beschnitt reichende Elemente von 3 mm und darüber hinaus reichende Falzmarken von 7 mm Länge).

2. Bei Programmen, die nur Elemente drucken, die *Kontakt zur Seite* haben, müssen die Falzmarken also bis an die Seite reichen oder besser über die gesamte Seite laufen. Damit sie auf der Seite nicht gedruckt werden, müssen sie dort abgedeckt werden. Legen Sie dazu am besten eine passgenaue Kopie dieser Linie an, die weiß und nicht gestrichelt ist. Verkürzen Sie diese Linie, bis sie mindestens 3 mm über den Seitenrand hinausragt.

CorelDraw und PageMaker – Illustrator druckt alles, egal wo es liegt.

Variante 1: Druckerweiterung

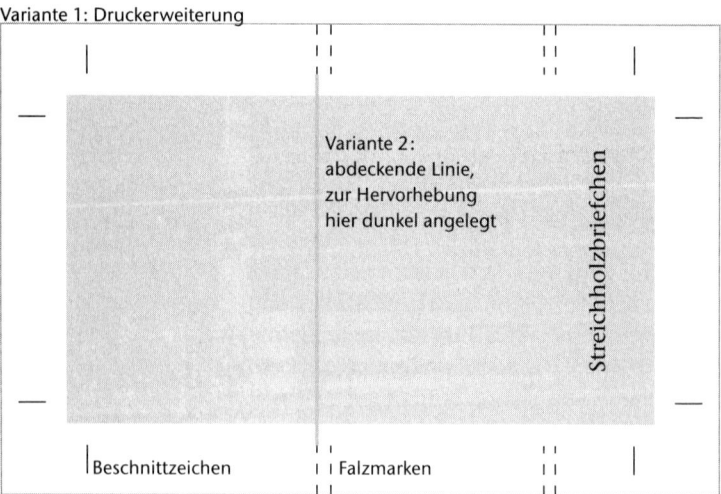

Variante 2: abdeckende Linie, zur Hervorhebung hier dunkel angelegt

Streichholzbriefchen

Beschnittzeichen | | Falzmarken

Die Beschnittzeichen und Falzmarken müssen nicht den großen Abstand aufweisen wie oben abgebildet – sie dürfen ein in den Anschnitt gehendes Element knapp berühren (hier die graue Fläche).

Umgang mit Farben

Beim Aufbau eines Dokuments müssen Sie wissen, mit welchen und wie vielen Farben es gedruckt werden soll. Alle DTP-Programme erzeugen automatisch Prozessfarben, wenn Sie eine neue Farbe anmischen.

Dabei stehen je nach Programm unterschiedliche Farbmischer zur Auswahl. Aber selbst, wenn Sie wie im Beispiel unten links eine Farbe im RGB-Modus erzeugen, wird sie vom jeweiligen Programm in den entsprechenden CMYK-Farben angelegt.

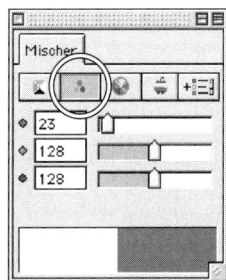 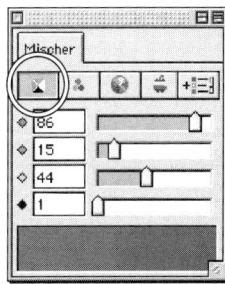

In welche CMYK-Werte das Programm, hier FreeHand, die RGB-Farben in Prozessfarben umwandelt, können Sie ermitteln, indem Sie den Schalter für CMYK-Farben anklicken.

Grafik- wie Layoutprogramme waren zu Beginn des DTP ausschließlich für den Druck ausgelegt. Inzwischen werden aber besonders Grafikprogramme zunehmend für den Aufbau von Dateien für Multimedia-Anwendungen weiterentwickelt.

Drucken Sie Ihre Dateien aus, werden die von Ihnen angemischten Farben standardmäßig als Prozess- oder Sonderfarben behandelt. Nur wenn Sie dieselben Dateien in einem Format, das für den Einsatz im Multimediabereich gedacht ist (Flash oder Photoshop), exportieren, werden sämtliche Farben in den RGB-Modus umgewandelt.

Prozessfarben

Prozessfarben siehe
Seite 21.

Am häufigsten werden Sie Prozessfarben verwenden, die sich aus den Skalenfarben Cyan, Magenta, Gelb und Schwarz zusammensetzen. Da sich aus diesen Farben nicht alle Farbtöne mischen lassen, verwendet man manchmal so genannte Sonder-, Vollton- oder Schmuckfarben. Mit steigender Anzahl von zu druckenden Farben steigen auch die Druckkosten – je mehr Farben, desto teurer wird es.

Volltonfarben siehe
Seite 22.

Bei farbigen Bildern (zum Beispiel Scans) haben Sie immer mit den vier Prozessfarben zu tun.

Sonderfarben

Die Verwendung von Volltonfarben kann Ihre Drucksache teurer oder billiger machen, je nachdem, ob Sie mehr oder weniger als vier Farben drucken lassen.

Sonderfarben werden häufig bei Geschäftsausstattungen eingesetzt, die ein Firmenlogo tragen, da es zumeist aus ein oder mehreren Sonderfarben aufgebaut ist. Wenn Sie bei einer solchen Drucksache nur diese Sonderfarben auch für zusätzliche Elemente verwenden, werden die Druckkosten nicht höher als bei der Verwendung des Logos allein, und somit können die Druckkosten niedriger sein als bei einem Druckauftrag mit vier Farben.

Verwenden Sie dagegen zusätzlich zu den vier Prozessfarben weitere Sonderfarben, erhöhen sich die Druckkosten mit jeder weiteren Farbe.

Selbst gemischte Sonderfarben
Jedes DTP-Programm bietet die Möglichkeit,
Farben anzumischen. Diese Farben sind, wie
zuvor beschrieben, normalerweise Prozessfarben. Jede Farbe kann aber auch in eine Sonderfarbe umgewandelt werden.

Elemente, denen eine Sonderfarbe zugewiesen wurde, werden auf einem eigenen Film
ausgegeben.

Falls Sie also vorhaben, eine Sonderfarbe zu
verwenden, müssen Sie sicherstellen, dass das
jeweilige Programm sie auch als Sonder- und
nicht als Prozessfarbe angenommen hat. Sie
werden in der Farbpalette der meisten Programme etwas anders dargestellt als Prozessfarben (nur XPress listet sie in der Farbpalette
ohne Unterschiede auf).

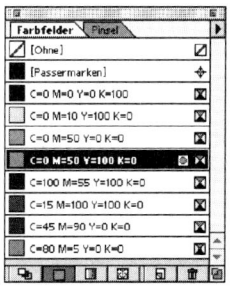

Eine andere Möglichkeit, ganz bestimmte Sonderfarben in sein Dokument zu bekommen,
besteht in der von den meisten Programmen
gebotenen Möglichkeit, auf Farbkataloge zu-
zugreifen.

Farbkataloge siehe
Seite 23.

Pantone
Der gebräuchlichste amerikanische Farbkatalog ist der von Pantone. Die amerikanischen
DTP-Programme bieten fast sämtliche Pantone-Farben an. Falls Sie diese Farben als Sonderfarbe ausgeben lassen wollen, überprüfen Sie,
ob die Farbe wirklich als Sonderfarbe angenommen wurde.

Pantone siehe Seite 24.

Pantone-Process-Farben sind *keine Sonderfarben*. Es handelt sich dabei um in Prozessfarben
umgewandelte Pantone-Farben. Dieser Farbkatalog, der streng genommen keiner ist, sollte
nur verwendet werden, wenn Sie keine Sonderfarbe drucken und sich das Mischen in der jeweiligen Farbpalette sparen wollen.

HKS

HKS siehe Seite 26.

In Deutschland gebräuchlich ist der Farbkatalog HKS. Leider wird er von den wenigsten Programmen angeboten. Das ist aber kein Beinbruch, wenn Sie sich einen kleinen Farbfächer für ein paar Mark besorgen. Mischen Sie sich anhand der ausgesuchten Farbe im Farbfächer eine ähnliche, nennen Sie sie wie die gewünschte HKS-Farbe und erklären Sie sie in Ihrem Programm zur Sonderfarbe.

Sonderfarben allgemein
Beachten Sie beim Umgang mit Sonderfarben immer, dass sie am Monitor häufig deutlich anders aussehen als später gedruckt auf dem Papier.

Falls Sie Sonderfarben in Prozessfarben umwandeln, weichen diese in den meisten Fällen so weit vom Original ab, dass Sie sie nicht wiedererkennen werden.

Wählen Sie eine Sonderfarbe für das Papier Ihrer Drucksache. Es gibt die Sonderfarben der diversen Kataloge für gestrichene und ungestrichene Papiere!

Kontrolle über Prozess- und Sonderfarben
Bevor Sie Ihre Dateien zum Ausbelichten schicken, müssen Sie Gewissheit darüber haben, ob auch wirklich die Farben gedruckt und damit als Farbauszüge ausbelichtet werden, die Sie angelegt haben.

Farbauszüge siehe Seite 22.

Die häufigsten Fehler sind, dass Sie mehr Sonderfarben als gewünscht als Farbauszüge erhalten, oder andersherum, dass Sonderfarben von Prozessfarben ermischt werden und so nicht auf einem eigenen Auszug landen.

Schauen Sie zunächst im Drucken-Dialog
Ihres Programms nach – finden Sie dort neben
den vier Prozessfarben weitere, handelt es sich
immer um Sonderfarben. Sind in der Farbpalette Ihres Dokuments mehr Farben aufgelistet,
haben Sie diese entweder nicht auf Elemente
in dem Dokument angewendet, oder es handelt sich um Prozessfarben, die von Cyan,
Magenta, Gelb und Schwarz ermischt werden.

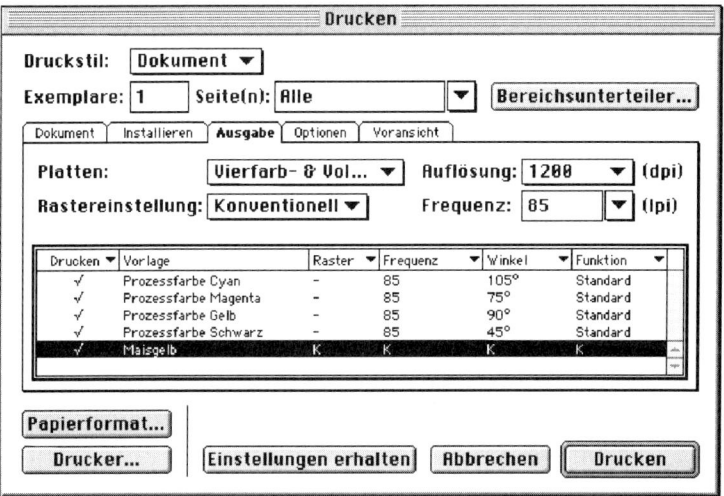

Oben sehen Sie die Farbe „Maisgelb" im
Drucken-Dialog von XPress, rechts ist die Farbpalette dieses Dokuments abgebildet; „Maisgelb" muss eine Sonderfarbe sein! Die Farben
„Hellgrün" und „Violett" (siehe rechts) wurden als Prozessfarben gemischt und tauchen
deshalb nicht im Drucken-Dialog auf. Leider
zeigt XPress in seiner Farbenpalette nicht an,
ob es sich um Prozess- oder Volltonfarben
handelt, wie andere Programme es können.

Die meisten Programme listen im Drucken-
Dialog nur die Sonderfarben auf, die im Doku-

ment tatsächlich verwendet wurden – XPress listet sie leider schon auf, wenn sie sich nur in der Farbenpalette befinden.

Ob die angelegten Farben auch tatsächlich ausgedruckt werden, lässt sich letztlich nur über einen Kontrollausdruck mit Sicherheit bestimmen.

Falls Sie eine Sonderfarbe angelegt und ein Element damit eingefärbt haben, muss es auf einem eigenen Auszug erscheinen.

Sonderfarben und importierte Grafiken

Tauchen in Ihrem Dokument Sonderfarben auf, die Sie nicht angelegt haben, stammen Sie von importierten Grafiken.

Importieren Sie beispielsweise ein Logo, das in einem Grafikprogramm gezeichnet wurde und eine Sonderfarbe enthält, wird diese beim Import der Grafik in ein anderes Programm dort angelegt – andernfalls wäre es nicht möglich, dass diese Farbe auf einem eigenen Film landet. Falls Sie versuchen, diese Farbe aus Ihrem Dokument zu löschen, erhalten Sie eine Warnung:

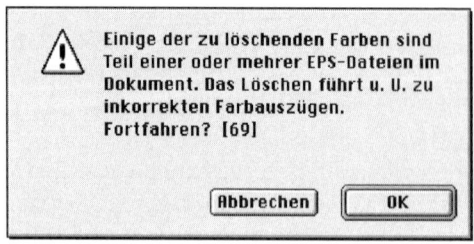

Damit will Ihnen in diesem Fall XPress sagen, dass die Farbe in einem importieren EPS verwendet wird und beim Ausdruck diese Grafik nicht mehr in den Farben gedruckt wird, wie es ursprünglich angelegt wurde. Die Sonderfarbe wird in Prozessfarben umgewandelt.

In InDesign ist es gleich gar nicht möglich, Farben, die durch den Import von externen Dateien entstanden sind, zu löschen. Sie können Sie allerdings in Prozessfarben umwandeln.

Sonderfarben als Prozessfarben drucken

Haben Sie Sonderfarben angelegt, die beim Ausdruck von Farbauszügen nicht auf einem eigenen Bogen ausgegeben werden, kann eine Funktion des druckenden Programmes in Ihren Druck hineinpfuschen. Viele Programme bieten die Möglichkeit, Sonderfarben als Prozessfarben zu drucken – in Illustrator ist das sogar die Voreinstellung.

Untersuchen Sie also den Druckdialog des Programms, aus dem Sie drucken wollen, auf Optionen wie *In Prozessfarben konvertieren* (Illustrator), *Volltonfarben in Prozessfarben konvertieren* (FreeHand), *Alle in Prozessfarben* (InDesign).

RGB-Bilder und Separation

Ganz wichtig ist aber noch ein anderer Fall, der nichts mit Sonderfarben zu tun hat: *RGB-Bilder* aus einem Bildbearbeitungsprogramm. Ohne dass Sie es bemerken, werden diese Bilder klammheimlich in Prozessfarben umgewandelt. Ganz unangenehm wird das, wenn Sie Schwarzweißbilder verwenden, die im RGB-Modus vorliegen – sie werden dann auf allen vier Prozessfarben-Filmen ausgegeben.

Sie sollten sich auf keinen Fall darauf einlassen. Farbige Bilder müssen unbedingt in einem Programm wie Photoshop separiert werden, da es sonst zu unvorhergesehenen Farben im Druck kommen wird.

Mehr zur Separation siehe Kapitel „Photoshop".

Überdrucken

Gelegentlich im Offset- aber vor allem im Siebdruck müssen Elemente einander überdrucken.

Farbverhalten sind in DTP-Programmen so voreingestellt, dass sie für den Offsetdruck optimiert sind. Legen Sie beispielsweise zwei Flächen teilweise übereinander, wird die untere immer automatisch ausgespart, damit keine ungewollten Mischfarben entstehen.

Links sehen Sie so einen typischen Fall: eine cyanfarbene Fläche wird teilweise von einer magentafarbenen überdeckt. Die Fläche unter Magenta muss ausgespart werden, weil sich sonst die Mischfarbe 100 % Magenta + 100 % Cyan = Dunkelblau ergibt.

Drucken Sie Farbauszüge aus, sehen die beiden Flächen aus, wie darunter abgebildet – die unten liegende Cyan-Fläche wird ausgespart.

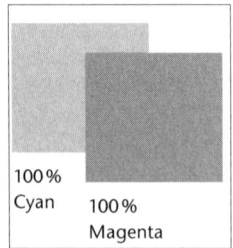

100 %
Cyan   100 %
        Magenta

Farbauszüge

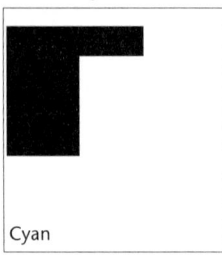

Cyan

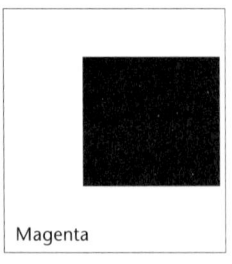

Magenta

Soll ein Element nicht alle darunter befindlichen Farben ausparen, kann in jedem DTP-Programm die Funktion *Überdrucken* sowohl für *Flächen* als auch *Linien* vergeben werden.

So vergeben schon automatisch fast alle DTP-Programme schwarzer Schrift diese Funktion ohne Ihr Zutun. Nur in CorelDraw und Illustrator muss man das selbst anweisen.

Bei allen anderen schwarzen Elementen, die Sie zeichnen, erledigen die Programme das aber nicht (außer XPress). Hier müssen Sie, wenn es der jeweilige Fall erfordert, das Programm veranlassen, dieses Element überdrucken zu lassen – also nicht die Flächen darunter auszusparen.

Legen Sie beispielsweise eine schwarze Haarlinie auf einen farbigen Untergrund, sollte die Linie die darunter liegenden Flächen überdrucken. Über die jeweiligen Paletten lässt sich das in allen Programmen auf deren Weise realisieren. Unten sehen Sie ein Beispiel aus Free-Hand.

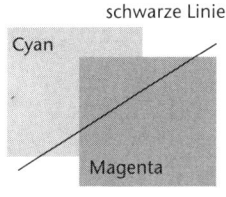

Farbauszüge – ohne überdruckende Linie

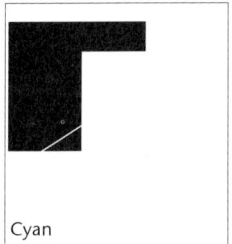

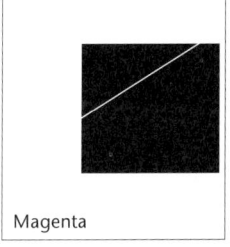

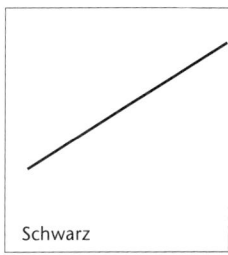

Farbauszüge – mit überdruckender Linie

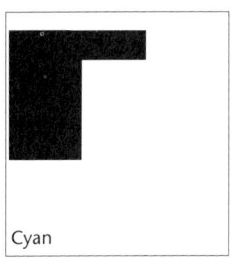

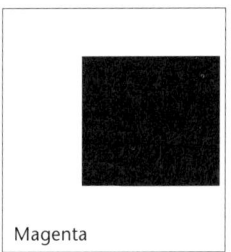

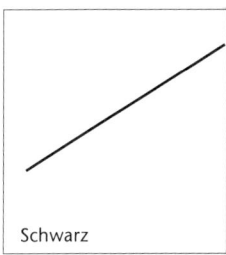

Wenn Sie zwei Flächen überdrucken lassen, wobei nicht Schwarz als Farbe beteiligt ist, ergeben sich im Druck Mischfarben, die in keinem Layout- oder DTP-Programm *am Monitor* angezeigt werden!

Falls Sie Druckvorlagen für den Siebdruck anlegen, haben Sie es mit zwei völlig unterschiedlichen Voraussetzungen zu tun: Zum einen sind die verwendeten Farben zumeist nicht transparent und die Passgenauigkeit der einzelnen Farben zueinander ist wesentlich geringer als im Offsetdruck.

Aus diesem Grund werden sie, um keine Blitzer zu erhalten, alle Elemente mit den deckenden Farben überdrucken lassen.

Farbe überdrucken
Manchmal will man in einem Dokument überall eine oder mehrere Farben überdrucken lassen. Dann wäre es lästig, jedem Element einzeln diese Funktion zuweisen zu müssen. Für diesen Fall bieten einige wenige DTP-Programme im Drucken-Dialog die Möglichkeit, einer Farbe generell diese Funktion zuzuweisen – unten sehen Sie die entsprechende Einstellung in FreeHand. Ist sie aktiviert, werden im gesamten Dokument alle Elemente mit dieser Farbe überdrucken.

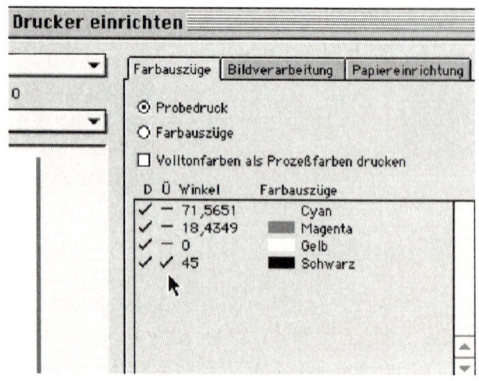

Transparenter Lack

Für die Veredlung einer Umschlagseite bietet sich manchmal der Einsatz von transparentem Lack an. Hier ist nicht der Schutzlack gemeint, der auf vielen Umschlägen über die gesamte Fläche aufgetragen wird, sondern ein hochglänzender Lack, der die Farbe darunter satter erscheinen lässt. Er kann sowohl im Offsetverfahren aufgebracht werden als auch dicker und damit deutlicher im Siebdruckverfahren.

Transparenter Lack wirkt umso deutlicher, je dunkler die Farbe ist, auf der er steht. Sie kennen vielleicht schwarze Umschläge, auf denen sich Schrift beispielsweise nur dadurch abhebt, dass sie mit einem hochglänzenden Lack gedruckt wurde.

Ob nun etwas als Sonderfarbe oder in transparentem Lack ausgedruckt wird, liegt am Drucker, der die jeweilige Farbe oder den Lack in seine Maschine kippt. Das einzig Wichtige ist, dass Sie einen einzelnen Film für den Lackfarbenauszug bekommen. Legen Sie dazu eine Sonderfarbe an, die Sie am besten auch mit „Lack" benennen. Färben Sie damit die Flächen, die später mit dem Lack bedruckt werden sollen, ein. Am Monitor sind solche optischen Effekte natürlich nicht darstellbar.

Damit die Flächen unterhalb des Lacks beim Ausdruck Ihrer Auszüge mitgedruckt und nicht ausgespart werden, müssen Sie dafür sorgen, dass die Lackelemente überdrucken!

Es ist, nebenbei bemerkt, gleichgültig, wie diese Farbe am Monitor aussieht – der Drucker wird nie die Gelegenheit bekommen, auf Ihren Monitor zu schauen … Er erhält nur die Druckplatten zusammen mit den Angaben, welche Farben er drucken soll.

Überfüllung

Überfüllung siehe Seite 46.

Zur Vermeidung von Blitzern werden Farben zueinander überfüllt. Überfüllt wird immer dort, wo zwei Flächen aneinander stoßen. Dabei wird die dunklere von der helleren überfüllt – die hellere wächst in die dunklere hinein.

Das erledigen die meisten Programme schon automatisch mit einem voreingestellten Standardwert, und sie erledigen die Arbeit gut damit. Dieser Wert muss aber für Ihren speziellen Druckauftrag nicht unbedingt der richtige sein.

Illustrator bietet keine automatische Überfüllung. In diesem Programm müssen Sie an kritischen Stellen mit dem Pathfinder eine Überfüllung erstellen lassen, die in Form eines neuen Elements über die Stoßkante der beiden Elemente gelegt wird.

Aber selbst wenn ein Programm eine automatische Überfüllung beherrscht, möchte man an einigen Stellen vielleicht ganz sicher gehen, dass keine Blitzer auftauchen wie zum Beispiel beim Firmenlogo des Auftraggebers.

Alle Programme, die eine automatische Überfüllung beherrschen, bieten deshalb die Möglichkeit, an gewünschten Stellen diese Automatik manuell zu beeinflussen.

Überfüllung bei der Belichtung
Falls Ihr Programm keine Überfüllung beherrscht, können je nach eingesetztem Programm bei der Belichtung Überfüllungen nachträglich automatisch angelegt werden.

Sie müssen sich in dem Fall, wenn Sie ein Programm wie Illustrator oder CorelDraw verwenden, bei der Belichtungsfirma erkundigen, ob man dort eine entsprechende Software einsetzt. Andernfalls müssen Sie die Überfüllung an kritischen Stellen von Hand vornehmen, wie ab Seite 156 beschrieben.

Überfüllen automatisch
Die meisten Programme beherrschen eine automatische Überfüllung. Der voreingestellte Standardwert für die automatische Überfüllung findet sich zumeist im Drucken-Dialog des jeweiligen Programms (außer Illustrator).

Nur CorelDraw und Illustrator können nicht automatisch überfüllen – da hilft nur Handarbeit, siehe nächste Seite.

Geben Sie hier einen Wert ein oder belassen es bei der Automatik des Programms, wird eine Überfüllung durch das Belichtungsprogramm nicht noch zusätzlich ausgeführt.

Welche Überfüllung für Sie die richtige ist, hängt vom gewünschten Raster und dem Druckverfahren ab. Wollen Sie den automatischen Wert ändern, suchen Sie danach im Drucken-Dialog. Automatische Überfüllungen greifen immer beim Drucken eines Dokuments. Das bedeutet, dass für alle Seiten eines Dokuments dieselben Überfüllungswerte angewendet werden.

Bei XPress verbergen sich die Werte für die automatische Überfüllung in den Voreinstellungen zum Dokument (*Bearbeiten / Vorgaben / Dokument*).

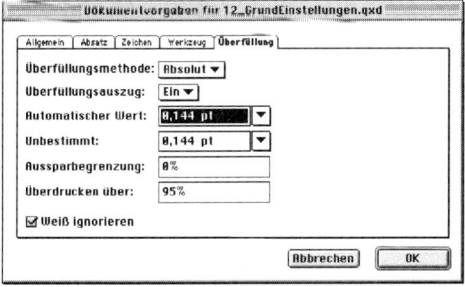

Auf der nächsten Seite sehen Sie ein Beispiel aus FreeHand, wo sich die Einstellungen zur Überfüllung verstecken.

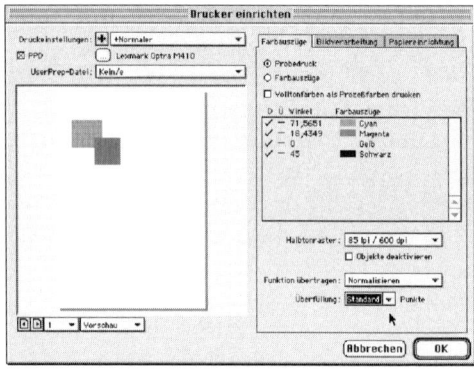

Der Wert für Überfüllung wird automatisch an die jeweilige Rasterweite angepasst.

Überfüllen manuell

Die Erzeugung einer nicht automatisch gesteuerten Überfüllung basiert immer auf demselben Prinzip: an der Kante, wo zwei Elemente aneinander stoßen, muss das hellere etwas erweitert werden. Diese minimale Erweiterung bekommt die Funktion *Überdrucken*. Das Ergebnis kann auf zweierlei Weise erreicht werden.

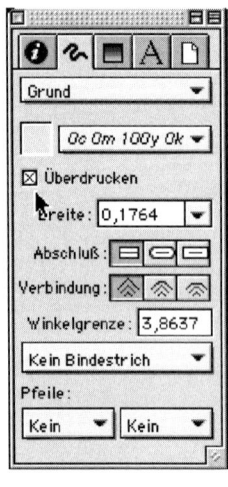

1. Dem oberen Element weisen Sie ein Linie in derselben Farbe wie seiner Fläche zu. Der Linie geben Sie die Funktion *Überdrucken*, der Fläche nicht.

In der Palette links sehen Sie die Einstellung zum Überdrucken der Linie. Sie ist einen halben Punkt breit und liegt mit je der Hälfte ihrer Breite innerhalb der Fläche des gelben Elements sowie außerhalb. Mit einem viertel Punkt Stärke also ragt sie über die gelbe Fläche hinaus und überdruckt alles, was unter ihr liegt – hier die schwarze Fläche (siehe oben rechts). Damit ist eine manuelle Überfüllung erzeugt.

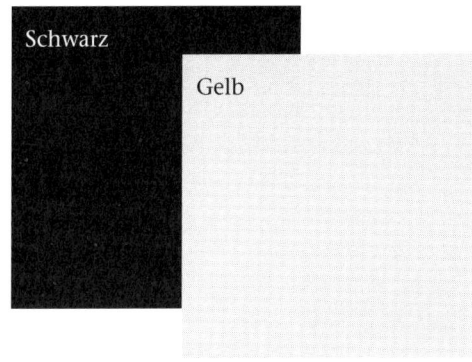

Schwarz

Gelb

Liegt die gelbe Fläche allerdings unter der
schwarzen, muss der schwarzen Fläche eine
überdruckende Linie zugewiesen werden –
Überdrucken bezieht sich nur auf darunter liegende Elemente.

Dadurch wird eine Überfüllung erzeugt, die
denselben Effekt wie zuvor beschrieben hat,
allerdings insofern unkonventionell ist, als
das dunklere in das hellere Element hinein-
wächst.

2. Grafikprogramme bieten zumeist eine
Funktion, mit der nur an der Stoßkante zwischen zwei Elementen etwas verändert wird
und nicht um ein ganzes Element, wie zuvor
geschildert. Schließlich kann es sein, dass die
Linie, die man nur deshalb vergibt, damit sie
überdruckt, in Ihrem Layout stört.

Bei dieser Funktion wird ein drittes Element
erzeugt, das das hellere der beiden an der
Stoßkante um einen gewünschten Wert vergrößert und das darunter liegende überdruckt.
Dazu müssen die beiden fraglichen Elemente
markiert sein, und über ein Xtra (FreeHand)
oder den Pathfinder (Illustrator) muss dieses
überfüllende Element erzeugt werden.

Dabei müssen die beiden Elemente natürlich jeweils mit Farben belegt sein, die im anderen nicht auch auftauchen. Eine Überfüllung zwischen einem gelben und einem grünen Element macht keinen Sinn, da sich das Grün aus Cyan und Gelb zusammensetzt.

Grün   Gelb

Die entsprechenden Auszüge sähen folgendermaßen aus:

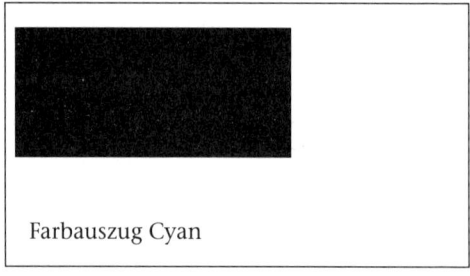

Farbauszug Cyan

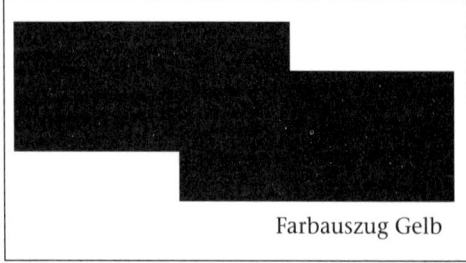

Farbauszug Gelb

Da Grün aus Cyan und Gelb aufgebaut wird, kann die gelbe Fläche gar nicht größer

werden. Aus diesem Grunde warnt beispielsweise Illustrator mit der Meldung, dass bei den
beiden ausgewählten Objekten keine Überfüllung vorgenommen wurde.

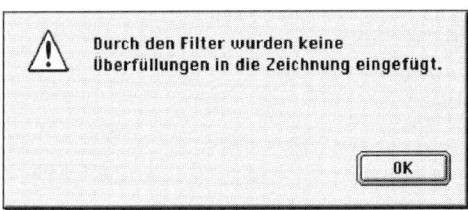

Anders als bei der Lösung mit der zuvor beschriebenen überdruckenden Linie überdeckt
das durch die Überfüllung erzeugte Element
nur das darunter liegende. Bei der Größe der
Überfüllung müssen Sie also *nicht* den doppelten Wert angeben wie bei einer überdruckenden Linie.

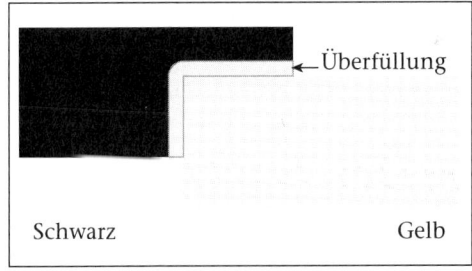

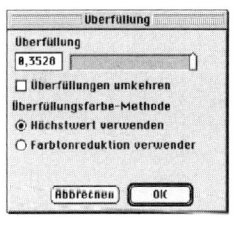

Oben ist dieses neue Element durch eine um-
randende Linie hervorgehoben. Es besteht nur
aus einer Fläche ohne Linie. Schauen Sie im
Druckverhalten der Fläche nach, werden Sie
sehen, dass sie überdrucken wird.

Beim Anlegen dieses neuen Elements kann
man denselben Farbwert zuweisen wie der
Fläche, die es vergrößert, oder einen geringeren. Letztere Variante bietet sich nur an, wenn

man es mit mittleren bis hellen Farbtönen zu tun hat. Werden sie zueinander in der vollen Farbe überfüllt, wird die Überfüllung als dunkle Linie erscheinen. Dafür bieten die diversen Programme eine Reduzierung des Farbtons der überfüllenden Fläche.

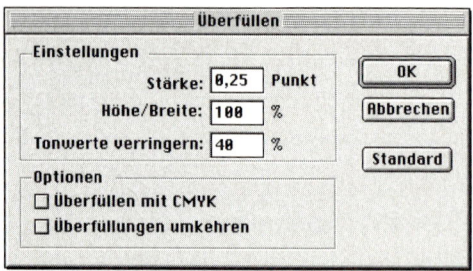

Bei satten Farben sollten Sie den vollen Wert von 100% eingeben, bei sehr hellen gehen Sie hinunter bis auf 40%.

Nachteile der manuellen Überfüllung
Bearbeiten Sie nachträglich die Elemente in Ihrer Datei, dürfen Sie die Überfüllungselemente nicht vergessen.

   Leicht kann es passieren, dass man Elemente verschiebt, aber die überfüllenden Formen liegen lässt. Auch wenn Sie die Elemente Ihrer Datei nachträglich skalieren, werden natürlich auch die Überfüllungselemente skaliert und dadurch zu groß oder zu klein.

   Außerdem funktionieren diese Überfüllungen nur bei einfarbigen Flächen – Verläufe werden bislang nur von Illustrator 9 beherrscht.

Überdrucken, Aussparen

Unten sehen Sie das unterschiedliche Verhalten von Farbe je nachdem, ob sie die darunter liegende Farbe ausspart oder überdruckt.

Damit die Magenta-Fläche nicht ausgespart wird, muss der darüber liegenden Cyan-Kreisfläche die Funktion *Überdrucken* zugewiesen werden, siehe unten.

Blitzer

Unten haben die beiden Farben nicht richtig übereinander gepasst. An der dazugehörigen Passmarke können Sie erkennen, dass Cyan nicht Register hält. Kompensieren lässt sich das beispielsweise mit einer selbst gemachten Überfüllung. Dabei erhält das oben liegende Objekt eine überdruckende Linie derselben Farbe wie seine Fläche.

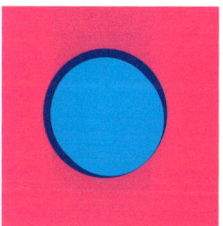

Ein kleines Farbmuster-Buch – einseitig

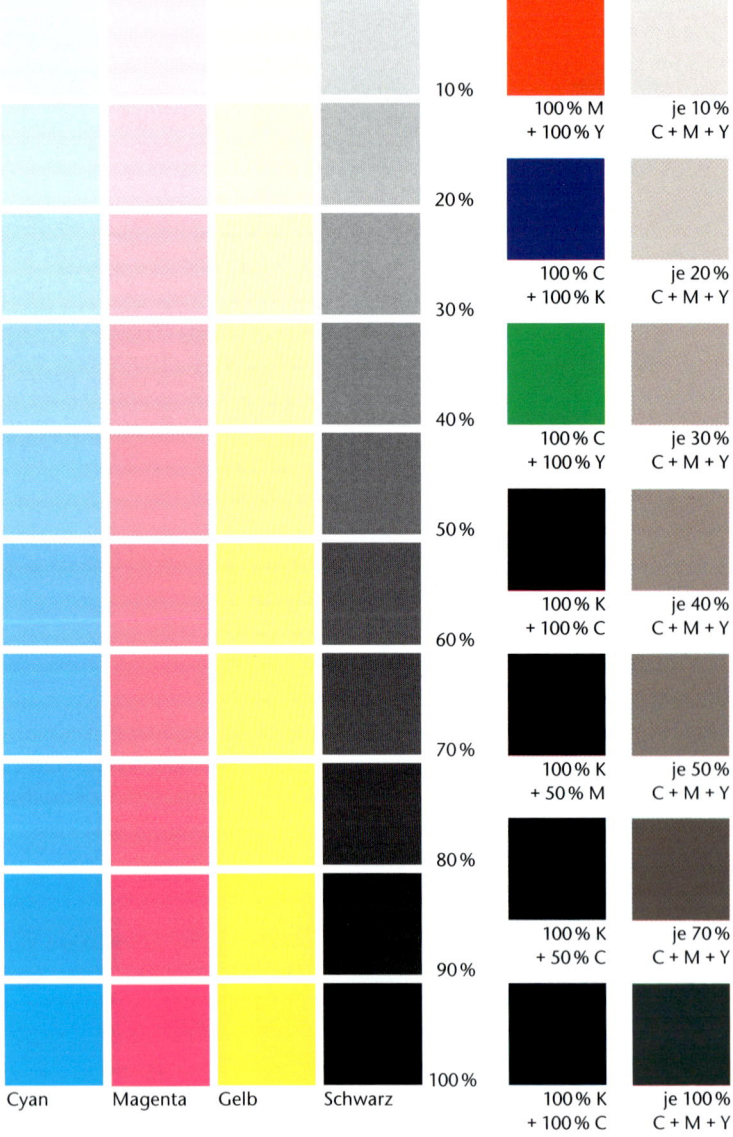

			10 %	100 % M + 100 % Y
			20 %	100 % C + 100 % K
			30 %	100 % C + 100 % Y
			40 %	100 % K + 100 % C
			50 %	100 % K + 50 % M
			60 %	100 % K + 50 % C
			70 %	100 % K + 100 % C
			80 %	
			90 %	
Cyan	Magenta	Gelb	Schwarz 100 %	

je 10 % C + M + Y
je 20 % C + M + Y
je 30 % C + M + Y
je 40 % C + M + Y
je 50 % C + M + Y
je 70 % C + M + Y
je 100 % C + M + Y

Separation

Die undefinierbar vielen Farben, die in diesem Malkasten durch die Mischung der verschiedenen Farben untereinander entstanden sind, werden bei der Separation in die nur vier Skalenfarben überführt.

Das Bild oben wurde zur Verdeutlichung in einem 10er Raster gedruckt. Unten sehen Sie die einzelnen verkleinerten Farbauszüge der vier Farben.

Rasterwinkel der verschiedenen Farben

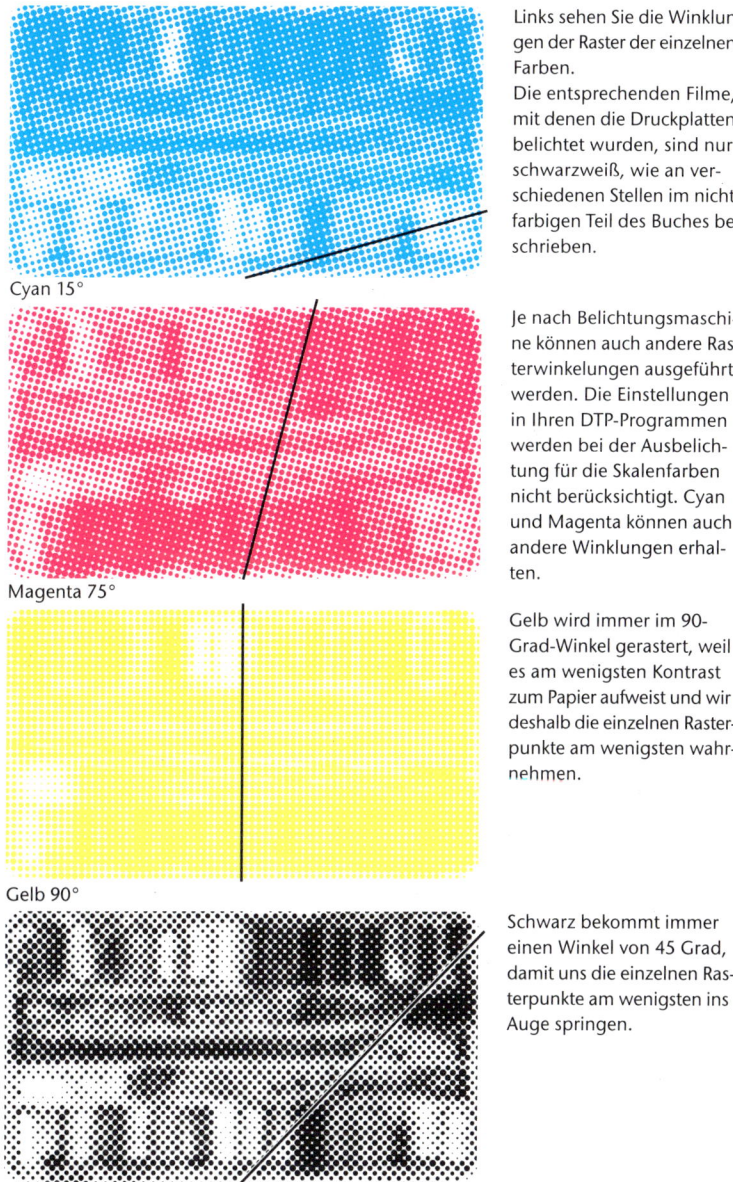

Cyan 15°

Magenta 75°

Gelb 90°

Schwarz 45°

Links sehen Sie die Winklungen der Raster der einzelnen Farben.
Die entsprechenden Filme, mit denen die Druckplatten belichtet wurden, sind nur schwarzweiß, wie an verschiedenen Stellen im nicht farbigen Teil des Buches beschrieben.

Je nach Belichtungsmaschine können auch andere Rasterwinkelungen ausgeführt werden. Die Einstellungen in Ihren DTP-Programmen werden bei der Ausbelichtung für die Skalenfarben nicht berücksichtigt. Cyan und Magenta können auch andere Winklungen erhalten.

Gelb wird immer im 90-Grad-Winkel gerastert, weil es am wenigsten Kontrast zum Papier aufweist und wir deshalb die einzelnen Rasterpunkte am wenigsten wahrnehmen.

Schwarz bekommt immer einen Winkel von 45 Grad, damit uns die einzelnen Rasterpunkte am wenigsten ins Auge springen.

Zusammendruck der vier Skalenfarben

Die Reihenfolge, in der die Farben übereinander gedruckt werden, entspricht nicht dem Namen CMYK. Zumeist wird Schwarz als erste gedruckt, da es im Allgemeinen am wenigsten in Bildern auftaucht. Das Gelb dagegen kommt zu allerletzt, weil es häufig den größten Anteil an den vier Farben trägt.

Dadurch ist das Papier nicht schon mit sehr viel Farbe belegt, bevor die anderen Farben folgen. Es könnte sonst dazu kommen, dass die folgenden Farben sich mit dem noch nassen Gelb vermischen und insgesamt wegschlagen.

Separationsarten

Je nach Motiv und bedrucktem Papier kann es sich anbieten, die Zusammenstellung der vier Druckfarben unterschiedlich in der Separation ausführen zu lassen.

Am offensichtlichsten ist das bei Bildern, die im „wahren Leben" nicht vorkommen: Monitorabbildungen oder Screenshots. Unten sehen Sie solche Abbildung aus Photoshop mit ihren entsprechenden Separationsarten. Die rechte (Schwarzaufbau maximal) bietet sich hier an, um das Grau nur aus Schwarz aufzubauen. Andernfalls kann es sehr leicht zu Farbverschiebungen kommen.

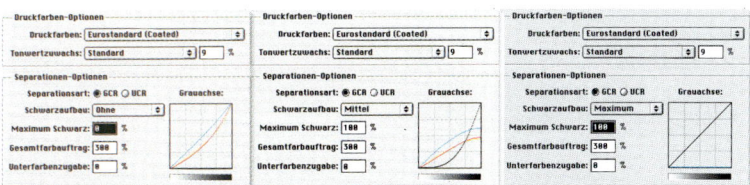

Gescannte Bilder dagegen werden in ihren Farben zumeist gut mit einem mittleren Schwarzaufbau dargestellt. Aber je nach Papier kann man mehr oder weniger Farbe drucken. Ungestrichene Papiere vertragen nicht so viel Farbe, gestrichene wie hier dagegen wesentlich mehr.

Unterfarbenzugabe – siehe Kapitel „Photoshop"

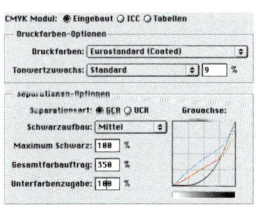

Unterfarbentfernung – siehe Kapitel „Photoshop"

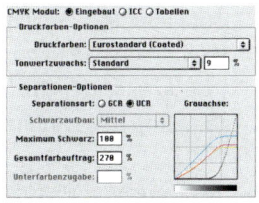

Auf dieser Seite sehen Sie ein Beispiel für die Separation, wie sie Photoshop in seiner Grundeinstellung
für gestrichenes Papier ausführt.

Siehe auch ungestrichene Seiten.

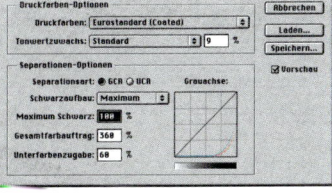

Auf dem gestrichenen Papier dieser Seiten kann man mehr Farbe drucken lassen als auf der linken Seite verwendet wurde. Für sattere Dunkelheiten wurden 60 % Unterfarbenzugabe bei 360 % maximalem Farbauftrag eingestellt.

K

Um die sehr helle Erscheinung dieses Bildes zu erhalten, wurde das Schwarz komplett herausgezogen. Damit wird kein Schwarz gedruckt, das die Mitteltöne leicht trüben könnte.

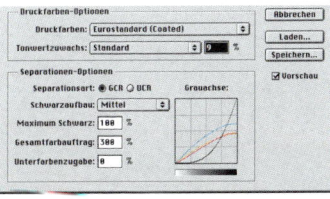

Die normale Einstellung von Photoshop wäre aber auch in Ordnung,
wie Sie auf dieser Seite sehen.

Frequenzmoduliertes Raster, 1270 dpi

Zwar kann fast jeder RIP ein frequenzmoduliertes Raster erzeugen, aber kaum eine Belichtungsfirma lässt sich darauf ein. Aus diesem Grunde wurden über Photoshop die Kanäle diese Bilder in Bitmaps umgewandelt (Diffusion Dither). Die Auflösungen der Bilder ergeben sich aus der Auflösung der Belichtungsmaschine; oben machen 2 × 2 Pixel einen Punkt des Bildes aus, unten 3 × 3 Pixel.

Frequenzmoduliertes Raster, 952,5 dpi

Ausgangsbild – Graustufen

Die hier abgebildeten Bilder zeigen die Möglichkeit, wie ein Graustufenbild als Duplex eingefärbt werden kann, mit der Absicht, seine Farbigkeit
mehr oder minder stark zu verändern – der Schwarzanteil bleibt gleich.

Duplex – Schwarz und Magenta

Duplex – Schwarz und Gelb

Im unteren Bild wurde mehr Gelb als Magenta gedruckt. Bei gleichen Anteilen der beiden Farben bekäme das Bild einen Magenta-Stich, weil Magenta intensiver ist als Gelb — siehe nächste Seite unten.

Duplex aus drei Farben (Triplex) – Schwarz, Magenta und Gelb

Triplex – Schwarz, Cyan und Gelb

Anders als auf den beiden vorangegangenen Seiten wird hier gezeigt, wie die Gradationskurven eines Duplex aussehen müssen, damit es seinen Schwarzweiß-Charakter behält – der Schwarzanteil bleibt hier gleich.

Triplex – Schwarz, Magenta und Gelb

Hier befinden Sie sich genau in der Mitte des farbigen Innenteils. Diese Seite ist die letzte aus gestrichenem Papier, mit der rechten beginnt der ungestrichene Teil.
Bei den beiden Bildern oben handelt es sich zweimal um exakt dasselbe: Es wurde für gestrichenes Papier separiert und hat ein 60er Raster.

Die beiden unteren Bilder sind für das jeweilige Papier separiert. Darüber hinaus wurde das linke in einem 60er, das rechte in einem 54er Raster gedruckt, um dem größeren Druckpunktzuwachs zu begegnen.
Das Schwarz des Hintergrundes beider Seiten ist dasselbe – 100 % Farbe ohne Raster.

Ein kleines Farbmuster-Buch – einseitig

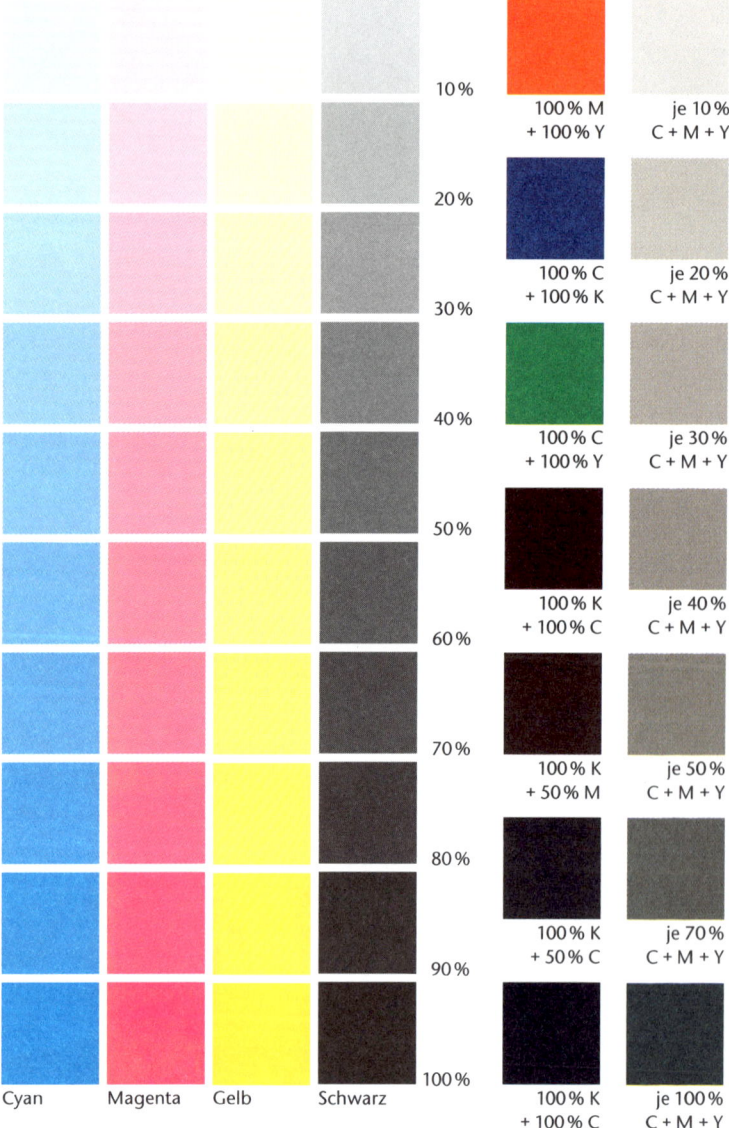

Cyan	Magenta	Gelb	Schwarz		

10 %
20 %
30 %
40 %
50 %
60 %
70 %
80 %
90 %
100 %

100 % M + 100 % Y
je 10 % C + M + Y

100 % C + 100 % K
je 20 % C + M + Y

100 % C + 100 % Y
je 30 % C + M + Y

100 % K + 100 % C
je 40 % C + M + Y

100 % K + 50 % M
je 50 % C + M + Y

100 % K + 50 % C
je 70 % C + M + Y

100 % K + 100 % C
je 100 % C + M + Y

Auf dieser Seite sehen Sie ein Beispiel für die Separation, wie sie Photoshop in seiner Grundeinstellung
für ungestrichenes Papier ausführt.

Siehe auch gestrichene Seiten.

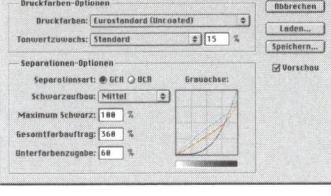

Auf dem ungestrichenen Papier dieser Seiten kann man nicht so viel Farbe dazugeben, wie das auf den gestrichenen Seiten gezeigt wurde. Die dunklen Partien laufen zu.

Unterschiedliche Raster-
weiten eines normalen autotypischen Rasters.

36er Raster
Qualitätsfaktor 2 – 183 dpi

54er Raster
Qualitätsfaktor 2 – 274 dpi

70er Raster
Qualitätsfaktor 2 – 356 dpi

Diese Bilder wurden für einen Druckpunktzuwachs von 15 % für ungestrichenes Papier separiert, mit einem Gesamtfarbauftrag von 300 %
und mittlerem Schwarzaufbau.

54er Raster
Qualitätsfaktor 1 ≈ 135 dpi

54er Raster
Qualitätsfaktor 1,5 ≈ 200 dpi

54er Raster
Qualitätsfaktor 2,5 ≈ 340 dpi

Das oberste Bild hat eine zu geringe Auflösung.
Alle Bilder wurden im 54er Raster gedruckt. Bei
einem Qualitätsfaktor von 2 müssten sie mit
rund 270 dpi gedruckt werden – mehr bringt
nichts.

Schwarze und weiße Elemente vor farbigem Hintergrund
Setzen Sie schwarzen Text auf eine farbige Fläche, sollte er überdrucken.
Die meisten DTP-Programme stellen das automatisch ein. Die Zeilen
dieses Textes überdrucken.
Ab hier überdruckt der Text nicht. Je nach Schriftgrad und Raster der
darunter liegenden Fläche fällt dieser Umstand unterschiedlich deutlich
auf. Der Hintergrund ist hier in einem 54er Raster gedruckt.

Dieser Text überdruckt nicht (12 pt). Dieser Text überdruckt
nicht (10 pt). Dieser Text überdruckt nicht (8 pt). Dieser Text überdruckt nicht (6 pt).
Dieser Text überdruckt nicht (4.5 pt).

Diese Farbfläche ist mit einem 36er Raster deutlich gröber als die Fläche
oben. Durch die größeren Rasterpunkte (wie im Zeitungsdruck) können
die Grenzen zu den Buchstaben nicht so scharf gedruckt werden – umso
wichtiger ist es, dass diese schwarze Schrift überdruckt.

Dieser Text überdruckt nicht (12 pt). Dieser Text überdruckt
nicht (10 pt). Dieser Text überdruckt nicht (8 pt). Dieser Text überdruckt nicht (6 pt).
Dieser Text überdruckt nicht (4.5 pt).

Auf einer groben Rasterfläche können feine weiße Elemente an den
Rändern ausfransen – verwenden Sie also nicht zu kleinen Text auf
solchen Flächen.

Weißer Text auf 36er Rasterfläche (12 pt). Weißer Text
auf 36er Rasterfläche (10 pt). Weißer Text auf 36er Rasterfläche (8 pt).
Weißer Text auf 36er Rasterfläche (6 pt). Weißer Text auf 36er Rasterfläche (4.5 pt).

Legen Sie ein schwarzes Element auf eine farbige Fläche, stellt nur XPress
Überdrucken dafür automatisch ein; Sie müssen sich also selbst darum
kümmern. Die beiden linken Elemente überdrucken nicht, die beiden
rechten dagegen ja.

Quadruplex – Schwarz, Cyan, Magenta und Gelb

In den beiden Bildern dieser Seite wurde der Schwarzanteil zurückgenommen, um insgesamt vier Farben drucken zu können. Die drei Buntfarben übernehmen im mittleren Bereich zum großen Teil den Schwarzaufbau.

Quadruplex – Schwarz, Cyan, Magenta und Gelb

Frequenzmoduliertes Raster – 635 dpi

Da die Rasterpunkte eines frequenzmodulierten Rasters sehr klein sind, können die Farben besonders auf ungestrichenen Papieren in den dunklen Bereichen zulaufen. Aus diesem Grunde wurden für diese Seiten gröbere Auflösungen gewählt – die untere ist allerdings schon zu grob. Als Ausgangsdatei diente dieselbe wie für den Druck dieses Bildes auf den gestrichenen Seiten. (Sie liegt auf der CD und heißt „Pontiac_Vorlage.tif".)

Frequenzmoduliertes Raster – 317,5 dpi

Pixelschrift

Vektorschrift

Schrift in Photoshop gesetzt

Schrift in FreeHand gesetzt

Das Bild hat eine Auflösung von 250 dpi – das reicht für das 54er Raster im Druck dieser Seiten. Dadurch allerdings erscheint die Schrift aus Photoshop (Pixelschrift) nicht so scharf wie die in einem Vektor- oder Grafikprogramm gesetzte. Außerdem wird sie durch die Separation in die vier Skalenfarben zerlegt.

Wie man die Schrift exakt auf der relativ unpräzisen Bildschirmdarstellung des Bildes platzieren kann, wird im Kapitel „FreeHand" beschrieben.

Raster und feine Elemente, Raster und feine Elemente (hier 48er Raster) Wollen Sie feine Elemente in Halbtönen drucken, können sie durch die Rasterung zum Teil sehr unansehnlich werden. Sowohl die Rasterweite als auch der Rasterwinkel spielen eine Rolle. Unten sehen Sie verschiedenen Elemente, die alle in 40% Schwarz gedruckt wurden. Die Linien haben eine Stärke von einem halben Punkt und ein 54er Raster.

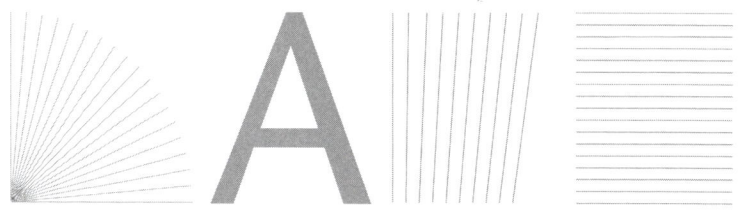

Mischfarben aus Cyan, Magenta und Gelb

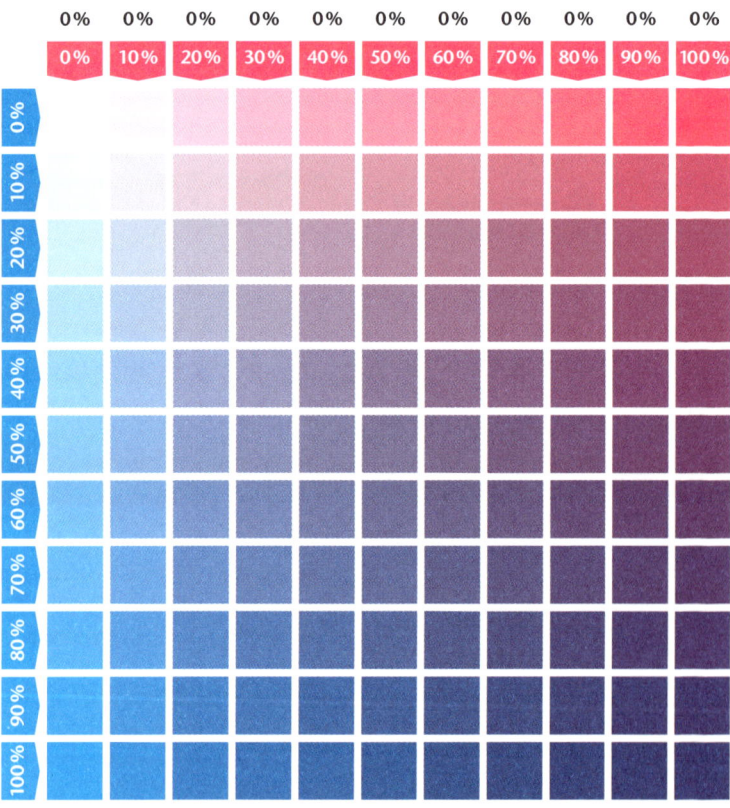

	0%	0%	0%	0%	0%	0%	0%	0%	0%	0%	0%
	0%	10%	20%	30%	40%	50%	60%	70%	80%	90%	100%
0%											
10%											
20%											
30%											
40%											
50%											
60%											
70%											
80%											
90%											
100%											

Verschiedene Verläufe

100 % Schwarz nach 100 % Cyan

100 % Schwarz + 50 % Cyan nach 100 % Cyan

100 % Schwarz + 100 % Cyan nach 100 % Cyan

Mischfarben aus Cyan, Magenta und Gelb

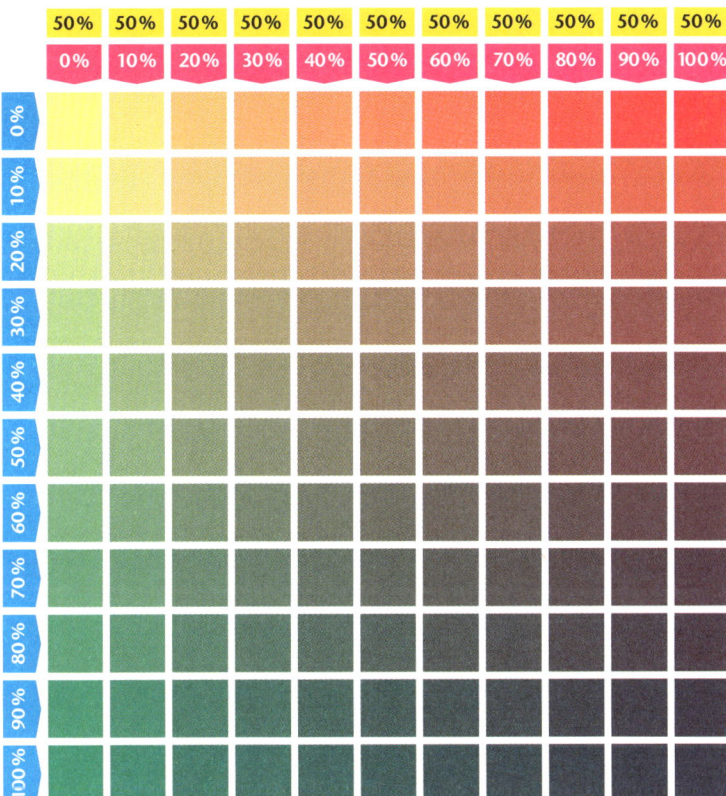

	50%	50%	50%	50%	50%	50%	50%	50%	50%	50%	50%
	0%	10%	20%	30%	40%	50%	60%	70%	80%	90%	100%
0%											
10%											
20%											
30%											
40%											
50%											
60%											
70%											
80%											
90%											
100%											

Verschiedene Verläufe

100 % Schwarz nach 100 % Magenta

100 % Schwarz + 50 % Magenta nach 100 % Magenta

100 % Schwarz + 100 % Magenta nach 100 % Magenta

Mischfarben aus Cyan, Magenta und Gelb

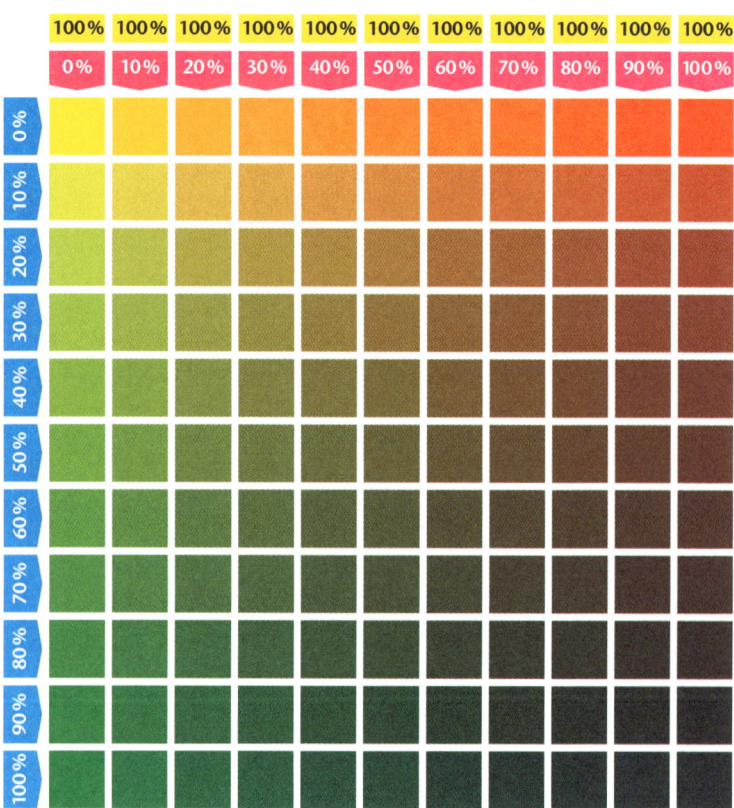

Verschiedene Verläufe

100 % Schwarz nach 100 % Gelb

100 % Schwarz + 50 % Gelb nach 100 % Gelb

100 % Schwarz + 100 % Gelb nach 100 % Gelb

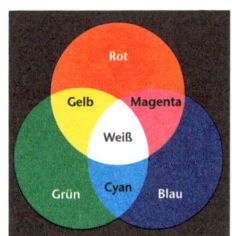

Additives *Farbmodell*
(Lichtfarben, RGB)

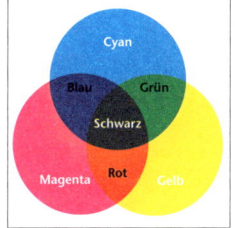

Subtraktives *Farbmodell*
(Körperfarben, CMY) –
Schwarz durch Mischung

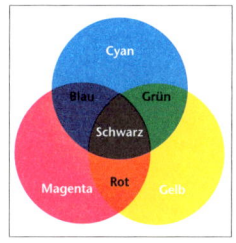

Subtraktives *Farbsystem*
(CMYK) – Schwarz wurde
als eigene Farbe gedruckt

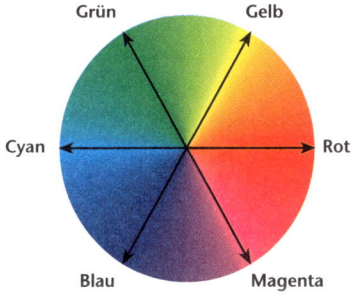

LAB-Modell

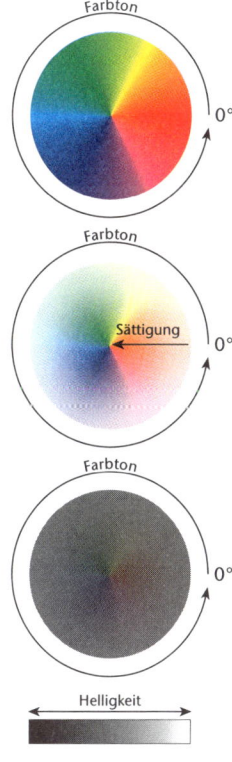

HSB-Modell

Druckerfont fehlt

Down the Road

North Dakota

Courier?

EPS
Pixelig

Bild hat
zu gringe Auflösung

Kalibrieren

Im DTP hat man mit unterschiedlichen Farb-
darstellungen zu tun. Bei der Kalibrierung
eines oder mehrerer Geräte geht es darum,
einen Farbabgleich untereinander herzustellen, sodass eine möglichst homogene Darstellung der Farben gewährleistet ist.
   Jedes am Arbeitsprozess beteiligte Gerät hat
seinen spezifischen Farbstich.

Am wichtigsten ist eine farbgetreue Darstellung von Bildern in Photoshop auf dem Monitor, da hier selbst leichte Farbstiche unangenehm auffallen können. Die anderen
DTP-Programme sind dagegen weniger wichtig, da hier nicht so komplexe Farbdarstellun-
gen erzeugt werden.

Kalibrierung des Monitors

Um beurteilen zu können, ob Ihr Monitor die
Farben zeigt, die später tatsächlich in der Druckerei auf dem Papier landen, müssen Sie ein
Druckerzeugnis mit dem Bild auf Ihrem Monitor vergleichen. Der Druck wird durch die Darstellung eines Monitors nicht beeinflusst –
oder: auch an einem Schwarzweißmonitor
können Sie farbige Druckvorlagen herstellen.
   Im farbigen Innenteil des Buches finden Sie
zwei Seiten, auf denen jeweils dasselbe Bild abgedruckt ist: auf der Seite 3 des gestrichenen
und ebenso des ungestrichenen Teils. Auf der
CD liegen beide Dateien im CMYK-Modus vor.

10% Schwarz

20% Schwarz

30% Schwarz

40% Schwarz

50% Schwarz

60% Schwarz

70% Schwarz

80% Schwarz

90% Schwarz

100% Schwarz

Öffnen Sie sie mit einem Bildbearbeitungsprogramm, werden beide auf Ihrem Monitor anders aussehen als im Druck des Buches.

Ziel der hier beschriebenen Kalibrierung ist, Ihren Monitor so einzustellen, dass das Bild darauf so erscheint, wie es im Buch aussieht. Da die beiden Bilddateien auf unterschiedlichen Papieren gedruckt wurden, sehen sie unterschiedlich aus, auch wenn bei der Separation schon versucht wurde, dem Rechnung zu tragen.

Ein Monitor kennt kein gestrichenes oder ungestrichenes Papier. Sie werden also zwei Einstellungen vornehmen: eine zeigt das Bild auf dem gestrichenen Papier korrekt, die andere das auf dem ungestrichenen. Jede dieser Einstellungen speichern Sie ab, um sie später für die Bildbearbeitung für das jeweilige Papier heranziehen zu können.

Der Druckprozess im professionellen Druckgewerbe ist so weit standardisiert, dass es kaum einen Unterschied macht, ob Sie Ihre Dateien in Berlin, Bochum oder Barcelona ausdrucken lassen. Steht die Farbeinstellung für eins der beiden Papiere, können Sie sichergehen, dass auch andere Bilder darauf so gedruckt erscheinen werden wie auf Ihrem Monitor.

Adobe Gamma

Im Folgenden wird vorgeführt, wie Sie das Kalibrierungswerkzeug Adobe Gamma, das zum Lieferumfang von Photoshop gehört, einsetzen können. Haben Sie ein anderes, das beispielsweise mit Ihrer Grafikkarte geliefert wurde, können Sie es auch benutzen – im Prinzip ist der Vorgang ähnlich.

Öffnen Sie das Kontrollfeld (Mac) *Adobe*

Gamma oder das entsprechende Programm in der Systemsteuerung bei Windows. Zunächst muss der Monitor auf Grundhelligkeit und -kontrast eingestellt werden.

Grundhelligkeit
Wählen Sie dazu zunächst im Fenster unter *Gewünscht* das Gamma Ihres Betriebssystems: Macintosh oder Windows. Bewegen Sie anschließend den Schieber so, dass die graue Fläche die gleiche Helligkeit aufweist, wie die Fläche darum. Lehnen Sie sich dazu weit zurück, damit die Linien zu einem Grau verschwimmen, siehe unten.

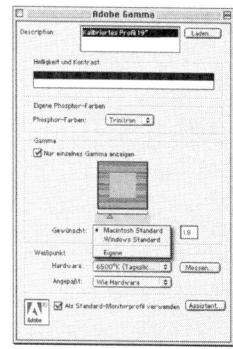

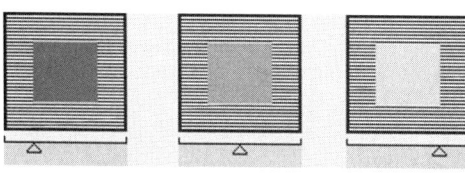

Damit wird sichergestellt, dass ein 50%iges Grau auch wirklich als solches auf Ihrem Monitor erscheint.

Beide Betriebssysteme arbeiten mit einer unterschiedlichen Grundhelligkeit: das Mac OS mit einem Gamma von 1,8 und Windows mit dem dunkleren Wert von 2,2.

Grund-Farbbalance
Schalten Sie anschließend *Nur einzelnes Gamma anzeigen* aus. Es erscheinen drei Symbole, jeweils in den Grundfarben Rot, Grün und Blau.

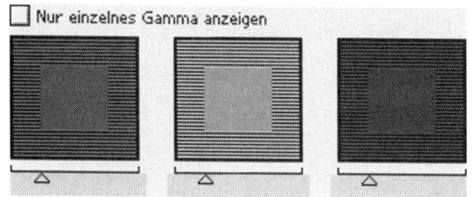

Versuchen Sie auch hier, die Farbflächen in den gleichfarbigen Streifen verschwimmen zu

Leider kann es passieren, dass Ihre Grafikkarte nicht simultan auf das Verschieben der Regler reagiert. Dann müssen Sie die weiteren Schritte durchführen und können erst am Ende beurteilen, ob die Farbdarstellung stimmt.
Bei allen von Apple eingebauten Karten klappt es simultan.

lassen. Achten Sie darauf, dass das umgebende Grau des Dialogfensters keinen Farbstich bekommt. Das darf nicht sein, Sie müssen dann weiter korrigieren, selbst wenn eine Fläche partout nicht in den sie umgebenden Streifen verschwinden will.

Damit haben Sie erst einmal eine Grundeinstellung getroffen, die wahrscheinlich noch nicht zufrieden stellend ist.

Farbanpassung
Öffnen Sie anschließend das Bild „Gestrichen_CMYK.tif" von der CD, um eine genauere Anpassung der Farben vorzunehmen und Ihren Monitor an die Darstellung eines Vierfarbdrucks auf gestrichenem Papier anzupassen.

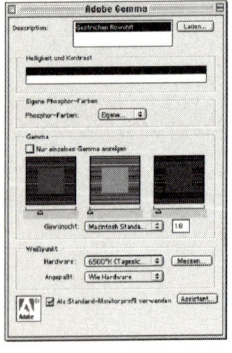

Legen Sie das Bild und das Fenster *Adobe Gamma* nebeneinander und schlagen Sie das Buch auf Seite 3 im gestrichenen (ersten) Teil der farbigen Seiten auf. Regeln Sie die einzelnen Farben so lange, bis die Monitordarstellung möglichst nah an den Druck herankommt. Einen vollkommen befriedigenden Farbabgleich werden Sie wahrscheinlich nicht hinbekommen, suchen Sie deshalb nach dem besten Kompromiss.

Schließen Sie das Dialogfenster, werden Sie aufgefordert, die Einstellung zu sichern. Vergeben Sie einen sinnfälligen Namen.

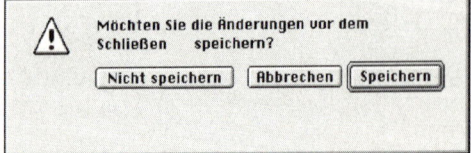

Um eine zweite Monitor-Einstellung für ungestrichenes Papier anzulegen, schließen Sie das
Bild und öffnen das zweite mit Namen „Unge-
strichen_CMYK.tif". Führen Sie dieselben
Schritte anhand der Abbildung im ungestrichenen Farbteil durch und sichern Sie die Einstellung unter einem anderen Namen.

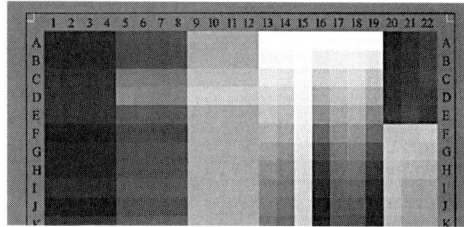

Wenn Sie in Photoshop Farbkorrekturen an
Bildern vornehmen wollen, öffnen Sie zunächst *Adobe Gamma* und laden die entsprechende Einstellung. Ihr Monitor zeigt dann
Farben, wie Sie sie für den Druck auf dem jeweiligen Papier eingestellt haben.

Vergessen Sie nicht, für einen Druckauftrag
auf anderem Papier die jeweils richtige Einstellung zu wählen.

Umgebungslicht
Falls an Ihrem Arbeitsplatz deutlich unterschiedliche Lichtverhältnisse herrschen, brauchen Sie zwei weitere Monitoreinstellungen,
die an das jeweilige Umgebungslicht angepasst
sind.

Solche Einstellungen kön-
nen Sie beispielsweise unter den Namen „gestri-
chen Sonne" und
„gestrichen nachts" ab-
speichern.

Kalibrierung des Scanners

Falls Sie einen Scanner haben, der mit einer
Kalibrierungssoftware geliefert wurde, sollten
Sie auch ihn kalibrieren. Jeder Scanner hat ei-
nen Farbstich, der der Scansoftware bekannt

sein sollte, um ihn kompensieren zu können.
Dazu wird zu der entsprechenden Software zumeist ein genormtes Bild mitgeliefert.

Da die Schritte, die in der jeweiligen Software vorzunehmen sind, sehr unterschiedlich sein können, werden sie hier nicht aufgeführt – halten Sie sich an das Handbuch.

Im Laufe der Zeit kann die Lampe in einem Scanner einen anderen Farbstich bekommen. Dann müssen Sie die Prozedur wiederholen.

Photoshop

Das beste Programm für Bildbearbeitung und -vorbereitung für den Druck ist Photoshop von Adobe. Zwar gibt es auch andere Programme, mit denen Bilder bearbeitet werden können, viele jedoch beherrschen keine Separation, also die Umwandlung der Dateien von RGB- in CMYK-Druckfarben. Es ist möglich, Bilder im RGB-Modus zu belassen und die notwendige Separation vom druckenden Layout- oder Grafikprogramm übernehmen zu lassen. Leider kann man auf diesem Wege am Monitor nicht überprüfen, wie das jeweilige Programm die Separation vornehmen wird. Außerdem separieren die jeweiligen Programme dieselben Bilder unterschiedlich, sodass bei der Kombination von Dateien aus unterschiedlichen Programmen ein heilloses Farbenchaos entsteht.

Separation siehe Seite 25.

Je nach Dateiformat sehen Bilder in einem Layout- oder Grafikprogramm völlig farbverfälscht aus: ein Tiff hat zum Beispiel einen giftigen Grünstich.

Sie brauchen also unbedingt ein Programm wie Photoshop.

Photoshop ist allen anderen Bildbearbeitungsprogrammen insofern überlegen, als es die Separation eines RGB-Bildes, so wie es meistens aus einem Scanprogramm kommt, für unterschiedliche Papiere separieren und damit den erwarteten Druckpunktzuwachs mit in die Datei einberechnen kann.

Druckpunktzuwachs siehe Seite 40.

Wenn man mit einem Grafik- oder Layoutprogramm arbeitet, hat man es zumeist mit einer überschaubaren Anzahl von Farben und scharfen Formen wie Buchstaben und beispielsweise Logos zu tun.

Bei der Bearbeitung digitaler Bilder dagegen liegt genau hier das Problem. Die Bilder sollen scharf sein und mit ihren unzähligen Farben möglichst so gedruckt werden, wie man es sich vorstellt. Damit sind auch schon die beiden Kernprobleme der Bildbearbeitung umrissen:

- Welche Auflösung braucht ein Bild?
- Wie beherrscht man die Farben?

Auflösung

Pixel

Bilddateien sind aus quadratischen Pixeln aufgebaut. Das Wort „Pixel" wurde aus den beiden Wörtern „picture" und „element" zusammengezogen. Das kleinste Element eines digitalen Bildes besteht aus einem Pixel — das kleinstmögliche Bild ist mindestens einen Pixel groß.

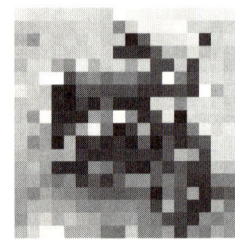

Bildauflösung

30 Pixel
1 inch

Digitale Bilder kann man mit einem Mosaik vergleichen, das aus vielen quadratischen Steinchen besteht, die alle dieselbe Größe, aber unterschiedliche Farben haben. Alle Pixel eines Bildes sind gleich groß. Das Maß für ihre Größe wird in „dpi" gemessen, was für *dots per inch* steht. Je mehr Pixel ein Bild auf einen Inch aufweist, desto höher ist seine Auflösung. Unterschiedliche Auflösungen innerhalb einer Bilddatei sind nicht möglich.

Der Begriff „dot" (Punkt) ist etwas verwirrend, da es sich beim Druckraster auch um Punkte handelt. Deswegen wird in manchen Veröffentlichungen und wenigen Programmen auch gelegentlich von „ppi" (pixels per inch) statt „dpi" gesprochen. Ich bleibe hier bei dem Maß dpi, weil es in Photoshop und den meisten anderen Bildbearbeitungsprogrammen auch verwendet wird.

Hat ein Bild die richtige Auflösung, fallen seine Pixel nicht als quadratische Flächen in Erscheinung. Erst bei starker Vergrößerung werden sie sichtbar.

Was bei Layout- und Grafikprogrammen keine Schwierigkeit macht, nämlich Dateien oder einzelne Elemente zu vergrößern, führt zu Qualitätseinbußen bei Pixeldateien.

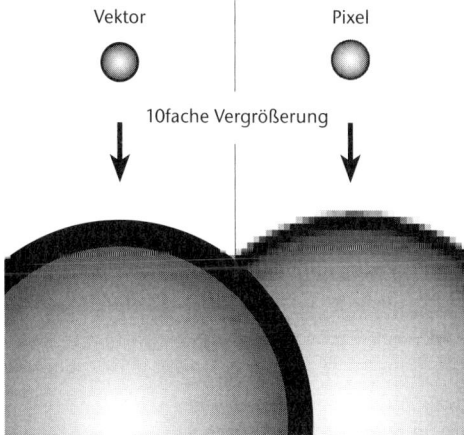

Vektor   Pixel

10fache Vergrößerung

Wie man oben links sehen kann, werden die Vektordateien auch beim Skalieren nicht ungenauer. Bei auf Pixeln basierenden Bilddateien hingegen werden die Pixel „aufgeblasen" und treten so in Erscheinung.

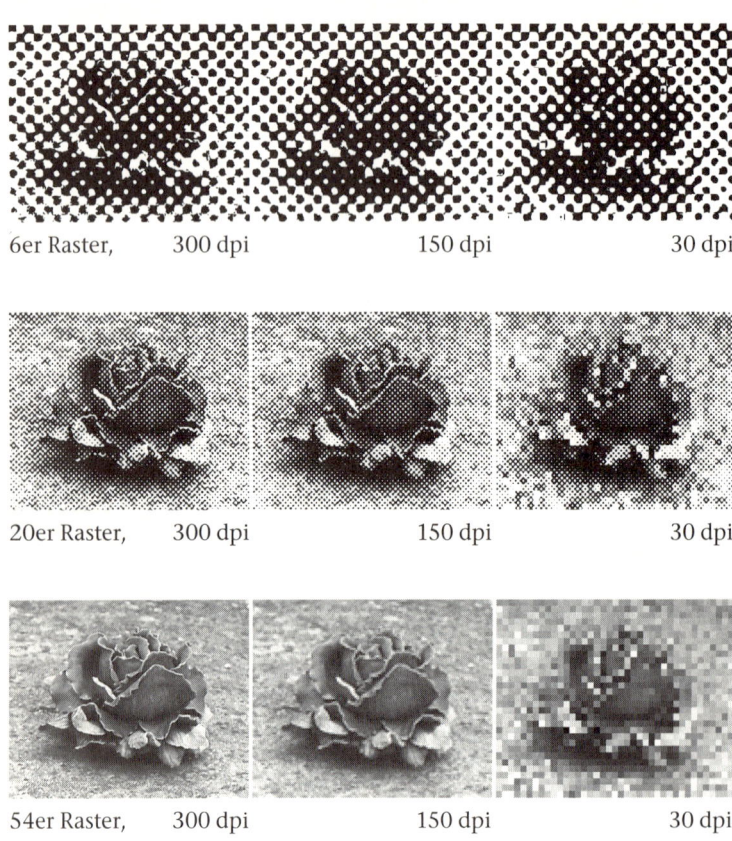

6er Raster,   300 dpi   150 dpi   30 dpi

20er Raster,   300 dpi   150 dpi   30 dpi

54er Raster,   300 dpi   150 dpi   30 dpi

Werden Pixel-Bilder gedruckt, hat man es mit zwei verschiedenen Rastern zu tun: dem Druckraster und dem mosaikartigen Pixelaufbau der Bilddateien. Erst wenn die Pixel größer als das Druckraster sind, werden sie selbst sichtbar — ein Umstand, den man normalerweise vermeiden möchte.

Die Pixel müssen um einen bestimmten Faktor kleiner sein als das Druckraster. Nur dann treten sie nicht als einzeln sichtbare Flächen in Erscheinung.

Auflösung in Abhängigkeit vom Druckraster

Es gibt keine absolut richtige Auflösung; sie ist abhängig von der Feinheit des jeweiligen Druckrasters. In den Beispielen links sehen Sie jeweils dieselben drei Bilder mit nach rechts abnehmender Auflösung. Jede Reihe ist in einem Druckraster gedruckt, jede Spalte hat dieselbe Auflösung. Wie Sie sehen, fallen die Pixel des rechten Bildes nur bei den feineren Rastern auf.

Beim ganz linken Bild kommt die hohe Auflösung nur bei feinen Druckrastern zur Geltung. Sie wird bei den groben Rastern „verschenkt".

Betrachtet man auf der linken Seite die untere Reihe der Bilder mit einer Lupe in 4facher Vergrößerung, sieht das folgendermaßen aus:

  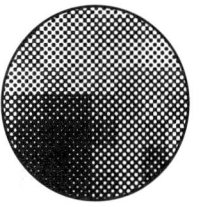

300 dpi   150 dpi   30 dpi

54er Raster, 4fach vergrößert

Berechnung der richtigen Auflösung

Pixel fallen erst auf, wenn mehrere Rasterpunkte einen Pixel darstellen. Dann sind die entsprechenden Rasterpunkte alle gleich groß, und so können wir die quadratische Pixelfläche überhaupt erst wahrnehmen.

Damit Pixel eines Bildes im Druck nicht sichtbar werden, müssen sie um einen als „Qualitätsfaktor" definierten Wert kleiner sein als das jeweilige Druckraster. Dieser empirisch ermittelte Wert liegt zwischen 1,4 bis maximal 2. Kleinere Pixel bedeuten eine höhere Auflösung. Die Auflösung muss also 1,4- bis 2fach höher sein als das Druckraster.

Daraus ergibt sich folgende Formel:

Druckraster × Qualitätsfaktor = Bildauflösung

Jetzt kommen allerdings wieder Zentimeter und Inch ins Spiel. In Deutschland wird ein Raster in Linien pro Zentimeter bestimmt. Die amerikanischen Programme kennen aber den Inch als Grundgröße.

Warum „Linien" siehe Seite 28.

1 Inch = 2,54 cm

1 cm

Deshalb muss man den Wert des Inch, der um das 2,54fache länger ist als ein Zentimeter, mit in die Berechnung einbeziehen:

Druckraster × 2,54 × Qualitätsfaktor (1,4 bis 2) = Bildauflösung in dpi

Beim 60er Raster handelt es sich hierzulande um den Standard im Druck.

Nehmen wir ein Beispiel: ein Bild soll im klassischen 60er Raster gedruckt werden. Das sind 60 Rasterlinien pro Zentimeter. Das Bild bräuchte also eine Auflösung von $60 \times (1,4$ bis $2)$ Pixel pro Zentimeter.

lpi siehe Seite 29.

60 Rasterlinien pro Zentimeter entsprechen pro Inch 152,4 Rasterlinien oder 152,4 lpi. Daraus ergibt sich eine Bildauflösung von $152,4 \times 1,4 = 213,36$ bis $152,4 \times 2 = 304,8$ dpi.

Qualitätsfaktor
Der Standard ist 2. Das heißt, dass man normalerweise seine Bilder in der doppelten Rasterweite einscannt.

Pi mal Daumen
Ob ein Bild nun 304,8 dpi oder 300 hat, macht sich nicht bemerkbar. Sie können den Inch in

Ihren Berechnungen der Einfachheit halber auch mit dem Wert 2,5 einbeziehen. Der Qualitätsfaktor 2 und ein gerundeter Inch mit dem Wert 2,5 ergibt den Faktor 5 (2 × 2,5). Daraus ergibt sich dann die vereinfachte Berechnung:

Druckraster in cm × 5 = Bildauflösung in dpi

Ein 60er Raster braucht also Pixeldateien mit einer Auflösung von 300 dpi, ein 48er Raster 240 dpi und so weiter.

Unterschiedliche Qualitätsfaktoren
Falls Sie mit begrenztem Speicherplatz oder langen Druckzeiten zu kämpfen haben, können Sie den Qualitätsfaktor auch an das jeweilige Papier, auf dem gedruckt werden soll, anpassen, da je nach Oberflächenbeschaffenheit Drucke unterschiedlich scharf erscheinen.

Je weiter man sich unterhalb des Wertes von 2 bewegt, desto unschärfer wird ein Bild, bis man bei zu grober Auflösung beginnt, die Pixel wahrzunehmen.

Druckt man allerdings mit einem Qualitätsfaktor von 2 auf ungestrichenem oder gar Zeitungspapier, erscheint es unschärfer als auf gestrichenen Papieren, da die Rasterpunkte ausbluten. Das heißt, dass die Qualität, für die der Qualitätsfaktor bürgt, nur auf gestrichenen Papieren voll zur Geltung kommt. Denn nur hier stehen die Rasterpunkte scharf auf dem Papier und können feinste Details genau wiedergeben. Je mehr das Papier saugt, desto unschärfer werden die Details – also kann man auch einen etwas geringeren Qualitätsfaktor verwenden (siehe nächste Seite).

gestrichenes Papier

ungestrichenes Papier

Zeitungspapier

Kunstdruck	Qualitätsfaktor 2
gestrichen	Qualitätsfaktor 2
ungestrichen	Qualitätsfaktor um 1,8
Zeitung	Qualitätsfaktor 1,4 bis 1,7

Siehe Seite 170.

Wenn Sie eine Datei ausdrucken, die eine mehr als doppelt so hohe Auflösung hat wie das Druckraster, kann man ihr diese Qualität nicht ansehen.

Zwar „schadet" es nichts, wenn die Auflösung zu hoch ist, aber die Ausbelichtung kann erheblich länger dauern und Ihnen eventuell als Sonderkosten aufgebrummt werden.

Skalierungsfaktor

Wenn Sie ein Bild später in einem Layout- oder Grafikprogramm vergrößern, vergrößern sich natürlich auch seine Pixel – die Auflösung sinkt. Falls Sie dergleichen vorhaben, müssen Sie den Skalierungsfaktor schon beim Scannen berücksichtigen. Soll beispielsweise in Ihrem Layout das Bild später auf die doppelte Größe gebracht werden, sinkt dabei seine Auflösung auf die Hälfte.

Damit wird die Formel zur Bildauflösung wieder etwas länger:

$$\text{Druckraster} \times 2{,}5 \times \text{Q-Faktor} \times \text{Skalierung} = \text{Bildauflösung in dpi}$$

Die eleganteste Lösung ist allerdings, das Bild in Photoshop schon in der richtigen Größe anzulegen und es in dieser Größe im Layout zu platzieren.

Skalierung ohne Photoshop

Es gibt aber auch Ausnahmen. Nehmen wir eine Abbildung, die als Bildschirmfoto oder so genannter Screenshot entstanden ist. Solche

Dateien haben eine Auflösung von 72 dpi – beim Mac. Das Bild rechts wurde im Layout dieser Seite mit XPress auf 40 % skaliert, damit es in der Marginalspalte Platz findet. Dadurch werden auch seine Pixel auf 40 % der ursprünglichen Größe verkleinert; die Auflösung steigt auf 180 dpi. Die reichen für das 54er Raster auf den Schwarzweißseiten dieses Buches eigentlich nicht aus – 240 bis 270 dpi wären nötig.

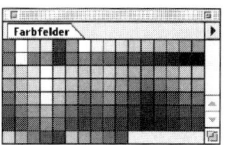

Das ursprüngliche Bild oben rechts hat folgende Originalmaße:

Auflösung: 72 dpi
Breite: 7,34 cm =   208 Pixel
Höhe: 4,41 cm =   125 Pixel
                    =   26 000 Pixel

Nach der Skalierung in XPress bleibt die Anzahl der Pixel gleich, und es hat jetzt folgende Maße:

Auflösung: 180 dpi
Breite: 2,95 cm =   208 Pixel
Höhe: 1,75 cm =   125 Pixel
                    =   26 000 Pixel

Skalierung mit Photoshop

Nun sollten Sie *in einem solchen Fall* nicht versuchen, in Photoshop die Auflösung zu erhöhen. Dann müssten nämlich zusätzliche Pixel von der Software „erfunden" werden, die als Information im Bild gar nicht vorhanden sind. Passen Sie das Bild in Photoshop für das Layout hier im Buch an, würden Sie folgende Werte erhalten:

Diese Art der Berechnung wird auch Interpolation genannt.

Auflösung: 270 dpi
Breite: 2,95 cm =   314 Pixel
Höhe: 1,75 cm =   188 Pixel
                    =   59 032 Pixel

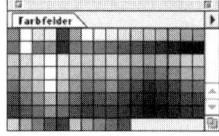

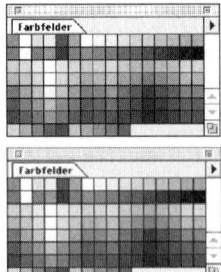

Das Bild hat jetzt gut doppelt so viele Pixel mehr, die ursprünglich nicht als Information in der Datei steckten. Dadurch wird es unweigerlich unscharf – links sehen Sie nochmals beide Bilder der vorangegangenen Seite. Woher sollte Photoshop die fehlenden Informationen auch nehmen?

Skalierung unterschiedlicher Bildtypen

Nun kann man nicht sagen, dass eine Vergrößerung generell zu schlechten Ergebnissen führt. Es kommt darauf an, was das Bild darstellt. Unschärfen, die beim Vergrößern in Photoshop durch das Einrechnen (Interpolation) zusätzlicher Pixel unweigerlich entstehen müssen, wirken sich je nach Art eines Bildes unterschiedlich deutlich aus.

Stellt ein Bild eher grafische Elemente dar, die aus scharfen Kanten oder Linien bestehen, ist kaum etwas zu machen.

Handelt es sich aber um ein digitalisiertes Foto, ist mehr drin. Bis zu einem Vergrößerungsfaktor von maximal 1,5 leistet Photoshop noch gute Dienste – besonders wenn das Bild anschließend scharfgezeichnet wird (*Filter / Scharfzeichnungsfilter / Unscharf maskieren...*). Alles darüber hinaus bleibt aber auch dann unscharf.

Bildgröße

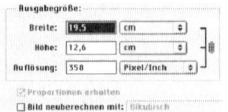

Bildbearbeitungsprogramme kümmern sich weniger um Zentimeter oder Inch als vielmehr um Pixel. Das zentrale Dialogfenster findet sich unter *Bild / Bildgröße...*

Wenn die Größe eine Bildes verändert wird, treten die zuvor genannten Unschärfen nicht unbedingt auf. Bleibt nämlich die Anzahl der Pixel im Bild erhalten, werden sie nicht neu berechnet.

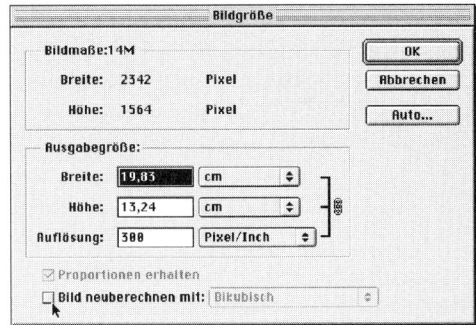

Wird also beispielsweise im oben abgebildeten Dialogfenster die Checkbox *Bild neuberechnen* ausgeschaltet, verändern sich alle drei Werte für Breite, Höhe und Auflösung, wenn nur einer von ihnen geändert wird. Die Pixelzahl ganz oben im Dialogfenster bleibt unverändert.

Ist die Checkbox allerdings aktiviert, wird das Bild neu berechnet, was heißt, dass Pixel entweder heraus- oder hineingerechnet werden. In letztem Fall wird das Bild zwangsläufig unschärfer – in ersterem nicht.

Die Option *Bikubisch* (Voreinstellung) bietet das beste Ergebnis. Durch Interpolation werden Zwischenfarben errechnet, in denen die neuen Pixel eingesetzt werden.

Bilinear bietet ein schlechteres Ergebnis, bei dem keine neuen Zwischenfarben errechnet werden, und wird deshalb nie benutzt.

Das schlechteste Ergebnis bewirkt der Algorithmus *Pixelwiederholung*. Dabei werden Pixel nicht durch Interpolation neu errechnet, sondern nur wiederholt – das Bild wird nicht unschärfer, aber dafür deutlich pixeliger. Dort, wo beispielsweise der Pixelcharakter eines Bildes sichtbar werden soll, bietet dieser Berechnungsmodus den gewünschten Effekt.

Wollen Sie Photoshop die optimale Berechnung der Bildgröße bezüglich des Druckrasters vornehmen lassen, hilft der Schalter *Auto...* weiter. Drücken Sie ihn, erscheint das folgende Dialogfeld.

Tragen Sie die gewünschte Rasterweite ein, hier ein 60er Raster (Linien pro cm), können Sie die dafür gewünschte Qualität anfordern. Es wird je nach Button ein anderer Qualitätsfaktor zu Grunde gelegt.

Entwurf berechnet das Bild immer auf 72 dpi, *Mittel* wendet einen Qualitätsfaktor von 1,5 an, *Hoch* einen Qualitätsfaktor von 2.

Verlassen Sie sich allerdings nicht blind auf diese Automatik. Wenn Ihr Bild nicht die nötigen Pixel zur Verfügung hat, wird es unschärfer, egal ob Sie die Werte selbst eingeben oder es Photoshop machen lassen.

Auflösung und unregelmäßige Raster

Alle Überlegungen bezüglich Auflösung und Druckraster betreffen nur regelmäßige oder so genannte autotypische Raster. Wird dagegen unterschiedlicher Farbauftrag mit frequenzmodulierten Rastern oder so genanntem Dithering erzeugt, wie es viele Tintenstrahldrucker anwenden, gibt es keine bekannten Regeln. Das liegt daran, dass zwar so etwas wie eine Rasterzelle definiert sein muss, um sie mit mehr oder weniger Pünktchen zu füllen,

Frequenzmoduliertes Raster siehe Seite 32, 218.

Rasterzelle siehe Seite 94.

man aber keine Informationen über ihre Größe bekommt. Um die richtige Auflösung zu finden, kann man nur Versuchsreihen durchführen, wie sie weiter unten auf der Seite beschrieben werden.

Dithering

Tintenstrahldrucker verwenden zumeist diese Art der Halbtonerzeugung. Dabei werden in einer Zufallsverteilung die Pixel des Druckers mehr oder minder eng auf dem Papier verteilt, um unterschiedliche Halbtöne zu erzeugen. In einer Vergrößerung sieht das folgendermaßen aus:

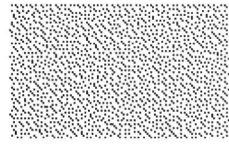 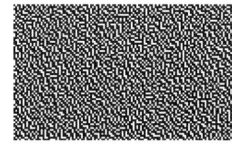

Die ganz linke Abbildung zeigt 20 % Schwarz, die rechte 60 %.

Jeder der Punkte der beiden Abbildungen entspricht dabei einem Pixel des Druckers. Der Bereich, in dem mehr oder weniger Pixel aufs Papier gesprüht werden, um hellere oder dunklere Bereiche zu erzeugen, ist deutlich größer als ein einzelner Pixel des Druckers. Wie groß, ist allerdings ein „Geheimnis" der Druckerhersteller und wird vom jeweiligen Druckertreiber geregelt. Eine Berechnung der optimalen Auflösung ist so leider nicht möglich.

Wie auch immer: Wollen Sie ein Bild mit Halbtönen drucken, reicht eine Auflösung, die deutlich unter der des jeweiligen Tintenstrahldruckers liegt. Wie viel, ist häufig leider nur durch eine Druck-Testreihe zu ermitteln.

Welche Auflösung braucht ein Tintenstrahler?

Tintenstrahldrucker sind keine kleinen Computer wie zum Beispiel Laserdrucker. Die

Umrechnung der Bildinformationen in Maschinenpixel wird daher nicht im Drucker, sondern im Computer vorgenommen. Deshalb dauern Ausdrucke zum Teil erheblich länger als auf PostScript-Druckern. In einem Test wollen Sie also ermitteln, welche Bildauflösung Ihr Drucker mindestens braucht, um scharfe Ausdrucke zu liefern, und ab welcher Bildauflösung keine Steigerung der Qualität mehr zu erreichen ist und so nur unnötig viel Zeit verginge, bis das Bild ausgegeben wird.

Testreihe anlegen

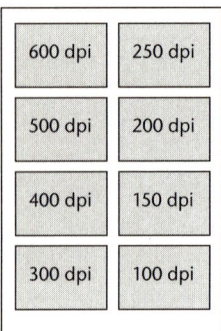

Um die optimale Bildauflösung für Ihren Tintenstrahldrucker zu ermitteln, brauchen Sie ein und dasselbe Bild in unterschiedlichen Auflösungen. Nachdem Sie Ihr Ausgangsbild in unterschiedlichen Auflösungen angelegt haben, legen Sie sie am besten auf eine Seite in einem Layout- oder Grafikprogramm, um Sie von dort aus drucken zu können. Diesen „Umweg" über ein anderes Programm sollten Sie nehmen, weil mit Photoshop immer nur ein Bild ausgedruckt werden kann und Sie die Bilder mit unterschiedlicher Auflösung nicht in einer Photoshop-Datei vereinigen können, da sie immer nur eine Auflösung hat.

Gehen Sie also folgendermaßen vor:
Öffnen Sie in Photoshop eine farbige Bilddatei, die möglichst scharfe Details aufweist. Manche Tintenstrahldrucker geben RGB-Bilder in wesentlich besserer Qualität aus als CMYK-Bilder. Welchen Farbmodus Ihr Drucker am besten verarbeitet, entnehmen Sie Ihrem Handbuch oder probieren es zunächst selbst aus.

Legen Sie eine Bildgröße fest, mit der es möglich ist, acht Bilder auf eine DIN-A4-Seite zu legen (etwa 90 × 60 mm). Beginnen Sie bei einer Auflösung von 600 dpi und fertigen Sie weitere Auflösungen dieses Bildes mit geringeren Auflösungen an.

Sie sollten dabei immer wieder die ursprüngliche 600-dpi-Datei verwenden. Also:

1. Öffnen Sie die gewünschte Datei und geben Sie die oben genannte Bildgröße und Auflösung ein. Die Datei sollte dadurch nicht in ihrer Pixelgröße zunehmen.
2. Speichern Sie diese Datei als Tiff.
3. Ändern Sie die Bildgröße auf 500 dpi und speichern Sie die Datei unter einem anderen Namen ebenfalls als Tiff.
4. Öffnen Sie wieder die erste Datei mit 600 dpi, ändern Sie die Bildgröße auf 400 dpi und speichern Sie sie wieder als Tiff unter einem anderen Namen.

Gehen Sie nach diesem Schema vor, bis Sie acht Bilder mit Auflösungen wie links zu sehen gesichert haben.

Auflösung nicht gerasterter Bilder

Auf Bildern, die keine Halbtöne aufweisen und damit nicht aufgerastert werden, treffen alle bislang angestellten Überlegungen nicht zu. Da es keine Raster gibt, wird jedes einzelne Pixel direkt gedruckt – sie können sich nicht hinter einem Raster „verstecken".

Damit stellt sich die Frage, ab welcher Größe Pixel auffallen. Je nach Papier sind sie mit bloßem Auge ab 800 bis 1200 dpi nicht mehr erkennbar. Bei saugenden Papieren liegt der Wert im unteren Bereich, bei glänzenden im oberen. Mit einer Auflösung von 1000 dpi können Sie nichts falsch machen.

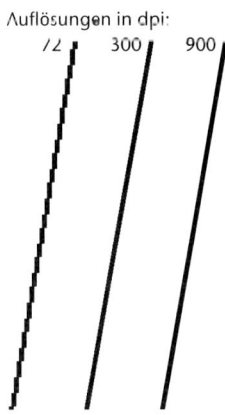

Auflösungen in dpi:
72   300   900

Farben

Die herausragenden Fähigkeiten von Photoshop in der Druckvorstufe bestehen in den umfangreichen Möglichkeiten, Farbkorrekturen an Bildern vorzunehmen und anschließend zu separieren, das heißt, in die Druckfarben Cyan, Magenta, Gelb und Schwarz aufzuteilen. Auch so genannte Duplex-Bilder und der Einsatz von Sonderfarben sind möglich.

Tonwert- und Farbkorrekturen lassen sich in zwei unterschiedliche Bereiche teilen.
• Zunächst muss ein Bild farblich so eingestellt werden, wie es aussehen soll oder man es sich vorstellt.
• Anschließend müssen die hellsten und dunkelsten Bereiche des Bildes für den Druck so verändert werden, dass helle Bereiche nicht aufreißen und dunkle zulaufen.

Daran schließt sich bei Farbbildern die Separation an, die je nach Papier, auf dem gedruckt werden soll, unter anderen Voreinstellungen durchgeführt werden muss.

Wie aber schon beschrieben, weichen die Farben in ihrer Erscheinung auf dem Monitor und gedruckt auf unterschiedlichen Papieren zum Teil sehr stark voneinander ab.
   Um eine kontrollierte Bearbeitung und eventuelle Korrekturen der Farben Ihrer Bilder vornehmen zu können, müssen Sie sich einigermaßen auf die Darstellung Ihres Monitor verlassen können. Kalibrieren Sie also, falls noch nicht geschehen, zunächst Ihren Monitor.

Zur korrekten Farbdarstellung des Monitors lesen Sie das Kapitel „Kalibrieren".

Bildmodi

RGB-Modus

In diesem Farbraum arbeiten Scanner, digitale
Bild- und Filmkameras sowie Monitore. Auch
sind manche Tintenstrahldrucker auf die Ausgabe von RGB-Daten spezialisiert, obwohl sie
zumeist vier Druckfarben, nämlich C, M, Y
und K, verwenden.

Aufgrund seines geringeren Speicherbedarfs
im Vergleich zum CMYK-Modus sollten Sie
möglichst lange in diesem Modus arbeiten.
Wollen Sie allerdings Farbeinstellungen vornehmen, wobei Sie auf die zukünftigen
Druckfarben Einfluss nehmen wollen, bieten
die entsprechenden Dialogfenster zumeist nur
die im Bild vorhandenen Farben an.

Wollen Sie sich eine RGB-Datei ansehen,
wie sie im CMYK-Modus aussehen wird, ohne
sie schon umwandeln zu wollen, können Sie
unter *Ansicht / Vorschau* die unterschiedlichsten Farbnuancen anzeigen lassen.

In diesem Modus „denken" fällt außeror-
dentlich schwer; was passiert, wenn man im
Blau-Kanal etwas ändert? Das Bild wird mehr
oder weniger Blau. Bei diesem Blau handelt es
sich allerdings nicht um eine Druckfarbe. Für
das letzte Finetuning sollten Sie ein Farbbild
in den CMYK-Modus umwandeln.

CMYK	⌘Y
Cyan	
Magenta	
Gelb	
Schwarz	
CMY	
Macintosh-RGB	
Windows-RGB	
Unkompensiertes RGB	

LAB-Modus

Noch schwieriger durchschaut man die Farb-
änderungen im LAB-Modus. Er wird von wenigen Scan-Programmen unterstützt.

Der große Vorteil des LAB-Modus liegt in
der geräteunabhängigen Beschreibung von
Farben. Damit können in einer Bilddatei alle
Farben durch den gesamten Produktionspro-
zess gehalten werden, die erst bei Umwand-

lungen in RGB und CMYK jeweils reduziert
werden.

CMYK-Modus

Bilder werden zum Druck in den CMYK-Modus umgewandelt – es sei denn, Sie arbeiten in
einer Farbmanagement-Umgebung. Wenn Sie
Ihren Monitor kalibriert haben, wissen Sie
sehr genau, wie das fertig gedruckte Bild aussehen wird. Vorteil dieses Modus in der Druckvorstufe liegt darin, dass man sich die Auszüge
in Form der Kanäle, allerdings ohne Rasterung,
schon ansehen kann. Das ist in keinem anderen DTP-Programm möglich.

Wenn Sie nicht wissen, wie Ihre Bilder weiterverarbeitet werden, wie kompetent das Belichtungsbüro arbeitet, nehmen Sie eine Separation unbedingt selbst vor und verlassen sich
auf kein Farbmanagement.

Graustufen-Modus

Der Graustufen-Modus wird für schwarzweiße
Bilder verwendet. Alle Bilder im nicht farbigen
Teil dieses Buches sind beispielsweise Graustu-
fenbilder, bis auf jene, die nur schwarz oder
weiß sind – mehr dazu siehe unter Bitmap-
Modus.

Der Graustufen-Modus besteht aus einem
Kanal. In ihm sind die maximal 256 Abstufungen von Weiß bis Schwarz enthalten. Anders
als bei den mehrfarbigen Modi *ist* der eine Kanal das gesamte Graustufenbild.

Duplex

Diesen Modus können Sie nur durch Umwandlung eines Graustufenbildes erreichen.

Duplex-Bilder eignen sich vor allem für zwei
Anwendungsbereiche.

Duplex mit Prozessfarben

Zeitschriften, in denen einige Bögen aus Kostenerparnis nicht mit vier, sondern nur zwei Farben bedruckt werden. Zumeist wird die zweite Farbe neben Schwarz für Überschriften oder grafische Elemente genutzt. Sie können aber auch Graustufenbilder im Duplex-Modus aus zwei Farben zusammensetzen.

Beispiele finden Sie im farbigen Innenteil.

Nehmen wir ein Beispiel: Auf dem entsprechenden Bogen werden Schwarz und Magenta gedruckt. Die Farbe Magenta können Sie in diesem Fall zum Einfärben eines schwarzweißen Bildes nutzen. Wandeln Sie es unter *Modus / Duplex* um, öffnet sich der Dialog *Duplex-Optionen:*

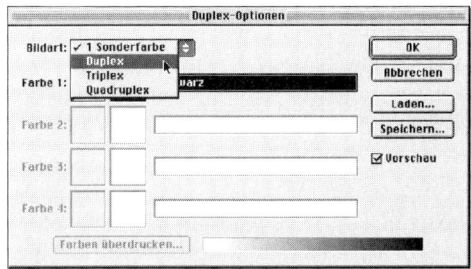

Unter *Bildart* wählen Sie *Duplex*. Für die erste Farbe wählen Sie Schwarz, wenn es nicht schon vorgewählt sein sollte. Sonst klicken Sie in das Farbfeld *Farbe 1*. Im sich daraufhin öffnenden Farbwähler tragen Sie unter Cyan, Magenta und Gelb jeweils 0% ein, unter Schwarz 100% und bestätigen mit *OK*.

Die zweite Farbe wählen Sie auf dieselbe Weise und tragen dort entsprechend nur für Magenta 100 % ein.

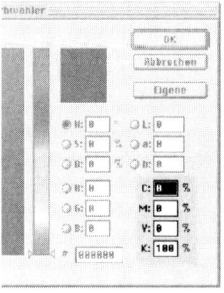

Bitmap-Modus

Bilder in diesem Modus haben eine Farbtiefe von 1 Bit, ihre Pixel können nur entweder

Bitmap-Modus

schwarz oder weiß sein. Deshalb ist der von solchen Dateien benötigte Speicherplatz sehr gering.

Strichvorlagen wie Federzeichnungen, Unterschriften und dergleichen werden zumeist in diesem Modus eingescannt. Aufgrund des geringen Speicherbedarfs können Bilder ohne weiteres Auflösungen um die 1000 dpi aufweisen, ohne zu Problemen beim Ausdrucken zu führen.

Siehe auch „Auflösung nicht gerasterter Bilder" auf Seite 181.

Als Tiff gespeicherte Bitmaps können in Layout- und Grafikprogrammen importiert und dort eingefärbt werden. Dabei ändern die schwarzen Pixel ihre Farbe, die weißen bleiben weiß.

Außerdem ist es in allen DTP-Programmen möglich, das Weiß eines Bitmaps transparent zu stellen – nur die schwarzen Pixel bleiben sichtbar.

Mehrkanal-Modus

Mehrkanal-Modus

Seit der Version 5 verfügt Photoshop über diesen Modus. Er kommt ohne das starre Korsett der ein, drei oder vier Farbkanäle aus. Wandeln Sie beispielsweise ein Duplex-Bild in den Mehrkanal-Modus um, erhalten Sie ein Bild mit den beiden Farbkanälen, die im Duplex nicht sichtbar sind.

Außerdem bietet sich dieser Modus an, wenn Sie eine Sonderfarbe in Ihr Bild einbauen wollen. Dazu legen Sie einen Alpha-Kanal an, dem Sie am besten den Namen der gewünschten Farbe geben. Importieren Sie diese Datei in ein Layout- oder Grafikprogramm, werden die Farbauszüge mit den entsprechenden Namen ausgegeben.

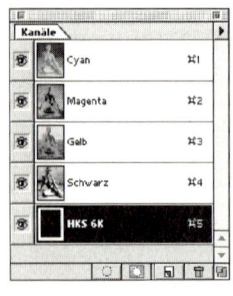

Diese weitere Farbe wird allerdings nicht annähernd korrekt am Monitor wiedergegeben. Ihre Darstellung entspricht der eingestellten Farbe für den Maskenmodus, normalerweise ein halbtransparentes Rot. Wenn Sie das Bild auf einer Layoutseite platzieren, wird noch nicht einmal diese falsche Darstellung wiedergegeben: Die Sonderfarbe taucht hier am Monitor gar nicht auf.

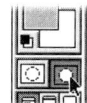

Rechts sehen Sie den Drucken-Dialog einer Datei in FreeHand, in die das Bild mit der links unten gezeigten Kanälepalette importiert wurde.

Da die Anzeigen rein gar nichts mit dem fertigen Druckerzeugnis zu tun haben, müssen Sie sehr genau wissen, was Sie tun!

Normalerweise arbeitet man in Photoshop mit farbigen Bildern im RGB-Modus, in dem Bilder von Scannern oder Photo-CDs eingelesen werden. Viele Filter arbeiten nur im RGB-Modus, sodass man möglichst lange darin bleibt und erst gegen Ende die Bilder in die Druckfarben umwandelt. Sie sollten auch deshalb so vorgehen, weil CMYK-Bilder einen Kanal mehr aufweisen und damit ein Drittel mehr Platz im Arbeitsspeicher beanspruchen.

Tonwertkorrekturen bei Graustufenbildern

Falls Sie Bilder nicht professionell haben einscannen lassen, weisen sie normalerweise nicht die nötigen Kontraste und damit Tonwerte auf — sie sind zu flau.

Hier werden die beiden wichtigsten Vorgehensweisen vorgestellt, die nur eine Korrektur und nicht extreme Veränderungen beschreiben.

Tonwertkorrektur
Verschaffen Sie sich zunächst einen Überblick

Zunächst wird nur die Korrektur von Graustufenbildern beschrieben. Da sie nur aus einem Farbkanal bestehen, ist die Vorgehensweise einfacher und damit leichter nachzuvollziehen.

Tonwertkorrektur

über die Helligkeitsverteilung im Bild. Rufen Sie dazu die Tonwertkorrektur auf. Aus dem dargestellten „Gebirge" können Sie die Farbhäufigkeiten im Bild ablesen.

Diese Anzeige über die Häufigkeitsverteilung der unterschiedlich hellen Pixel wird auch Histogramm genannt.
Als reine Ansicht, ohne Einstellungen vornehmen zu können, ist es aufrufbar unter *Bild / Histogramm*.

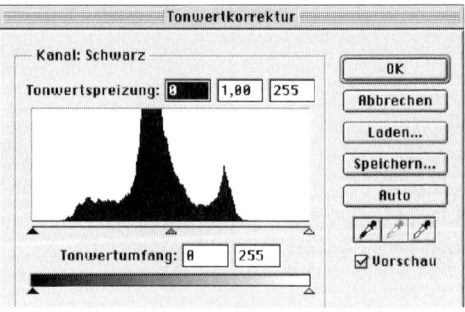

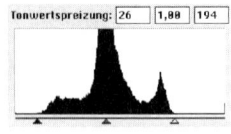

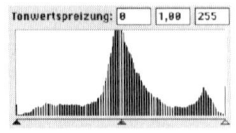

Der ganz linke Bereich im Fenster entspricht Schwarz und der rechte Weiß. Das „Gebirge" selbst repräsentiert die Häufigkeit der verschieden hellen Pixel im Bild.

Daraus lässt sich ablesen, dass keine schwarzen Pixel vorkommen, die meisten mittelgrau sind und sich im hellen Bereich fast nichts abspielt.

Bei diesem Bild bietet es sich an, die Kontraste zu erhöhen. Das erreichen Sie dadurch, dass Sie die beiden äußeren Schieber an den Beginn des Gebirges führen. Mit dem linken Schieber bewirken Sie, dass die dunkelgrauen

Pixel zu Schwarz, mit dem rechten, dass die hellgrauen zu Weiß erklärt werden. Dadurch wird der eingeschränkte Helligkeitsumfang auf die gesamte mögliche Breite gedehnt.

Öffnen Sie wieder die Tonwertkorrektur. Nachdem das Bild verändert wurde, stellt sich das Histogramm („Gebirge") dar wie links unten abgebildet.

Das Bild ist nun nicht mehr so flau. Es könnte allerdings noch deutlichere Tiefen und kräftigere Spitzlichter vertragen. Öffnen Sie dazu die *Gradationskurven*.

Gradationskurven
Das Bild hat im mittleren Bereich akzeptable Helligkeiten. „Nageln" Sie deshalb die Kurve genau in der Mitte mit einem Klick darauf fest. Anschließend können Sie in den Helligkeiten (unten in der Abbildung auf der nächsten Seite) etwas Farbe herausziehen und den dunklen

Gradationskurven

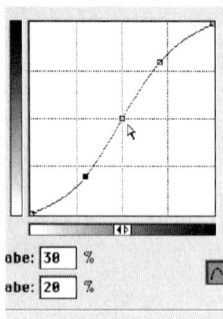

obe: 30 %
obe: 20 %

Bereichen (oben) mehr Farbe geben. Auf diese Weise wurde das Bild verändert.

Tonwertkorrektur und Gradationskurven im Vergleich
Das Dialogfeld der Tonwertkorrekturen zeigt die Helligkeitsverteilungen der Pixel im Bild. Deshalb ist es geeignet, die Ränder dieser Verteilung auf Schwarz und Weiß zu setzen.

In den Gradationskurven erhält man immer nur eine diagonale Gerade als Ansicht, egal aus welchen Helligkeiten sich das Bild zusammensetzt. Ihr Vorteil liegt in der zuvor beschriebenen Möglichkeit, die Helligkeiten nicht nur linear zu verändern, sondern im hellen wie dunklen Bereich unterschiedliche Einstellungen vornehmen zu können.

Hi- und Low-Key
Es gibt natürlich Bilder, in denen kein Schwarz oder Weiß vorkommen soll: in einer nebligen Herbstlandschaft (Hi-Key) gibt es einfach kein Schwarz, bei einer schwach beleuchteten Nachtaufnahme (Low-Key) kein Weiß. Passen Sie Ihre Einstellungen immer dem Charakter des jeweiligen Bildes an, erzwingen Sie also nicht den auf den vorangegangenen Seiten beschriebenen Weg bei ungeeigneten Bildern.

Tonwertkorrekturen für den Druck

Die hier besprochenen Korrekturen beziehen sich auf die Hintergründe, die im Kapitel „Übliche Druckverfahren genauer betrachtet" im Einzelnen dargestellt werden – siehe ab Seite 74.

Druckpunktzuwachs siehe Seite 40.

Nachdem Sie nun alle Helligkeiten so weit korrigiert haben, dass Sie mit dem Ergebnis zufrieden sind, müssen Sie noch das Verhalten der Farbe auf dem Papier berücksichtigen.

Sowohl das Wegbrechen hellster Töne als auch der Druckpunktzuwachs in den ganz dunklen Bereichen muss von Ihnen in Photoshop kompensiert werden. Sie müssen also dafür Sorge tragen, dass in allen Flächen eines

Bildes Rasterpunkte ausgegeben werden. Dafür sollten in den hellsten Stellen des Bildes noch 5% Farbe vorhanden sein und in den dunkelsten nicht mehr als 95%.

Um erst einmal herauszufinden, ob sich solche kritischen Bereiche in Ihrem Bild befinden, fahren Sie mit irgendeinem Werkzeug, ohne die Maustaste zu drücken, über sowohl die hellsten als auch dunkelsten Bereiche. Schielen Sie dabei immer auf die Info-Palette. Im Bild unten ist die linke obere Ecke zu hell und der untere Bereich zu dunkel.

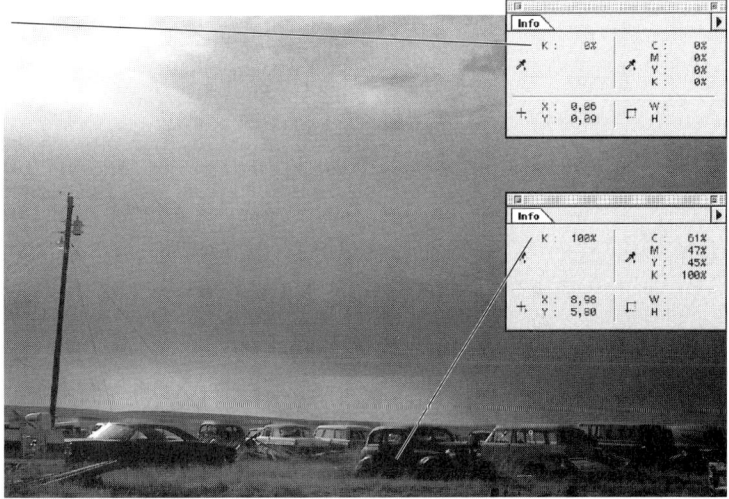

Die Helligkeiten im Himmel reißen auf und die dunklen Partien saufen ab. Hier müssen Sie nun gegensteuern, damit zum einen das Bild nicht ausfranst und zum anderen das kleine bisschen Zeichnung in den sehr dunklen Partien auch im Druck erscheint.

Die Einstellungen nehmen Sie am besten über die *Gradationskurven* vor.

Um das Schwarz etwas aufzuhellen, ziehen Sie das rechte obere Ende der Linie so weit nach unten, bis unter *Ausgabe* 95% erscheint. Damit werden aus dem 100% Schwarz 95%.

Mit dem Weiß gehen Sie entsprechend andersherum vor: Heben Sie es in Richtung Schwarz auf 5%.

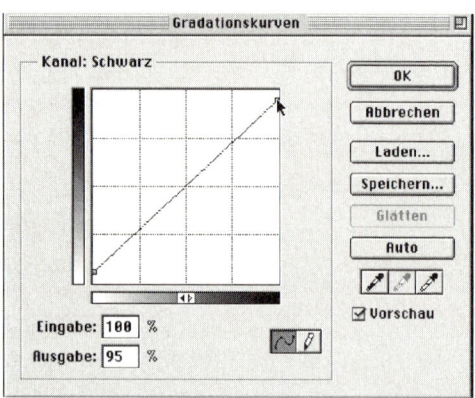

Wohlgemerkt: Tun Sie das nur, wenn tatsächlich Weiß und Schwarz in Ihrem Bild vorkommen, denn nur diese beiden Bereiche sind bei der Plattenbelichtung und im Druck kritisch.

In diesem Zusammenhang sollten Sie unbedingt die Finger von der Einstellung *Auto-Tonwertkorrektur* lassen. Diese Funktion stellt die hellsten Bereiche eines Bildes auf 0% und die dunkelsten auf 100%.

Am Monitor mag ein so korrigiertes Bild zu flau aussehen – aber der kennt ja auch keinen Druckpunktzuwachs ...

Weißpunkt und Schwarzpunkt setzen

Die zuvor beschriebenen Einstellungen lassen sich auch durch Setzen des Weiß- und Schwarzpunktes eines Bildes erreichen. Dazu gibt es sowohl im Dialogfeld *Gradationskurven* wie auch *Tonwertkorrektur* die Werkzeuge Weiß- und Schwarzpipette.

Klicken Sie mit der Weißpipette in einen hellen Bereich eines Bildes, wird er und alles, was eventuell noch heller ist, weiß. Dasselbe leistet die Schwarzpipette für die dunklen Bereiche. Es passiert also genau das, was man eigentlich nicht will.

Genau dafür kann man sich diese Werkzeuge so einstellen, dass sie die gewünschten 5 und 95% Schwarz erzeugen. Klicken Sie dazu doppelt auf die Weißpipette. Es öffnet sich der Farbwähler, in dem angezeigt wird, welche Farbe die Pipette erzeugt.

Hier können Sie nun im rechten unteren Teil unter *K* 5% einstellen. Bestätigen Sie diese Änderung, wird das Werkzeug nun nicht mehr Weiß, sondern 5% Schwarz erzeugen.

Entsprechend gehen Sie mit der Schwarzpipette vor: Tragen Sie für sie 95% ein. Damit haben Sie die beiden Werkzeuge für die Korrekturen eines Schwarzweißbildes eingestellt.

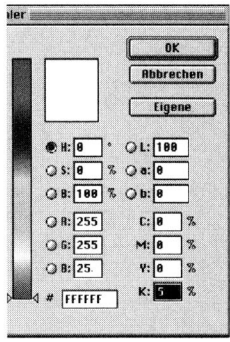

Tonwertkorrekturen von Duplex-Bildern

Das ursprüngliche Graustufenbild wird nach der Umwandlung in ein Duplex aus doppelt so viel Farbe zusammengesetzt wie ursprünglich: beispielsweise Schwarz plus Magenta zu gleichen Teilen. Dadurch wird es je nach Motiv wahrscheinlich zu dunkel werden. Deshalb sollten Sie den Farbauftrag beider Farben etwas zurücknehmen. Je nach Charakter des Bilder werden Sie Schwarz weniger verändern als Magenta, da es für die Kontraste sorgt. Folgende Einstellungen sind denkbar — zunächst für Schwarz:

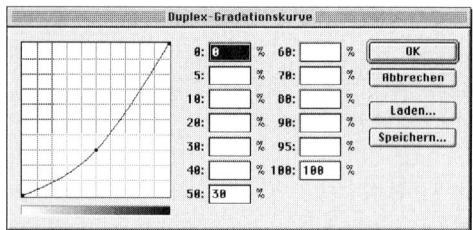

Verändern Sie die Kurve mit der Maus wie oben abgebildet oder tragen Sie unter *50:* 30% ein. Damit nehmen Sie in den Mitteltönen Schwarz heraus, für die Zeichnungen in den Tiefen (Ende der Kurve oben rechts) bleibt es aber erhalten. Bestätigen Sie Ihre Eingabe und verändern Sie die Gradationskurve für Magenta:

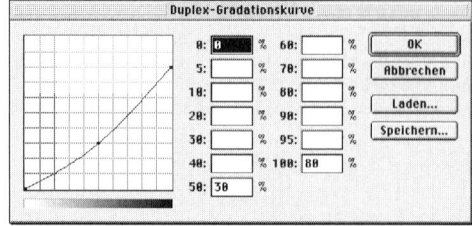

Mit der unten links abgebildeten Einstellung nehmen Sie Magenta sowohl in den Mitteltönen als auch in den dunklen Bereichen zurück. So können dunkle Flächen nicht mehr zulaufen. Es sind allerdings maximal immer noch 180% Farbauftrag möglich (100% Schwarz plus 80% Magenta).

Bei diesen Angaben gehe ich davon aus, dass Sie das Bild zuvor farblich so weit korrigiert haben, dass es ausgewogene Helligkeiten aufweist. Im farbigen Innenteil finden Sie ein Beispiel mit den zuvor genannten Einstellungen.

Duplex mit Sonderfarben

Eine andere Möglichkeit besteht nicht im Ausnutzen weniger Farben, wie zuvor beschrieben, sondern dem Hinzufügen von ein oder zwei zusätzlichen Sonderfarben.

In qualitativ hochwertigen Schwarzweiß-Fotokatalogen werden die Abbildungen zumeist nicht nur mit Schwarz gedruckt. Das Ergebnis erscheint flauer als die fotografischen Vorlagen. Um satte Schwarz- und Grautöne zu erreichen, wird den Bildern eine Nicht-4C-Farbe beigemischt. Das kann eine warmer Pantone-Grauton oder sogar Silber sein. Letztere Möglichkeit ist am Monitor natürlich nicht überprüfbar.

Silber wurde in den 70er Jahren in Time Life Fotobüchern verwendet.

Sie finden im farbigen Innenteil *kein Beispiel* dafür, weil der Einsatz einer Sonderfarbe die Produktionskosten deutlich erhöhen würde.

Wenn die zugesetzte Sonderfarbe relativ hell und damit ihre Farbintensität gering ist, wie bei einem warmen, hellen Grau beispielsweise, können Sie die Gradationskurve für diese Farbe genau andersherum anlegen als im Beispiel links – siehe nächste Seite.

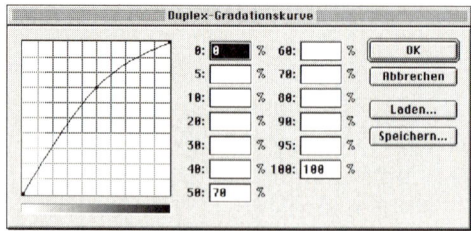

Die Schwarz-Kurve kann gleich bleiben. Noch mehr Farbkorrekturen in den Gradationskurven müssen Sie vornehmen, wenn Sie ein Triplex- oder Quadruplex-Bild erzeugen.

Achten Sie darauf, dass Sie nicht mehr als annähernd 300 % maximalen Farbauftrag in Ihrem Bild erhalten, sonst laufen die Farben im Druck vollkommen zu.

Ob Duplex, Tri- oder Quadruplex – ein solches Bild besteht immer nur aus einem Kanal! Die unterschiedlichen Farbanteile werden nur als PostScript-Informationen an den Drucker geschickt. Nicht PostScript-fähige Drucker können solche Bilder also nicht korrekt ausgeben.

Tonwertkorrekturen farbiger Bilder
Um die Tonwerte eines farbigen Bildes zu korrigieren, gehen Sie so vor wie auf den vorangegangenen Seiten anhand von Graustufenbildern beschrieben.

Lassen Sie sich von eventuellen Farbstichen nicht beirren – die sollten erst anschließend korrigiert werden.

Es gibt nur einen Unterschied im Vergleich zu Graustufenbildern: die Schwarz- und Weißpipette muss anders eingestellt werden, da sich die ganz hellen und dunklen Bereiche aus vier statt nur einer Farbe zusammensetzen.

Schwarz- und Weißpipette für Farbbilder
Bei farbigen Bildern sollte dagegen in den hellen und dunklen Bereichen möglichst nicht nur eine Farbe vorhanden sein. Da das Vorkommen der vier Farben je nach Separationseinstellungen (siehe drei Seiten weiter) unterschiedlich ist, geben Sie RGB-Werte ein, die simultan in CMYK-Werte umgerechnet werden.

Die Werte für die Weißpipette sehen Sie rechts. Dabei ist kein Schwarz mehr vorhanden. Das macht nichts, denn durch die anderen Farben wird noch ein Hauch von Farbe gdruckt.

Für der Schwarzpipette geben Sie als RGB-Werte jeweils 10 ein. Dadurch wird der Anteil von Schwarz auf 95 % gesenkt; warum die anderen Werte deutlich darunter liegen, wird ab Seite 200 unter „Separation" beschrieben.

Falls die unten abgebildeten RGB- und CMYK-Werte bei Ihnen nicht übereinstimmen, haben Sie unterschiedliche Einstellungen für die Separation vorgenommen – siehe ab Seite 200.

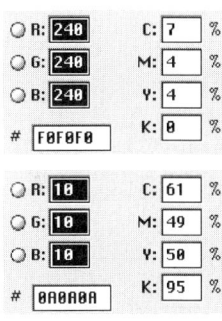

Farbkorrekturen
Farbbalance
Sollen *leichte Farbstiche*, wie sie häufig beim Einscannen entstehen, korrigiert werden, benutzen Sie am besten die Farbbalance.

Die drei Farbpaare entsprechen den sich im Farbkreis gegenüberliegenden Farben. Soll also beispielsweise ein Rotstich entfernt werden, muss das Bild mehr Cyan bekommen.

Farbbalance

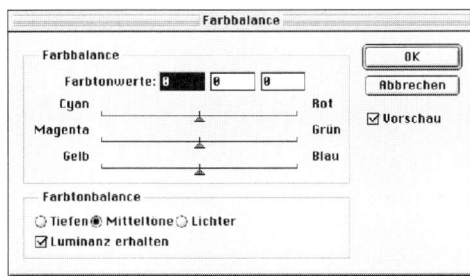

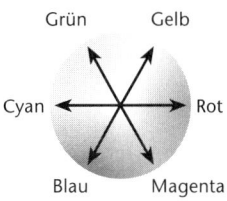

Diese Farbenpaare werden sowohl im RGB- als auch CMYK-Modus gleich angezeigt.

Aktivieren Sie unbedingt die Checkbox *Luminanz erhalten*. Sie bewirkt, dass die Helligkeiten beim Verändern der Farben gleich bleiben. Das ist wichtig, weil Sie zuvor ja schon die gewünschten Tonwertkorrekturen vorgenommen haben und sie sonst wieder durcheinander brächten!

Farbton / Sättigung

Farbton / Sättigung

Mit Hilfe dieses Dialogfeldes ist es möglich, *bestimmte Farben* zu korrigieren und nicht, wie zuvor beschrieben, einen Farbstich des gesamten Bildes.

Auch hier tauchen wieder dieselben Farben aus dem Farbkreis auf. Der Vorteil gegenüber der Farbbalance besteht darin, dass Sie die zu verändernden Farben selbst wählen können. Rufen Sie im Pop-up-Menü *Bearbeiten* beispielsweise die *Rottöne* auf, sehen Sie ganz unten das gesamte Farbspektrum, in dem ein bestimmter Bereich markiert ist. Er gibt die Farben an, die Sie über die Schieber *Farbton, Sättigung* und *Lab-Helligkeit* verändern können.

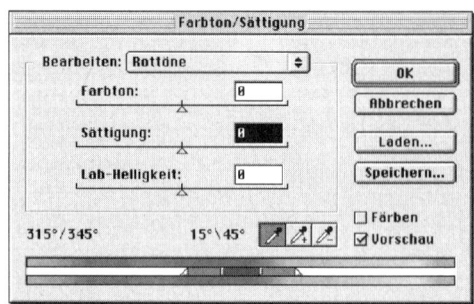

Wollen Sie eine andere als die sechs anwählbaren Farben verändern, verschieben Sie den Bereich im Spektrum auf die gewünschte Farbe. Ist Ihnen der Bereich zu groß, können Sie die Breite des ausgewählten Spektrums zusammenschieben.

Beispiel: In einem Bild erscheinen nur die Hauttöne etwas zu rötlich. Wählen Sie die *Rottöne* aus und nehmen Sie die Sättigung über den entsprechenden Schieber zurück.

Selektive Farbkorrektur

Selektive Farbkorrektur

Hierüber kann auf die Skalenfarben Einfluss genommen werden, auch wenn das Bild noch im RGB-Modus vorliegt. Um beispielsweise übermäßig rote Farben etwas zurückzunehmen, wählen Sie sie im Pop-up-Menü aus. Rote Farben werden zusammengesetzt aus den Druckfarben Magenta und Gelb. Ziehen Sie beide Schieber etwas nach links, verlieren sie ihre Intensität.

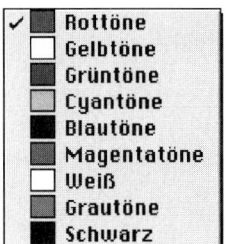

Kein anderes Dialogfeld bietet Weiß, Grautöne und Schwarz an. Gerade beim Scannen von farbigen Vorlagen, die neutrales Grau enthalten, entsteht darin meistens ein Farbstich. Hierüber ist es nun möglich, die Zusammensetzung von Grau zu bestimmen, indem Sie ihm weniger Anteile von Cyan, Magenta und Gelb, aber dafür mehr an Schwarz geben. Ziehen Sie die drei anderen Farben aber nicht vollständig heraus, weil ein Grau, das ausschließlich aus Schwarz aufgebaut wird, in einem Farbbild sehr matt und zu flau aussieht.

Separation

Die Aufteilung in Druckfarben wird Separation genannt. Dabei handelt es sich um komplexe mathematische Berechnungen, mit denen Photoshop beispielsweise aus den drei Kanälen des additiven Farbraums RGB die sub-

Ausgangsbild im RGB-Modus

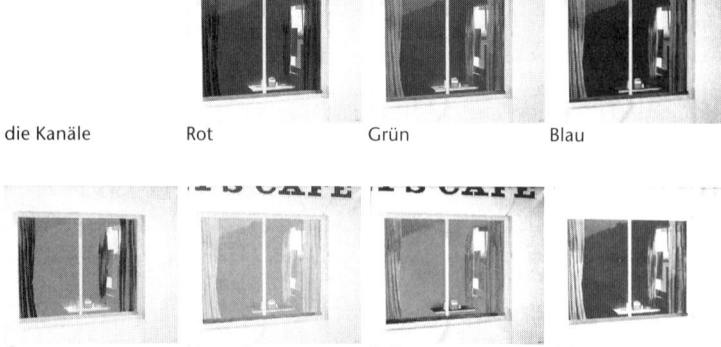

die Kanäle   Rot   Grün   Blau

Cyan   Magenta   Gelb   Schwarz

traktiven vier Druckfarben des CMYK-Farb-
raums errechnet. Welche RGB-Farben den vier
Druckfarben entsprechen, wurde in langen
empirischen Versuchen ermittelt.

Die Farberscheinung der Druckfarben auf
unterschiedlich saugenden Papieren ist aufgrund des Druckpunkt- oder Tonwertzuwach-
ses verschieden. Das „Wissen" um die unterschiedlichen Farbverhalten ist Photoshop
mitgegeben worden. So kann man für die Separation unterschiedliche Papiere wählen, auf
denen das Bild gedruckt werden soll.

Da der CMYK-Farbraum weniger Farben ent-
hält als der RGB-Farbraum, kann sich bei der
Separation die Anzahl der Farben verringern.
Je nach Papier können unterschiedlich viele
Farben im Druck erscheinen. Das Ergebnis
einer Separation für gestrichenes Papier führt
Photoshop anders durch als für Zeitungs-
papier.

Deshalb *müssen* Sie wissen, bevor Sie ein
Bild in den CMYK-Modus umwandeln, auf
welchem Papier es gedruckt werden soll. Das
Programm erzeugt entsprechend unterschiedliche Separationsergebnisse, je nachdem, wel-
ches Papier in den Grundeinstellungen ausgewählt wurde. Auf diese Einstellungen greift
Photoshop immer zurück, wenn ein Bild aus
dem RGB- in den CMYK-Modus überführt
wird. Als Voreinstellung ist die für amerikanische Druckfarben auf gestrichenem Papier gewählt (SWOP-coated).

Den erwarteten Druckpunktzuwachs berücksichtigt Photoshop bei der Separation, indem es
die Farben dabei entsprechend aufhellt. Am Monitor stellt Photoshop das Bild dann allerdings
nicht so hell dar, sondern versucht es so zu
zeigen, wie es auf dem Papier erscheinen wird.

Wird das Bild später ausbelichtet, werden die einzelnen Rasterpunkte entsprechend kleiner ausgegeben. Wenn sie im Druck wieder größer werden, werden die Farben erzielt, die man am Monitor sehen kann.

Es gibt drei verschiedene Voreinstellungen, auf die Sie zurückgreifen können: Separation für den Druck auf gestrichenem Papier, ungestrichenem und Zeitungspapier.

Diese Einstellungen sind sehr gut, lassen sich aber auch verändern, wenn Sie auf speziellen Papieren drucken wollen.

Genau in der Mitte des farbigen Innenteils sehen Sie anhand von zwei Beispielen, wie unterschiedlich ein und dasselbe Bild auf zwei verschiedenen Papieren aussehen kann. Darunter sind zwei andere Bilder abgedruckt, wobei das rechte für ungestrichenes Papier separiert wurde.

Die Farbauszüge der beiden unteren Bilder sehen folgendermaßen aus.

separiert für gestrichenes Papier

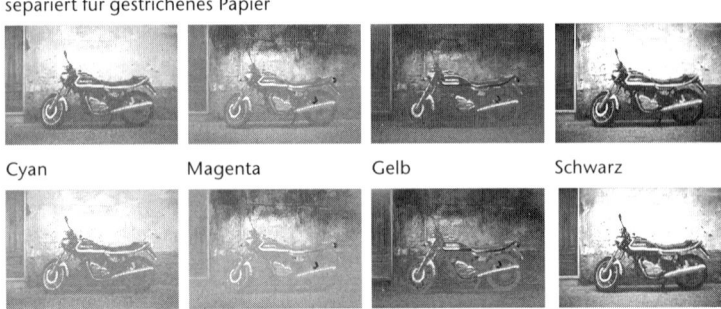

Cyan   Magenta   Gelb   Schwarz

separiert für ungestrichenes Papier

Besonders beim Schwarz-Auszug fallen die Helligkeitsunterschiede auf; gestrichenes Papier verträgt mehr Schwarz als ungestrichenes.

Siehe farbiger Innenteil genau in seiner Mitte, wo das Papier von gestrichen zu ungestrichen wechselt.

Falls Sie ein Bild ungewollt schon in den CMYK-Modus umgewandelt haben, können Sie diesen Schritt nicht rückgängig machen! Der RGB-Farbraum ist größer als der CMYK-Farbraum. Bis auf ganz wenige Ausnahmen passen alle CMYK-Farben in den RGB-Farbraum.

Einige 4c-Grüntöne beispielsweise lassen sich nicht korrekt am Monitor wiedergeben.

Wollen Sie ein Bild sowohl auf gestrichenem als auch ungestrichenem Papier drucken lassen, müssen Sie das RGB-Ausgangsbild jeweils für das eine und das andere Papier separieren. Sie brauchen also drei Bilddateien: das unseparierte RGB-Bild, aus dem Sie jeweils die richtige CMYK-Separation herstellen.

Separationseinstellungen
Sie finden die entsprechenden Einstellungen unter *Datei/Farbeinstellungen/CMYK einrichten*. Anschließend erscheint folgendes Dialogfeld:

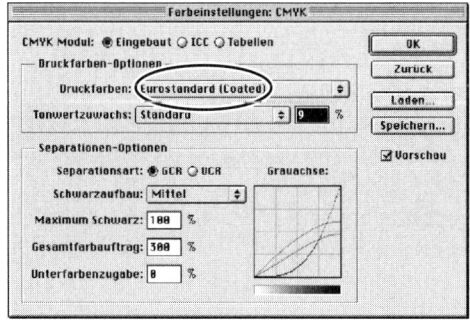

Unter *Druckfarben* ist eine Separation für gestrichenes Papier *(Coated)* mit den in *Europa* gebräuchlichen Druckfarben eingestellt. Soll ein Bild auf diesem Papier gedruckt werden,

belassen Sie es dabei. Zum Ändern der Separationseinstellungen wählen Sie in dem Pop-up-Menü *Druckfarben* das gewünschte Papier aus. Für Arbeiten im europäischen Raum sollten Sie nur die drei *Eurostandard*-Einstellungen verwenden. Der korrekte Name „Euroskala" war den Übersetzern wohl nicht bekannt.

Hinter dem Pop-up-Menü *Tonwertzuwachs* steckt eine Gradationskurve, die das erwartete Verhalten auf dem jeweiligen Papier anzeigt.

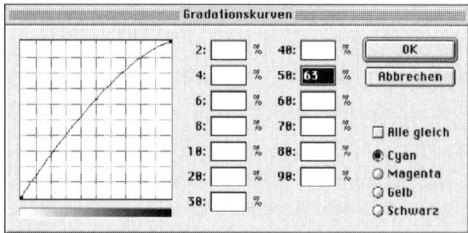

Falls Sie auf einem Papier drucken wollen, das nicht recht in diese Dreiteilung passt, fragen Sie bei der Druckerei nach, zu welchen Einstellungen man Ihnen an dieser Stelle rät.

Schwarzaufbau

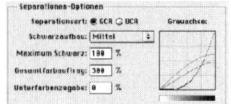

In CMYK-Bildern wird auch Grau durch die vier Skalen-Farben gemischt. Bei manchen Bildern, die viel neutrales Grau aufweisen, kann das zu Farbverschiebungen in diesen Grauflächen kommen. Sie kennen das vielleicht aus Computerbüchern, die vierfarbig angelegt sind und ähnlich viele Dialogfenster abbilden wie im schwarzweißen Teil dieses Buches. Die graue Fläche kann leicht einen warmen oder kalten Farbstich bekommen, wenn der Drucker nur ein wenig an den Zonenschrauben seiner Maschine dreht. In diesem speziellen Fall ist es von Vorteil, wenn graue Flächen nur aus Schwarz aufgebaut werden.

Zonenschrauben siehe Seite 72.

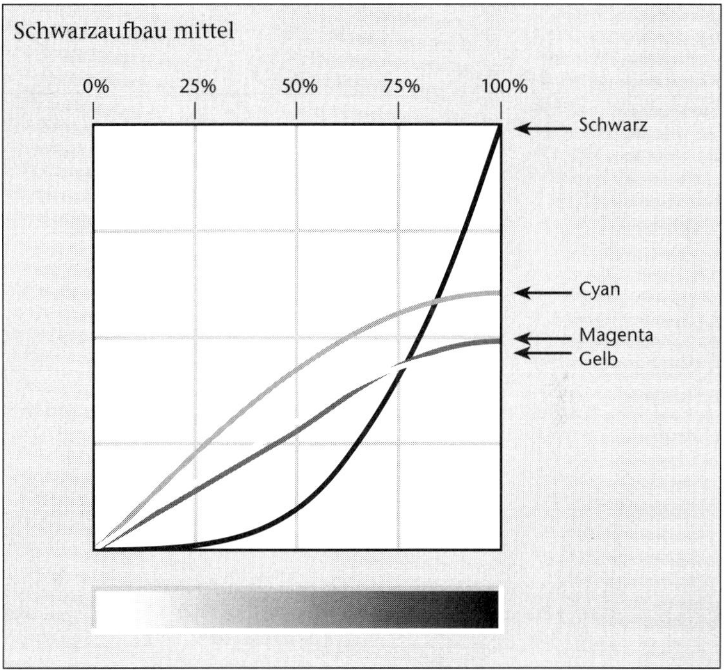

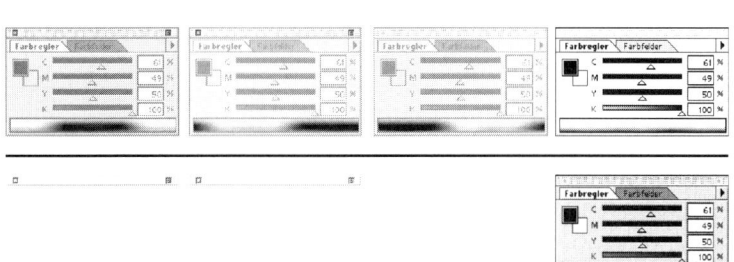

Schwarzaufbau mittel

0% 25% 50% 75% 100%

Schwarz

Cyan

Magenta
Gelb

Die Grafik oben zeigt, wie neutrales Grau bei einer Separationseinstellung für gestrichenes Papier zusammengesetzt wird. Ein 25 %iges Grau beispielsweise setzt Photoshop zusammen aus 24 % Cyan, 14 % Magenta, 16 % Gelb und 1 % Schwarz. Der rechts abgebildete Screenshot ist unten mit seinen Auszügen abgebildet – darunter mit „Schwarzaufbau maximal".

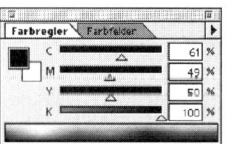

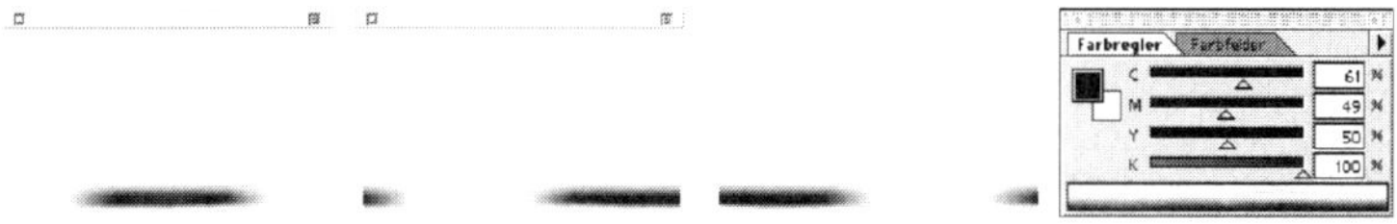

Bei einem maximalen Schwarzaufbau wird den grauen Flächen die Farbe entzogen und durch Schwarz ersetzt.

In normalen Bildern bietet sich das zumeist nicht an, da sie dadurch an Tiefe verlieren.

Andersherum kann man Schwarz zurückdrängen, wenn man beispielsweise den Scan eines hellen Aquarells, in dem kaum dunkle Farben verwendet wurden, separieren möchte.

Ansonsten fahren Sie mit der Grundeinstellung „mittel" bei fast allen Ihren Bildern am besten.

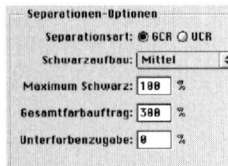

GCR – Grey Component Replacement
Diese Einstellung in den Separationseinstellungen ersetzt in dunklen Bereichen die Farben durch Schwarz – mehr Schwarz als bei UCR (siehe unten). Dadurch können starke Kontraste und satte Tiefen gedruckt werden. Aus diesem Grunde handelt es sich dabei um die Grundeinstellung von Photoshop.

UCR – Under Color Removal oder Unterfarbenentfernung
Zeitungspapier dagegen verträgt nicht so viel Farbe wie ungestrichene oder gar gestrichene Papiere. Bei der Unterfarbenentfernung geht es darum, möglichst wenig Farbe zu drucken, um auf einem saugenden Papier dunkle Bereiche nicht zulaufen zu lassen. Diese Einstellung eignet sich für den Zeitungsdruck. Bei der Unterfarbenentfernung werden in neutralen Bereichen, wo gleiche Anteile von Cyan, Magenta und Gelb vorkommen, diese Farben durch Schwarz ersetzt. Dadurch gelangt weniger Farbe auf das saugende Papier, dunkle Bereiche können nicht so leicht zulaufen.

Siehe auch Druckpunktzuwachs auf Seite 40.

UCA – Unterfarbenzugabe
Hier geht es nun um den umgekehrten Weg:
Durch die zusätzlich Zugabe von Farbe in
dunkleren Bereichen können tiefere und
sattere Farben gedruckt werden.

Eine Zugabe von Farben sollten Sie nur auf
gestrichenen Papieren in Erwägung ziehen!

Nur wenn Sie einen Wert eingetragen haben, lässt sich der für den Gesamtfarbauftrag
(siehe unten) erhöhen.

Gesamtfarbauftrag
Wenn Sie auf Zeitungspapier drucken lassen,
bietet sich an, die Farbe zusätzlich über einen
geringeren Gesamtfarbauftrag zu reduzieren.

Zeitungspapiere	220 – 250 % Farbe
Ungestrichene Papiere	270 – 300 % Farbe
Gestrichene Papiere	320 – 360 % Farbe

Zwar können auch höhere Werte bis maximal
400 % eingegeben werden, die allerdings greifen nur dann, wenn Sie im Feld *Unterfarbenzugabe* mehr als 0 eintragen.

Maximum Schwarz
Eine Reduktion des Schwarzanteils in Ihren
Bildern, wie sie unter „Tonwertkorrekturen"
beschrieben wurde, lässt sich auch automatisch bei der Separation vornehmen, wenn Sie
hier den gewünschten Wert von 95 % eintragen. Dann müssten Sie nicht den Schritt, der
auf Seite 192 beschrieben wurde, durchführen
– eine Abdunklung von Weiß auf 5 % Grau
kann allerdings nicht automatisch ausgeführt
werden.

Wollen Sie wissen, welche Einstellungen Sie
für ein bestimmtes Bild wählen sollen, werden

Sie auch bei Druckereien meist auf die Grundeinstellungen von Photoshop verwiesen. Die sind recht gut, und Sie gelangen damit zu sauberen Ergebnissen – vergessen Sie nur nicht, das richtige Papier auszuwählen. Im farbigen Innenteil finden Sie einige Beispiele.

Separationseinstellungen und Graustufenbilder

Beim Druck erscheinen natürlich auch Graustufenbilder unterschiedlich dunkel auf verschieden Papieren. Links sehen Sie drei Schwarzweißbilder, die für die drei unterschiedlichen Standardpapiere separiert wurden.

Eurostandard (Coated); zu dunkel auf diesem Papier.

Eurostandard (Uncoated); richtig auf diesem Papier.

Eurostandard (Zeitungsdruck) – zu hell auf ungestrichenem Papier.

Graustufenbilder separieren? Ja! Falls Sie ein intelligentes Scanprogramm haben, können Sie darin einstellen, auf welchem Papier Ihr Graustufen-Scan gedruckt werden soll (die meisten Scan-Programme berücksichtigen diesen Fall aber nicht). Falls das nicht der Fall ist, scannen Sie Ihr Graustufenbild im RGB- oder Lab-Modus ein.

Wenn Sie das Bild anschließend in Photoshop in den Graustufen-Modus umwandeln, *kann* es für ein bestimmtes Papier vorbereitet werden – und das sollten Sie sicherstellen. Öffnen Sie dafür die Einstellungen für das Farbverhalten von Graustufenbildern über *Datei / Farbeinstellungen / Graustufen einrichten...*

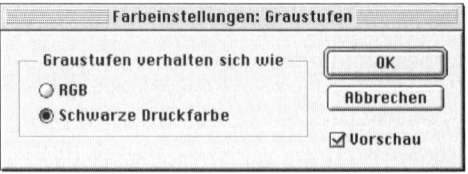

Die Option *Schwarze Druckfarbe* ist für den Druck gedacht – aktivieren Sie sie deshalb.

Wandeln Sie unter dieser Voreinstellung ein RGB-Bild in den Graustufenmodus um, wird auf die Separationseinstellungen zurückgegriffen, die Sie unter *Datei / Farbeinstellungen / CMYK einrichten...* vorgenommen haben. Bei ausgewähltem *Eurostandard (Zeitungsdruck)* beispielsweise wird ein helleres Graustufenbild erzeugt als bei der Einstellung *Eurostandard (Coated)*.

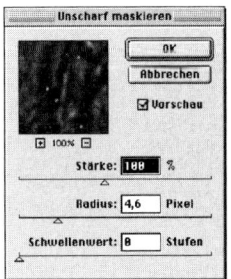

Wenn Sie als Einstellung *Graustufen verhalten sich wie RGB* wählen, wird nur eine optimale Bildschirmdarstellung erreicht – das ist für all jene wichtig, die nicht drucken lassen wollen, sondern im Multimedia-Bereich arbeiten.

Filter

In der Druckvorstufe braucht man nur sehr wenige Filter. Hauptsächlich geht es darum, Bilder zu schärfen oder eventuelle Moirés zu entfernen.

Scharfzeichnen
Benutzen Sie am besten den Filter *Unscharf maskieren,* da er sich in seiner Intensität einstellen lässt.

Falls Sie ein Bild sehr stark schärfen müssen, wenden Sie den Filter mit einer maximalen Intensität von 100 % besser mehrfach an, sonst kommt es zu hässlichen, weil überzeichneten Kanten.

Wirkt der Filter zu kräftig, können Sie auch den *Schwellenwert* heraufsetzen. Über ihn bestimmen Sie, wie groß der Helligkeitsunterschied zwischen Pixeln sein muss, ab dem der Filter greifen soll. Bei einem höheren Wert wird das Ergebnis harmonischer.

Falls ein Bild stark scharfgezeichnet werden muss, kann es zu Farbverschiebungen kommen, da die Helligkeitswerte der Pixel in allen Kanälen verändert werden.

Sollte das der Fall sein, schärfen Sie am besten nur den Kanal, der für die Kontraste des Bildes am meisten zuständig ist: den Schwarzkanal im CMYK-Modus oder, wenn Sie noch nicht separieren wollen, den L-Kanal im Lab-Modus. Wechseln Sie zwischen dem RGB- und dem Lab-Modus hin und her, kommt es zu keinen Farbverschiebungen.

Staub & Kratzer entfernen

Im Prinzip bewirkt dieser Filter das Gegenteil des Filters *Unscharf maskieren* – er macht das Bild unscharf.

Da entsprechende Störungen zumeist relativ klein sind, können sie einen kleineren Wert unter *Radius* angeben als zuvor beim Schärfen des Bildes. Dadurch wird die Schärfung nicht wieder aufgehoben. Außerdem können Sie einen höheren Schwellenwert angeben, weil Staub und Kratzer zumeist einen deutlich höheren Kontrast zu benachbarten Pixeln aufweisen. Damit stellen Sie zusätzlich sicher, dass Ihre zuvor vorgenommene Schärfung möglichst nur gering wieder zurückgenommen wird.

Moirés entfernen

Wenn Sie eine schon im autotypischen Raster gedruckte Vorlage einscannen wollen, kommt es unweigerlich zu Moirés. Am besten lassen Sie sie schon Ihre Scansoftware beseitigen. Falls die dazu nicht in der Lage ist, legen Sie die Vorlage schräg auf den Scanner und drehen das Bild anschließend in Photoshop wieder in die gewünschte Ausrichtung. Dabei müssen alle Pixel des Bildes neu berechnet werden, um in das starre horizontal und vertikal ausgerichtete Pixelraster zu passen.

Zusätzlich kann es helfen, wenn Sie die Vorlage mit einer zu großen Auflösung oder Größe, also mit zu vielen Pixeln, einscannen und anschließend über den Befehl *Bildgröße* auf das gewünschte Format herunterrechnen lassen.

Bilder unterschiedlicher „Auflösung"

In der Werbung werden manchmal Effekte benutzt, die Teile eines Bildes grob pixelig erscheinen lassen. Da alle Bildbearbeitungsprogramme nur eine Auflösung innerhalb einer Datei beherrschen, können Sie über einen Filter den gewünschten Effekt erzielen: *Vergröberungsfilter / Mosaikeffekt.*

Wechsel zwischen den Bildmodi

Nicht alle Filter lassen sich im CMYK-Modus anwenden. Sollten Sie also schon ein Bild separiert haben, müssten Sie es in den RGB-Modus umwandeln, um dort die gewünschten Filter aufrufen zu können.

Leider wird das Bild bei der am Ende dann nochmals notwendigen Separation in CMYK wieder entsprechend *Farbeinstellungen / CMYK einrichten...* umgewandelt. Dabei werden die Farben des Bildes ganz leicht verändert, selbst solche, die durch die erste Separation entstanden waren.

Sie sollten deshalb so lange wie möglich im RGB- oder Lab-Modus bleiben, um die Umwandlung in den CMYK-Modus nur einmal durchführen zu müssen. Wenn Sie es aber dennoch zweimal tun müssen, verwenden Sie dieselben Separationseinstellungen!

Das ist zwar nicht gerade logisch, aber leider wahr.

Schrift und Pixelbilder

Wollen Sie Bilder mit Schrift kombinieren, sollten Sie die Schrift nur in Photoshop setzen, wenn Sie besondere Effekte auf sie anwenden wollen, die sich in keinem anderen Programm realisieren lassen.

Im Kapitel „Dateiaustausch" erfahren Sie mehr über den Austausch von Dateien aus unterschiedlichen Programmen.

Da aber auch Schrift in Pixel umgewandelt wird, hat sie keine höhere Auflösung als das restliche Bild und kann dadurch leicht unscharf wirken. Importieren Sie deshalb das Bild in ein Grafik- oder Layoutprogramm und setzen Sie dort den Text, selbst wenn es sich nur um wenige Buchstaben handelt.

Speicherformate

Im DTP braucht man fast ausschließlich die beiden Formate *TIFF* und *EPS*.

TIFF

Bei diesem Format handelt es sich um den Standard im DTP – fast alle Bilder dieses Buches sind TIFFs.

Seine Vorteile liegen in der Unterstützung des CMYK-Modus, der relativ geringen Speicherkapazität und der Unabhängigkeit von der Computerplattform – Mac oder Windows.

LZW-Komprimierung
Speichern Sie ein TIFF ab, werden Sie gefragt, ob Sie es komprimieren wollen. Je nach Geschwindigkeit Ihres Rechners können Sie sich dafür oder dagegen entscheiden: bei schnelleren Rechnern können Sie diese Option aktivieren, bei langsameren dauert das Ein- und Auspacken großer Dateien relativ lange.

Diese Art der Komprimierung hat keine

Qualitätseinbußen zur Folge wie beim Format JPEG (siehe weiter unten), es werden nur redundante Informationen beim Speichern heraus- und später beim Öffnen oder Drucken wieder hineingerechnet – das braucht Zeit.

Haben Sie keinen superschnellen Rechner, sollten Sie keine Komprimierung verwenden: Importieren Sie das Bild in ein Layout- oder Grafikprogramm, kann das bei komprimierten TIFFs relativ lang dauern. Auch ist der Seitenaufbau mit komprimierten TIFFs sehr langsam. Das macht sich besonders nachteilig bemerkbar, wenn Sie ein TIFF in FreeHand nachzeichnen wollen.

Bildschirmdarstellung

Leider ist die Darstellung der Farben eines TIFFs in den meisten Layout- oder Grafikprogrammen sehr schlecht (FreeHand, XPress, InDesign, PageMaker, CorelDraw). Das Bild bekommt einen sehr kräftigen Rotgrünstich. Beim Druck hingegen wird nicht die Bildschirminformation, sondern die tatsächlichen Daten des Bildes vom Drucker ausgegeben – auch mit einem Tintenstrahldrucker.

Trotz dieser Farbverschiebungen am Monitor ist die Darstellung höher in der Auflösung als bei einem EPS. Deshalb eignet es sich gut als Vorlage zum Nachzeichnen in einem Grafikprogramm.

Pfade

Sind Beschneidungspfade in einem TIFF enthalten, werden sie erst von den neuesten Versionen der meisten Layout- und Grafikprogrammen erkannt. In InDesign sind die Pfade sogar bearbeitbar. Der Pfad muss in der Pfad-Palette zu einem Beschneidungspfad erklärt werden.

Illustrator und FreeHand ab der 9er, XPress ab der 4er und InDesign ab der ersten Version.

EPS (Photoshop EPS)

Das EPS bietet einige Optionen an, über die das TIFF-Format nicht verfügt.

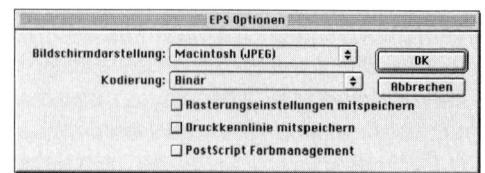

Bildschirmanzeige

Wie der Name sagt, geht es hier nur um die Anzeige des Bildes auf dem Monitor. Alle „Macintosh"-Einstellungen werden von Windows leider nicht unterstützt – dort sehen Photoshop-EPSe immer sehr schlecht aus.

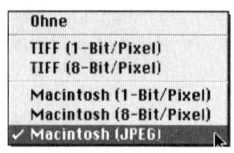

Auf dem Mac ist die JPEG-Darstellung die mit Abstand beste und kommt in der Farbdarstellung auch am nächsten an das tatsächliche Bild. Darüber hinaus ist der Bildschirmaufbau in Layout- oder Grafikprogrammen sehr schnell – es kommt zu keinen Verzögerungen wie beim TIFF.

Drucken Sie allerdings aus einem solchen Programm das Bild ohne Separation, wird nicht auf die Originaldatei zurückgegriffen und nur die Bildschirmanzeige (72 dpi) an den Drucker geschickt – egal ob PostScript-Drucker oder nicht.

Aus diesem Grund eignet sich das Format nicht für einen direkten farbigen Ausdruck auf Tintenstrahldruckern – verwenden Sie dafür immer ein TIFF.

Pfade

Arbeiten Sie mit älteren Programmversionen als den auf der vorigen Seite genannten, müssen Sie ein Bild als EPS speichern, damit ein

Beschneidungspfad erkannt wird. Auch hier muss zuvor der entsprechende Pfad über die Pfad-Palette als Beschneidungspfad definiert werden.

Rastereinstellungen

Einige Bilder im ersten Teil dieses Buches wurden mit unterschiedlichen Rastern gedruckt. Das ist nur mit einem EPS möglich, da sonst das Bild im selben Raster ausgegeben wird wie die restliche Datei. Wollen Sie einem Bild ein eigenes Raster zuweisen, müssen Sie im Dialog *Datei / Drucker einrichten / Photoshop / Rasterung* die entsprechenden Einstellungen vornehmen. Dazu muss *Rastereinstellung des Druckers verwenden* ausgeschaltet sein.

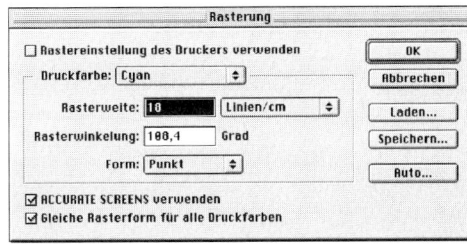

Geben Sie bei einem CMYK-Bild eine Rasterweite ein, am besten dieselbe für alle Druckfarben und auch dasselbe Raster (letzte Checkbox oben). Damit die Ausgabe ohne Fehler erzeugt wird, sollte *ACCURATE SCREENS verwenden* aktiviert sein.

Nur in einem EPS werden diese Rastereinstellungen gesichert und bei der Ausgabe des Bildes berücksichtigt, wenn Sie im Optionen-Dialog, der beim Sichern auftaucht, *Rastereinstellungen mitspeichern* aktivieren (siehe linke Seite oben).

Kodierung

Unter dieser Option finden sich zwei unterschiedliche Einstellungsmöglichkeiten.

JPEG ermöglicht, das Bild zu komprimieren, wie es auch bei einem normalen JPEG möglich ist (siehe weiter unten). Da keine Voransicht gezeigt wird, wie sehr oder wenig die Komprimierung das Bild verändert hat, sollten Sie diese Option nicht verwenden.

ASCII / Binär – alle PostScript-Befehle werden in einer dieser beiden Arten verschlüsselt an den Drucker geschickt. Der Mac beherrscht beide Arten, *Windows nur ASCII*. Letztere braucht länger, um an den Drucker geschickt und entschlüsselt zu werden. Wollen Sie aber auf dem Mac ein EPS sichern, das von einem Windows-PC ausgedruckt werden soll, müssen Sie die Kodierung ASCII wählen.

Mehr zu dieser Kodierung finden Sie im Kapitel „PostScript-Druckdatei".

Druckkennlinie

Hier ist es theoretisch möglich, die Druckkennlinie der Druckmaschine Ihrer Druckerei einzugeben. Leider bekommt man von kaum einer Druckerei die entsprechenden Daten, auf die man dann hier zugreifen könnte.

EPS (Photoshop DCS 2.0)

Mit diesem Format ist es möglich, die Auszugskanäle als einzelne Dateien sichern zu lassen, wenn Sie die entsprechende Option aktivieren.

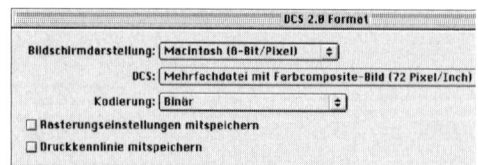

Rechts sehen Sie, wie die Datei auf der Festplatte angezeigt wird: neben den vier Auszugsdateien wird noch eine fünfte mit dem von
Ihnen vergebenen Namen angezeigt. Das ist
die Datei, die Sie in ein Layout oder Grafik-
dokument importieren – es handelt sich dabei
um die reine Bildschirmdarstellung mit einer
Auflösung von 72 dpi. Erst beim Druck werden die Informationen über die Auszugsfar-
ben in Form der anderen Dateien an den Drucker geschickt inklusive der Auflösung dieser
vier Dateien.

R90S_DCS2.eps

R90S_DCS2.C

R90S_DCS2.K

R90S_DCS2.M

R90S_DCS2.Y

Leider gibt XPress 4C-Bilder mit einem ganz
leichten Rotstich aus, selbst wenn diese zuvor
in Photoshop korrekt separiert wurden. In eine solche DCS-2.0-Datei kann kein Programm
bei der Separation hineinfunken. Da aber jeweils fünf Dateien entstehen, behält man bei
vielen Bildern kaum noch den Überblick.

Falls Sie eine oder mehrere dieser Auszugs-
Dateien löschen, kann das Bild nicht mehr
sauber gedruckt werden. Je nach druckendem
Programm erhalten Sie noch vor dem Druck
eine Fehlermeldung (siehe unten), gar keine

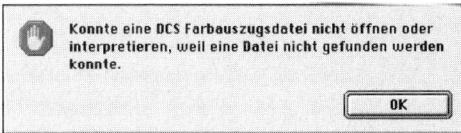

Konnte eine DCS Farbauszugsdatei nicht öffnen oder
interpretieren, weil eine Datei nicht gefunden werden
konnte.

OK

(zum Beispiel FreeHand), oder das Betriebssystem gibt eine Warnung über einen PostScript-
Fehler beim Drucken aus.

Auch Photoshop kann eine solche unvollstän-
dige Datei nicht mehr öffnen.

Aufgrund der vielen Dateien des DCS werden Sie dieses Format wahrscheinlich selten verwenden.

Es bietet sich allerdings in einer größeren Agentur an, in der ein Computer installiert ist, der als Drucker-Server dient. Dann können Sie die gering aufgelösten Bilder laden, und beim Druck wird die hoch aufgelöste Bildinformation von diesem Computer aus an den Drucker geschickt. Das ist allerdings nur mit zusätzlicher Software realisierbar.

Frequenzmoduliertes Raster

Über eine Bearbeitung der einzelnen Auszugsdateien ist ein selbst gemachtes frequenzmoduliertes Raster möglich, wie Sie es im gestrichenen Innenteil dieses Buches finden.

Dazu wurden die Auszugsdateien geöffnet und in den Bitmap-Modus mit der Option *Diffusion Dither* umgewandelt. Da sich ein EPS aus einzelnen Graustufen-Dateien (Kanälen) zusammensetzt, wurden die Bitmaps anschließend wieder in den Graustufen-Modus zurückverwandelt und einfach gesichert, wodurch ihr Name erhalten blieb. Da die Auszugsdateien nun keine Halbtöne mehr enthalten, können sie bei der Belichtung nicht mehr gerastert werden – jedes einzelne schwarze Pixel wird mit 100 % Farbe ausgegeben.

JPEG

Ausnahmsweise kann auch das JPEG zum Einsatz kommen, wenn ein Bild per Modem oder ISDN verschickt werden muss. Links sehen Sie ein extrem komprimiertes JPEG, dass durch die hohe Kompression an Qualität verloren hat.

Scannen

In diesem Kapitel wird beschrieben, wie man mit einem Flachbettscanner unterschiedliche Vorlagen einscannt. Wie Sie Bilder bearbeiten können, finden Sie im Kapitel „Photoshop".

Scansoftware
Jedem Scanner liegt eine Scansoftware bei. Leider gibt es fürchterlich viele und unterschiedlich gute (schlechte) Programme. Anhand einer Scansoftware von Heidelberger werden die wichtigsten Punkte und Einstellmöglichkeiten beschrieben, die den meisten dieser Programme gemeinsam sind.

Die meisten Scanprogramme werden in zwei Varianten dem Scanner beigelegt: als eigenständiges Scanprogramm und oder als Zusatzmodul, mit dem es direkt aus Photoshop heraus möglich ist zu scannen.

Die Oberflächen dieser beiden Varianten sind meistens gleich. Falls das bei Ihrer Scansoftware nicht der Fall sein sollte, wählen Sie den Weg, der Ihnen am überschaubarsten erscheint.

Vorlage auflegen
Wenn Sie ein Foto oder eine Zeichnung einscannen wollen, sollten Sie penibel darauf achten, dass Sie sie exakt gerade auf die Glasplatte legen. Zwar gibt es manche Scanprogramme, die schief aufgelegte Vorlagen nach dem Scan automatisch gerade ausrichten, aber

dazu müssen alle Pixel des Bildes neu berechnet werden, wodurch es zu unnötigen Unschärfen kommt.

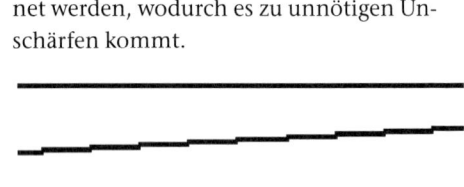

Im Beispiel oben sehen Sie drei Linien. Die erste lag gerade auf dem Scanner, die zweite schief. Anschließend wurde die zweite in Photoshop gedreht. Das Resultat sehen Sie in Form der dritten Linie. Genau das passiert auch, wenn sie von einem Scanprogramm automatisch gedreht wird.

Richten Sie außerdem die Vorlage gleich so aus, wie sie später verwendet werden soll, damit sie später nicht noch im Bildbearbeitungsprogramm gedreht werden muss.

Nur bei großen Vorlagen, die nicht in der gewünschten Ausrichtung auf das Vorlagenglas des Scanners passen, bleibt Ihnen nichts anderes übrig, als die Vorlage um 90 Grad gedreht einzuscannen.

Durch anschließende Drehung in exakten 90 Grad-Schritten treten keine Unschärfen auf, da keine neuen Pixel durch Interpolation neu berechnet werden müssen.

Sie sollten die gescannten Bilder nicht unbedingt im Layout- oder Grafikprogramm drehen. Das kostet mehr Druckzeit und *kann* zu Fehlern beim Ausbelichten führen.

√ **Aufsicht**
Durchsicht
Negativ

Vorlage bestimmen
Je nachdem, ob Ihr Scanner über eine Durchlichteinheit verfügt, müssen Sie die Art der Vorlage bestimmen, damit gegebenenfalls ei-

ne transparente Vorlage von oben durchleuch-
tet und nicht von unten angestrahlt wird.

Original oder gedruckt

Wenn Sie gedruckte Vorlagen einscannen wollen, die aus gerasterten Halbtonvorlagen bestehen, werden beim Scannen höchstwahr-
scheinlich Moirés entstehen. Das sind im Bild
regelmäßig wiederkehrende Störungen, die
durch das Übereinanderliegen verschiedener
starrer Muster entstehen. Beim Scannen stößt
der Scanner mit seinem Pixelraster auf das
Druckraster der Vorlage. Diese beiden Raster
passen an einigen Stellen exakt übereinander,
an anderen nur teilweise. Der Scanner kann
also manche Rasterpunkte als ganzen in einen
Pixel legen, andere werden auf mehrere Pixel
verteilt. Da beide Raster regelmäßige Abstände
haben, wiederholen sich diese Situationen alle
paar Millimeter aufs Neue. Gemeinerweise
werden diese Scans wiederum mittels eines
Rasters wiedergegeben: zunächst am Monitor
und schließlich im Druck mit einem neuen
Druckraster.

Diese Störungen lassen sich nicht einwand-
frei am Monitor abschätzen. Da das Monitor-
raster mit seinen Pixeln nicht dem des zukünftigen Druckrasters entspricht, erscheinen ganz
unterschiedliche Moirés.

Bessere Scanprogramme haben aus diesem
Grund entsprechende Filter eingebaut. Sie heißen entweder *Entrastern* oder *Descreen*. Sie
sind allerdings nur dann wirklich gut, wenn
man die genaue Rasterweite der Vorlage eingeben kann. Messen Sie die also zunächst mit
einem Rasterzähler nach.

Wenn Sie diesen Filter anwenden, wird das
Bild allerdings unscharf gezeichnet. Nur so

Das Raster ist hier der
Deutlichkeit wegen grau.

Ein Rasterzähler befindet
sich auf der beiliegenden
CD als ausbelichtbare
Datei.

können die einzelnen Rasterpunkte unter-
drückt werden.

Falls Ihre Software darüber nicht verfügt, können Sie Folgendes versuchen: Legen Sie das
Bild schief auf das Vorlagenglas und scannen
Sie es mit zu hoher Auflösung ein. Anschließend öffnen Sie den Scan in einem Bildbearbeitungsprogramm, drehen das Bild gerade
und geben die gewünschte kleinere Bildgröße ein. Auch durch diesen Vorgang werden
feinste Details durch interpolierende Berechnungen aus dem Bild verschwinden.

Scannerdeckel
Verschiedene Scannermodelle haben auf der
Unterseite ihres Deckels, der auf die Vorlage
geklappt wird, eine weiße oder schwarze
Kunststofffolie. Beides hat seine Vor- und
Nachteile. Eine schwarze Auflage kann durch
dünne Papiere hindurchscheinen und den
Scan eintrüben. Falls das der Fall ist, legen Sie
ein dickes weißes Blatt Papier auf die Rückseite
Ihrer Scanvorlage.

Bei weißen Scanauflagen kann die Rücksei-
ten von beidseitig bedruckten oder mit Zeichnungen versehenen Blättern hindurchscheinen. Sie fallen nicht mehr auf, wenn auf der
Rückseite eine schwarze Pappe liegt.

Dreidimensionale Objekte
Neben flachen Vorlagen können Sie Gegen-
stände einscannen. Zwar sind Scanner dafür
eigentlich nicht gebaut, sie verfügen aber über
eine geringe Tiefenschärfe, die einige Millimeter weit reichen kann.

Auflösung
In welcher Auflösung Sie scannen sollten,

hängt davon ab, wie der Scan später gedruckt werden wird. Genaue Informationen und Hintergründe finden Sie im Kapitel „Photoshop".

Skalierung und Auflösung des Scanners

Falls Sie vorhaben, eine kleine Vorlage deutlich größer zu drucken, berücksichtigen Sie immer die tatsächliche (physikalische) Auflösung Ihres Scanners. Etliche Scanprogramme bieten die Möglichkeit, einen Skalierungsfaktor einzugeben. Wollen Sie beispielsweise ein Kleinbilddia einscannen und im A4-Format ausdrucken, müssen Sie zunächst den Skalierungsfaktor ermitteln. Ein solches Dia ist 24×36 mm groß. Inklusive Anschnitt muss es auf 216 mm skaliert werden – das entspricht exakt der 9fachen Größe. Soll es beispielsweise in einem 60er Raster ausgegeben werden, bräuchte es in dieser Vergrößerung noch 300 dpi. Das heißt, der Scanner müsste das Bild mit 9×300 dpi (= 2700 dpi) einscannen können. Da die meisten Flachbettscanner nur eine Auflösung von 600 bis 1200 dpi haben, ist die Vorlage für eine derartige Skalierung zu klein. Eine Vergrößerung auf über 150 % durch Interpolation bewirkt immer deutliche Unschärfen.

Scannen lassen

In einem solchen Fall müssten Sie das Dia mit der entsprechenden Auflösung auf einem teuren Trommelscanner einscannen lassen.

Eine andere Möglichkeit besteht darin, dass Sie von dem Dia einen Papierabzug anfertigen, um ihn anschließend mit Ihrem Scanner einzuscannen.

Scanmodus

Nachdem Sie die Vorlage auf dem Scanner

✓ **Strich**
Grau
RGB Farbe

$\mathcal{W}ille\ \int \mathcal{A}en\mathcal{R}$

platziert haben, müssen Sie bestimmen, welche Art von Bild entstehen soll.

Strich = Bitmap-Modus

Wenn Sie eine rein schwarzweiße Vorlage einscannen wollen, die keine Grautöne aufweist, bietet sich dieser Modus an.

Beispiele sind gedruckte Texte, Federzeichnungen und dergleichen. Sie sollten diesen Modus allerdings nur bei Vorlagen wählen, die sehr hohe Kontraste aufweisen. Andernfalls können hellere oder dunklere, für die Zeichnung noch wichtige Bereiche, verschwinden. Das liegt daran, dass der Schwellenwert, jene Helligkeit, unterhalb derer alles schwarz und oberhalb derer alles weiß wird, bei genau 50 % Schwarz liegt.

Sollten Sie eine solche Vorlage haben, scannen Sie sie zunächst im Graustufenmodus in der gewünschten hohen Auflösung ein. Öffnen Sie anschließend diese Datei in einem Bildbearbeitungsprogramm und setzen Sie den Schwellenwert so, dass störende Grauschleier verschwinden und gleichzeitig noch genügend Zeichnung in den dunklen Bereichen vorhanden ist.

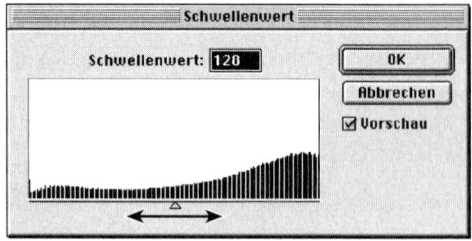

Bitmap-Modus siehe Kapitel „Photoshop".

Wandeln Sie anschließend das Bild in den Modus Bitmap um, wodurch es auf ein Achtel der benötigten Speicherkapazität verkleinert wird (1 Bit anstelle von 8).

Graustufen
Wie der Name sagt, ist dieser Modus geeignet, Vorlagen wie zum Beispiel Schwarzweißfotos einzuscannen.

Schwellenwert 70   Original   Schwellenwert 180

Halbton
Wenige Scanprogramme bieten diesen Modus. Dabei werden unterschiedliche Muster erzeugt, die allesamt schrecklich aussehen ...

RGB
Die meisten Scanprogramme bieten nur diesen Modus für farbige Vorlagen an.

LAB
Wenige Hersteller bieten anstelle oder zusätzlich zu RGB diesen Modus. Falls Sie innerhalb einer Farbmanagement-Umgebung arbeiten, sollten Sie diesen Modus verwenden.

CMYK
Falls Ihre Scansoftware diesen Modus anbietet, sollten Sie ihn nur verwenden, wenn die Einstellungen für die Separation so umfangreich sind wie die von Photoshop mit seiner Separation für unterschiedliche Papiere.

Scanvorschau
Lassen Sie den Scanner zunächst eine Vorschau ausführen. Anschließend legen Sie mit einem Werkzeug den Ausschnitt fest, der vom

Overview oder Vorschau

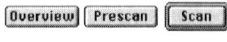

Scanner exakt erfasst werden soll. Wenig anspruchsvolle Scanprogramme korrigieren die Farben eines Bildes automatisch, ohne dass Sie großen Einfluss darauf nehmen können. Dann sollten Sie diesen Rahmen eher zu klein als zu groß wählen, sonst wird die Farbe des Scannerdeckels mit in die Farbkorrektur einbezogen.

Falls Ihr Scanprogramm viele Einstellmöglichkeiten bietet, um Farbkorrekturen vorzunehmen, sollte Sie das nicht in diesem winzigen Vorschaumodus tun, weil die Ansicht viel zu klein und gering aufgelöst ist für gezieltes Arbeiten.

Falls Ihr Scanprogramm die nicht bietet, verlegen Sie Farbkorrekturen nach Photoshop.

Der abschließende Scan wird im Beispiel links mit dem Schalter *Scan* ausgelöst. Darüber hinaus bieten einige Programme einen Zwischenschritt, hier *Prescan* genannt.

Dabei kann das Bild nach dem Erstellen der Vorschau noch einmal gescannt und in voller Größe begutachtet werden. So können gegebenenfalls Farbkorrekturen vorgenommen und der Ausschnitt präziser gewählt werden.

Manche Scanprogramme machen ungefragt einen Zwischenscan, um die Helligkeiten des Bildes im Auswahlrahmen zu ermitteln. Dieser Scan wird nicht präsentiert, sondern anschließend der endgültige Scan nach dieser automatischen Kontrolle ausgeführt.

Scaneinstellungen

Rechts sehen Sie die zentralen Einstellungen, die die meisten Scanprogramme bieten.

• *Raster:* Falls Ihre Vorlage gerastert ist, stellen Sie das entsprechende Raster unter *Vorlage* ein. Dieses Fenster bietet sogar die *Ausgabe* an, in der das Bild später gedruckt werden soll. Tragen Sie hier die Rasterweite in lpi ein. Die bei-

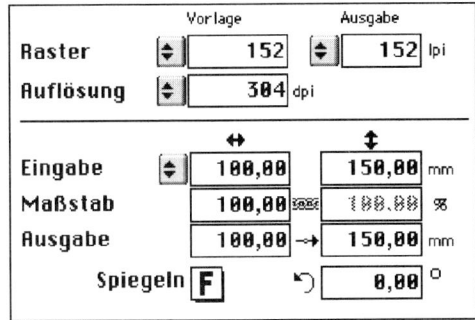

		Vorlage		Ausgabe	
Raster	↕	152	↕	152	lpi
Auflösung	↕	304	dpi		

		↔	↕	
Eingabe	↕	100,00	150,00	mm
Maßstab		100,00 🔒	100,00	%
Ausgabe		100,00 →|	150,00	mm
Spiegeln	F	↺	0,00	°

den Werte können natürlich voneinander abweichen: Die Vorlage kann in einem 70er Raster gedruckt sein, Sie wollen den Scan aber
später in einem 60er Raster drucken.

• *Auflösung:* Hier geben Sie die gewünschte
Auflösung ein, mit der der Scanner die Vorlage
einlesen soll.

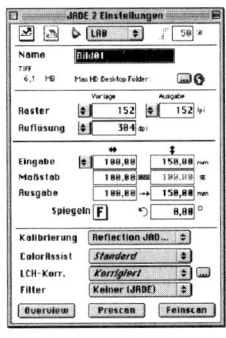

• *Eingabe:* Die angegebenen Werte entsprechen der Größe des Rahmens, den Sie zur Auswahl des Ausschnitts, den Sie scannen wollen,
aufgezogen haben. Diese Werte lassen sich
auch exakt eingeben.

• *Maßstab:* Voreingestellt sind 100%. Soll das
Bild allerdings doppelt so groß wie die Vorlage
werden, tragen Sie entsprechend 200% ein.
Dann wird der Scanner veranlasst, mit doppelt
so hoher Auflösung einzuscannen, um bei der
gewünschten Auflösung die doppelte Größe
zu erreichen.

• *Ausgabe:* Wenige Programme bieten die
Möglichkeit an, Ausgabengrößen einzugeben.
Wollen Sie beispielsweise das Bild auf eine bestimmt Größe skaliert haben, tragen Sie die
gewünschten Werte ein. Dann ändert sich
automatisch der Wert unter *Maßstab* – der
Scanrahmen bleibt unverändert. In den meisten Scanprogrammen muss man sich das
selbst ausrechnen.

• *Spiegeln:* Selten gebraucht – falls Sie den Scan gleich horizontal oder vertikal spiegeln lassen wollen. Dann werden die Pixel nach dem Scan von der Software in der Waagerechten oder Senkrechten ausgetauscht. Unschärfen treten dabei nicht auf.

• *Drehen:* Falls Sie eine große querformatige Vorlage haben, die nur um 90 ° Grad gedreht auf den Scanner passt, können Sie über ebendiesen Wert bestimmen, dass das Bild gleich anschließend an den Scan gedreht wird.

• *Kalibrierung:* Falls Ihr Scanner über die mitgelieferte Software kalibrierbar ist, können Sie hier sein Profil auswählen. Dadurch sind die Farbstiche, die jeder Scanner produziert, dem Scanprogramm bekannt, und es kann sie herausrechnen.

• *Filter:* Falls Ihr Scanprogramm keinen Entrasterungsfilter zu bieten scheint, findet er sich vielleicht unter den Filtern. Außerdem gibt es Schärfefilter, die nach dem Scanvorgang häufig durchgeführt werden. Probieren Sie aus, ob diese Filter an die Qualitäten der Filter von Photoshop heranreichen – meist ist das nicht der Fall.

Schalten Sie einen Schärfefilter immer aus, wenn Sie das Bild entrastern lassen. Es macht wenig Sinn, durch den Entrasterungsfilter unscharf zeichnen zu lassen, um anschließend wieder scharf zu zeichnen.

Bei hochglänzenden Fotovorlagen sollten Sie einen Schärfefilter auch ausschalten, da er zumeist nur winzige Kratzer in der Oberfläche als störende Flecken zum Vorschein bringt.

TIFF
6,1   MB

• *Dateigröße:* Abhängig von der Auflösung, dem Skalierungsfaktor und dem Scanmodus errechnet sich die Dateigröße.

QuarkXPress

Quark ist ein Programm, mit dem man zumeist mehrseitige Dokumente aufbaut. Es eignet sich aufgrund seiner Buchfunktion sogar besonders für den Aufbau langer Bücher wie dieses. Aber man kann ebenso einseitige Dokumente wie Plakate, Postkarten oder Visitenkarten anlegen.

Zunächst wird eine solche „untypische" Arbeit mit XPress vorgestellt: eine Postkarte.

Daran schließt sich die Beschreibung des Aufbaus eines Buches an.

Als Grundlage wird die Programmversion 4.1 benutzt. Dort, wo sich die vorgestellten Arbeitsschritte nicht mit der immer noch weit verbreiteten Version 3.32 realisieren lassen, wird das explizit ausgewiesen. Das ist beispielsweise bei den relativ primitiven Pfadwerkzeugen der Fall, über die die alte XPress-Version noch nicht verfügte.

Postkarte mit Vorder- und Rückseite

Über die gesamte Vorderseite wird in dem hier beschriebenen Beispiel ein farbiges Bild gelegt, dass Sie in Photoshop anlegen müssen. Die Maße einer Postkarte entsprechen dem A6-Format, das sind 148×105 Millimeter. Das Bild geht, da es bis an die Ränder reicht, in den Anschnitt und muss deshalb 3 Millimeter über den Rand der zukünftigen Postkarte hinausra-

Anschnitt und Beschnittzugabe siehe Seite 46.

gen – es muss also insgesamt 6 Millimeter
größer sein als die Karte (154 × 111 mm).
Leider sind in XPress die Punkte eines Elements
nicht magnetisch. Es gibt nur die Einstellung
Hilfslinien magnetisch, nicht aber *am Punkt
ausrichten* wie in Grafikprogrammen. Deswegen hat es in diesem Programm keinen Sinn,
ein Element anzulegen, um anschließend daran ganz genau eine Hilfslinie anzulegen – sie
wird nie genau an der Seite des Elements liegen.

Andersherum können aber an bestehenden
Hilfslinien Objekte ausgerichtet werden, wenn
sie *magnetisch* gestellt wurden. Legen Sie deshalb zunächst ein Kreuz aus zwei Hilfslinien
in der linken oberen Ecke der Dokumentseite
an (rechts als graue Linien dargestellt). Anschließend können Sie in den Schnittpunkt
der beiden Hilfslinien den Nullpunkt der Datei aus dem Linealursprung ziehen.

Als Nächstes legen Sie die beiden Beschnittzeichen für die linke obere Ecke der Postkarte
an: Ziehen Sie zunächst einen *senkrechten
Strich* entlang der senkrechten Hilfslinie und
stellen Sie seine Stärke auf 0,25 Punkt. Achten
Sie darauf, dass er außerhalb des Beschnitts en-
det – mindestens drei Millimeter entfernt vom
Nullpunkt. Über die Maßpalette können Sie
kontrollieren, ob diese Linie exakt auf der
senkrechten Hilfslinie liegt (siehe unten).

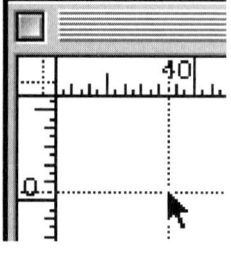

X1 : 0 mm	X2 : 0 mm	Endpunkte	S : 0,25 pt
Y1 : -8,467 mm	Y2 : -4,233 mm		

Die beiden Endpunkte liegen bei X = 0 und damit genau senkrecht über dem Nullpunkt. Falls
Sie leicht andere Maße in Ihrer Maßpalette bemerken, tragen Sie dort 0 ein und bestätigen
die Eingabe.

Die *waagerechte Beschnittmarke* können Sie

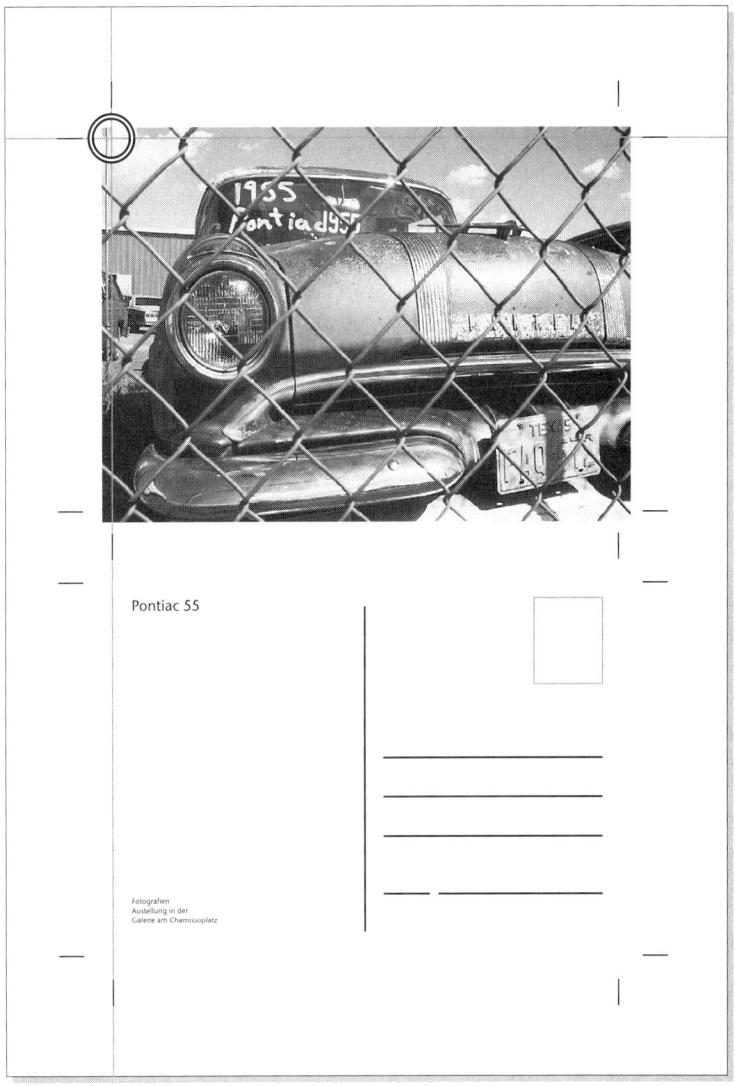

Pontiac 55

Fotografien
Austellung in der
Galerie am Chamissoplatz

durch einen Klon der ersten erzeugen. Da es den entsprechenden Befehl in XPress nicht gibt, duplizieren Sie sie einmal mit einem Versatz von horizontal und vertikal 0 mm. Dre-

≡ Mehrfach duplizieren ≡	
Anzahl Kopien:	1
Horiz. Uersatz:	8
Uertik. Uersatz:	0

hen Sie anschließend dieses Duplikat mit dem Drehwerkzeug um 90° Grad links (Shift-Taste drücken für exakte 90°) um den Null-Punkt. Leider wird das Werkzeug nicht von den Hilfslinien angezogen, wie in jedem gescheiten Grafikprogramm. Sie müssen deshalb den Stand nachträglich über die Maßpalette korrigieren (Y muss = 0 sein).

Die untere linke und obere rechte Schnittmarke können Sie über den Befehl *Objekt / Mehrfach duplizieren...* erzeugen. Geben Sie jeweils eine Kopie mit dem Versatz in der Größe der Karte an. Damit sind die Beschnittmarken auf der linken und oberen Seite fertig.

Um die noch fehlenden Beschnittzeichen der Vorderseite anzulegen, gehen Sie am besten folgendermaßen vor: Klonen Sie die linken beiden und schieben Sie sie horizontal nach rechts (Shift-Taste) – ob sie etwas näher oder weiter am Rand der Karte landen als die linken, ist egal, sie dürfen nur nicht innerhalb des Anschnitts stehen. Entsprechend verfahren Sie mit den beiden unteren.

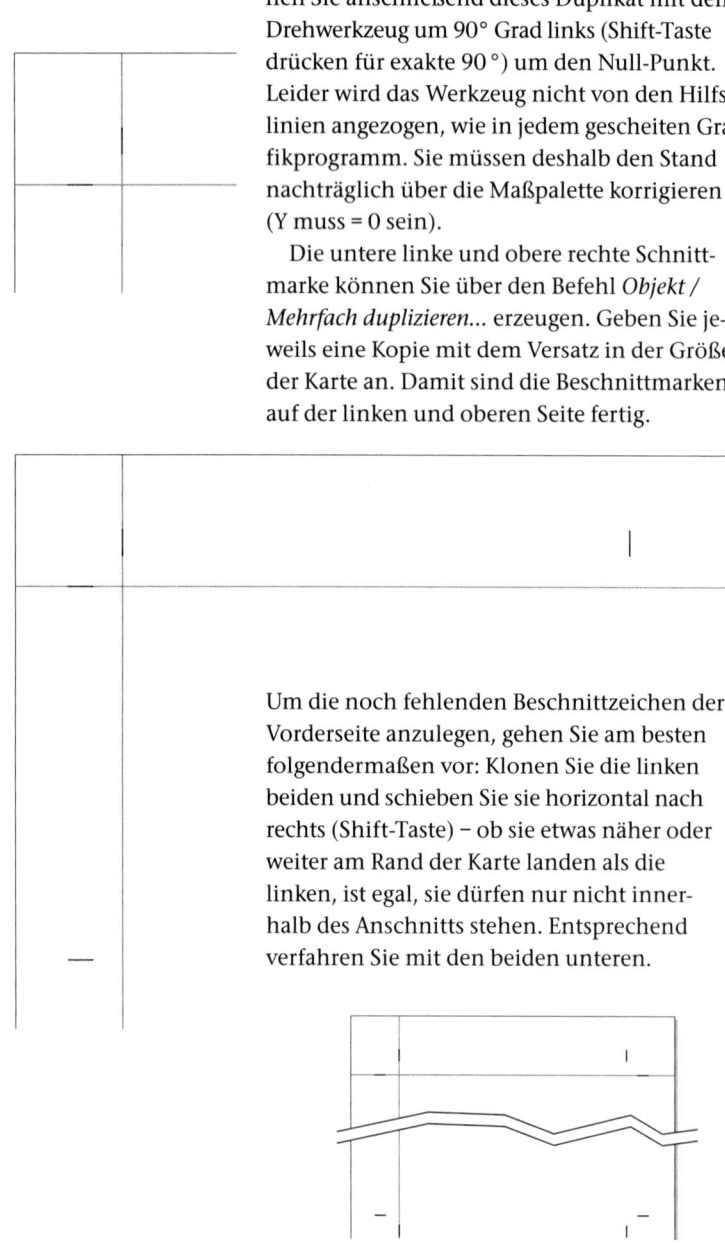

Damit sind alle Beschnittzeichen für die Vorderseite der Karte fertig.

Legen Sie anschließend den Bildrahmen für das zu ladende Bild an. Ziehen Sie irgendwo einen kleinen Bildrahmen auf. Versuchen Sie erst gar nicht, ihn schon an der richtigen Stelle aufzuziehen – es wird Ihnen nicht gelingen. Tragen Sie anschließend in der Maßpalette die korrekten Werte für den Stand und die Größe des Rahmens ein: X = –3 mm, Y = –3 mm, Breite 154 mm, Höhe 111 mm. Falls Sie nicht gern kopfrechnen, können Sie XPress diese Arbeit erledigen lassen: Tragen Sie für die Breite des Bildrahmens die gewünschten 148 + 6 mm ein – das Resultat von 154 mm wird von XPress ausgerechnet, in der Maßpalette eingetragen und auf den markierten Rahmen übertragen. Der Rahmen ragt jetzt auf allen Seiten exakt 3 mm über den Beschnitt, den die Beschnittmarken bestimmen, hinaus.

Fangen Sie dabei übrigens immer mit den X- und Y-Werten an, da Sie sonst häufig die Meldung bekommen, dass das Objekt nicht mehr auf der Arbeitsfläche Platz finden konnte. Aus dieser Programmschleife kommen Sie nur wieder heraus, indem Sie den Vorgang abbrechen: Drücken Sie dazu die Tastenkombination Befehl und Punkt (.).

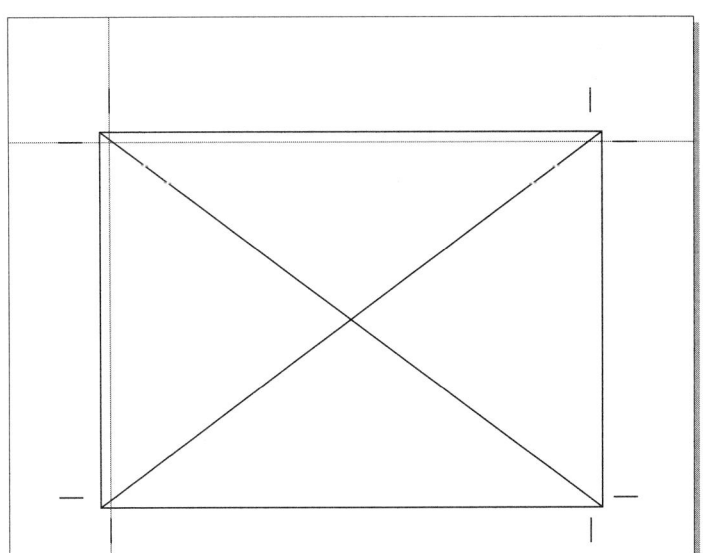

Wie ein Bild für den Druck in Photoshop eingerichtet werden muss, können Sie im entsprechenden Kapitel „Photoshop" nachlesen.

Laden Sie nun das Bild, das Sie in Photoshop auf die entsprechende Größe, Auflösung und Farbmodus eingestellt haben, liegt es automatisch an der richtigen Stelle im Bildrahmen.

Rückseite

Für die Gestaltung der Rückseite können Sie alle bislang angelegten Objekte klonen und von Hand senkrecht nach unten schieben. Zwar brauchen Sie das Bild eventuell nicht, sein Rahmen kann aber als Orientierung genutzt werden, um die Elemente der Rückseite anzulegen. Ziehen Sie also ein Duplikat aller Elemente weit nach unten – die mittleren Beschnittzeichen (die unteren der Vorder- und die oberen der Rückseite) können ruhig aufeinander liegen. Löschen Sie anschließend das Bild aus dem Rahmen.

Die weiteren Elemente der Rückseite werden in der Farbe Schwarz angelegt – die meisten Postkarten werden nur von einer Seite farbig bedruckt. Soll ein Bild in den Rahmen geladen werden, muss es im Graustufen- oder Bitmapmodus vorliegen.

Wenn Sie einige Elemente in einem Grafikprogramm anlegen (zum Beispiel den Rahmen für die Briefmarke), legen Sie den Bildrahmen dafür in XPress immer etwas größer an, als es den Maßen der Grafik entspricht. Alle Grafikprogramme haben nämlich dieselbe Eigenart: vergeben Sie einem Element eine Linie, werden die dadurch vergrößerten Maße dieses Elements nicht in den diversen Informationen ausgewiesen, obwohl es um die Linienbreite größer wurde. Ein zu großer Bildrahmen ist o. k., wenn Sie als Hintergrundfarbe für EPS-Dateien *keine* wählen.

Ein mehrseitiges Buch

XPress ist am besten geeignet, mehrseitige Dokumente aufzubauen. Besonders für den Umgang mit viel Text eignet sich das Programm hervorragend, auch auf älteren und damit langsameren Rechnern.

Im Folgenden wird anhand einzelner Beispiele beschrieben, wie das Buch, das Sie in Händen halten, aufgebaut wurde.

Die schwarzweißen Seiten wurden in XPress, alle farbigen im Innenteil in Free-Hand aufgebaut.

Beim Herstellen dieses Buches handelt es sich um eine Besonderheit insofern, als auch der Text in XPress direkt ins Layout geschrieben wurde. Bei typischen Arbeiten in einer Agentur werden die Texte zumeist von einem Autor oder Texter geliefert, die man in das Layout einfließen lässt.

Dieses Buch ist aus mehreren Kapiteln aufgebaut, die, bis auf die ersten Seiten jedes Kapitels, alle denselben Satzspiegel aufweisen – nur die jeweiligen Titel neben den Seitenzahlen unterscheiden sich: Links ist er immer durchgängig für das gesamte Kapitel gleich, rechts bezieht er sich auf das spezielle Thema der einzelnen Seiten.

Die Dokumente, aus denen sich dieses Buch zusammensetzt, sind doppelseitig – linke und rechte Seite sind spiegelsymmetrisch zueinander. Der Text läuft innen, außen stehen die Marginalienspalten. Aus diesem Grunde wurde das Dokument zunächst dreispaltig angelegt, damit die Hilfslinien entstehen, an denen der Textrahmen der Marginalienspalte ausgerichtet werden kann. Außerdem wurde „automati-

Dieser Text hier steht in der Marginalienspalte.

scher Textrahmen" aktiviert, damit neue Seiten generiert werden, wenn der Text über den Rahmen einer Seite hinausfließt. Anschließend müssen diese Textrahmen verändert werden.

Zunächst sehen Sie unten die Einstellungen des Dokuments:

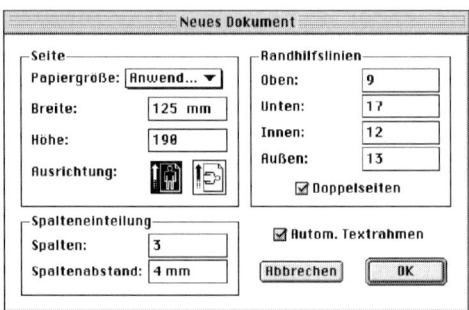

Dadurch entsteht eine Datei, deren Musterseite folgendermaßen aussieht:

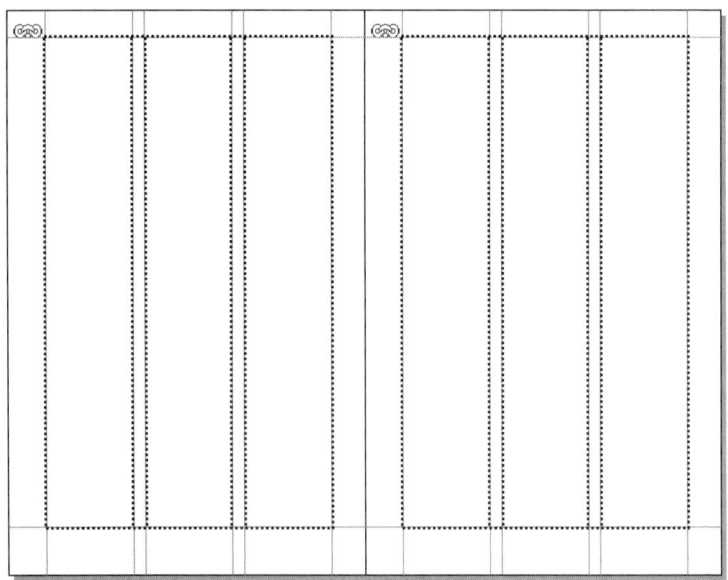

Die Hilfslinien entsprechen dem gewünschten Layout, der automatische Textrahmen ist allerdings dreispaltig und zu breit. Auf der Musterseite können Sie den Textrahmen auf die gewünschte Breite zusammenschieben – stellen Sie dabei immer *Hilfslinien magnetisch* ein. Vergeben Sie den schmaler geschobenen Textrahmen als Attribut nur eine Spalte, sind die automatischen Textrahmen fertig.

Legen Sie anschließend in den beiden äußeren Spalten je einen Textrahmen für den Marginaltext an. Zu guter Letzt fehlt noch die Paginierung. An den Hilfslinien lassen sich exakt entsprechende Textrahmen ausrichten. Leider ist es kaum möglich, auf der rechten Seite mit Tabulatoren zu arbeiten. Legen Sie deshalb in einem solchen Fall zwei Textrahmen an für jeweils die Seitenzahl und den Text. Damit ergibt sich ein Bild wie unten zu sehen:

Vergeben Sie für den Text der Paginierung in den Rahmen der linken Musterseite *linksbündig* und auf der rechten Seite *rechtsbündig*.

Der Text wird nun immer im automatischen Textrahmen laufen, die Marginalienspalten sind nicht in die automatische Textkette eingebunden.

Gleiche Grundlinie von Haupt- und Marginalientext

Die erste Zeile dieses Textes steht exakt auf derselben Grundlinie wie die des Textes rechts.

Wie Sie im Text links sehen, steht seine erste Zeile auf derselben Grundlinie wie die erste Zeile dieses Absatzes. Falls Sie versuchen, den Textrahmen links von Hand auf die richtige Höhe zu schieben, wird Ihnen das selten präzise gelingen. Außerdem kostet es viel Zeit, wenn viele Texte in den Marginalienspalten stehen wie in diesem Buch.

Wenn man weiß, wo sich die Zeilen des Haupttextes befinden, dann ist es nicht mehr schwierig, die erste Zeile des Marginalientextes auf dieselbe Grundlinie zu stellen. Dieser Haupttext richtet sich am Grundlinienraster aus (Stilvorlage), das eine Schrittweite von 12 Punkt hat. Es beginnt oben, wo auch die Oberkante der Textrahmen steht.

```
┌─Grundlinienraster──────────────┐
│                                │
│  Start:          ┌──────────┐  │
│                  │ 9 mm     │  │
│                  └──────────┘  │
│  Schrittweite:   ┌──────────┐  │
│                  │ 12 pt    │  │
│                  └──────────┘  │
└────────────────────────────────┘
```

Damit liegt die erste Grundlinie, an die sich der Text hängen kann, 12 Punkt unterhalb der Textrahmenoberkante. Egal, wo der Textrahmen steht, der Text darin ist gezwungen, sich am Grundlinienraster auszurichten.

Neben dieser Einstellung kann auch bestimmt werden, wo innerhalb eines Textrahmens die Grundlinie der ersten Zeile im Verhältnis zur Oberkante liegen soll. Sie erreichen die entsprechende Einstellung über den Befehl *Objekt / Modifizieren.*

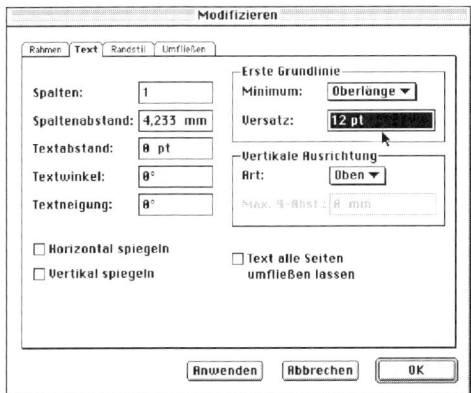

Aufgrund der Einstellungen oben muss die erste Zeile des Textes im Textrahmen mit seiner Grundlinie 12 Punkt von seiner Oberkante entfernt laufen.

Liegt die Oberkante des Textrahmens für den Marginalientext bündig am Grundlinienraster, an dem sich der Haupttext orientiert, muss die Gundlinie der ersten Zeile, aufgrund der Einstellungen oben, 12 Punkt unterhalb liegen. Damit richtet sie sich an den Grundlinien des Haupttextes aus. Alle weiteren Zeilen in den Marginalien stehen dort, wo sie aufgrund ihrer Einstellungen bezüglich des Zeilenabstands stehen müssen — hier 9,6 Punkt.

Auch das Grundlinienraster ist magnetisch, und so ist es ein Leichtes, die Oberkante des Textrahmens daran auszurichten.

Bestimmen Sie für die Textrahmen in der Marginalienspalte auf der Musterseite, dass der Text erst 12 Punkt von der Oberkante beginnen soll zu laufen, steht seine erste Zeile auf derselben Grundlinie wie alle Zeilen des Haupttextes, wenn die Oberkante des Marginalientextes am Grundlinienraster ausgerichtet ist.

Die farbigen Innenseiten dieses Buches

Wie eingangs erwähnt, wurden die schwarzweißen Seiten dieses Buches mit XPress, die meisten farbigen Innenseiten mit FreeHand aufgebaut. Dazu habe ich mich entschieden, weil auf vielen der farbigen Seiten Grafiken und Bilder, aber wenig Text erscheint. Da FreeHand mein bevorzugtes Grafikprogramm ist, lag die Entscheidung auf der Hand.

Welche Bedeutung hat das für den Aufbau der XPress-Dateien? Keine! Wie Sie an den Seitenzahlen erkennen können, sind die farbigen Seiten nicht in das XPress-Buch integriert – die letzte schwarzweiße Seite vor den farbigen Seiten ist die Seite 160, die erste folgende die 161. Erst bei der Bindung wurden die beiden farbigen Bögen genau in der Mitte des Buches eingeklebt.

Dieses Buch ist aus zehn schwarzweißen Druckbögen plus zwei farbigen aufgebaut.

Auch spielt es keine Rolle, ob die farbigen Seiten aus einer oder mehreren Dateien aufgebaut wurden. Ich musste der Druckerei nur mitteilen, welche die erste Seite, die zweite und so weiter sein soll.

Ein A 1-Plakat

Gigantieren siehe Seite 109.

Gigantieren

Falls Sie das Plakat im klassischen Offsetverfahren drucken lassen wollen, das heißt Filme als Druckvorlagen hergestellt werden, müssen Sie sich bei Ihrem Belichtungsbüro erkundigen, ob deren Belichtungsmaschine ein derart großes Format ausgeben kann. Ist das nicht der Fall, was anzunehmen ist, müssen die Filme kleiner angelegt werden, um anschließend optisch gigantiert zu werden.

Maximale Dokumentgröße

In XPress lassen sich Dokumente nur wenig größer als 60 Zentimenter im Quadrat anlegen. Sollten Sie vorhaben, dennoch ein A1-Plakat zu belichten oder gar noch größere Dokumente, die über einen großen Tintenstrahldrucker ausgegeben werden sollen, haben Sie die Möglichkeit, den Vergrößerungsfaktor der Ausgabe über das Dialogfenster *Drucken* entsprechend zu ändern.

Auch ein Gigantieren der Filme bei der klassischen Belichtung ist möglich. Beide Wege werden im Folgenden beschrieben.

Als Beispiel dient ein Plakat, das in einem 48er Raster ausgegeben werden soll. Darauf ist ein Bild zu sehen, das mit Schrift aus XPress kombiniert wird. Da ein Bild aus Photoshop über die gesamte Fläche gelegt wird, entstehen zwei Probleme: Welche Bildgröße und Auflösung braucht es?

Als Größe des XPress-Dokuments wählen Sie am besten ein um zwei DIN-Formate kleineres Format – DIN A3. Das hat zwei Vorteile: Erstens ist diese Größe ohne weiteres ausbelichtbar, und zweitens sind die Seitenkanten genau halb so lang wie die des gewünschten

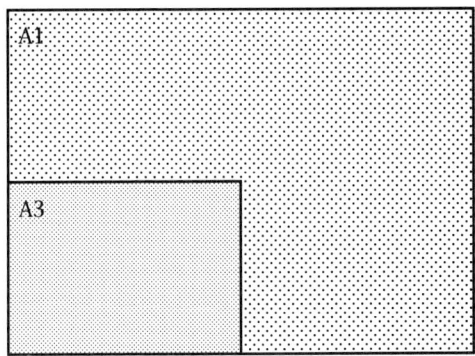

Endformates. Damit müssen für die kleine Datei sowohl das Raster als auch die Auflösung des Bildes exakt doppelt so hoch wie in der fertigen Drucksache sein, da sie sich durch das Vergrößern um den Faktor 2 halbieren.

Auch der notwendige Anschnitt ist aus dem Vergrößerungsfaktor leicht zu berechnen – er muss 1,5 mm betragen, um im gigantierten Format den Standard von 3 mm zu erreichen. Die Ausbelichtung muss in einem 96er Raster (2 × 48) oder 240 lpi erfolgen.

Vergrößerung über den Drucken-Dialog

Kommt dagegen kein Gigantieren in Betracht, weil Sie die Datei auf einer digitalen Offsetdruckmaschine oder einem Tintenstrahldrucker drucken lassen wollen, muss sie gleich in der richtigen Größe aus XPress ausgeben werden.

Stellen Sie dazu im Drucken-Dialog einen Skalierungsfaktor von 200 % ein.

In den 3er Versionen von XPress können Sie das nur über den Dialog *Ablage / Papierformat* einstellen — das Resultat ist dasselbe.

Als Rasterweite muss die gewünschte angegeben werden, hier also ein 48er oder 120 lpi. Durch die vergrößerte Ausgabe wird die Rasterweite nicht verändert!

Anlegen des Bildes in Photoshop

Welchen der beiden zuvor beschriebenen Wege Sie in XPress auch beschreiten, die Bilddatei muss in Photoshop auf dieselbe Weise angelegt werden. Ob das Bild durch Gigantieren oder direkt aus XPress vergrößert ausgegeben wird, bedeutet im Resultat dasselbe: Das Bild wird um den Faktor 2 vergrößert.

Auflösung

Da durch das Vergrößern des Bildes seine Auflösung um die Hälfte abnimmt, muss sie doppelt so hoch angelegt werden.

Die Auflösung für ein 48er Raster mit einem Qualitätsfaktor von 2 liegt bei 240 dpi – die doppelte Auflösung bei 480 dpi.

Größe

Da das Dokument nur halb so groß wie die fertige Drucksache ist, braucht auch nur eine Beschnittzugabe von 1,5 mm eingerechnet zu werden. Daraus resultiert folgende Bildgröße:

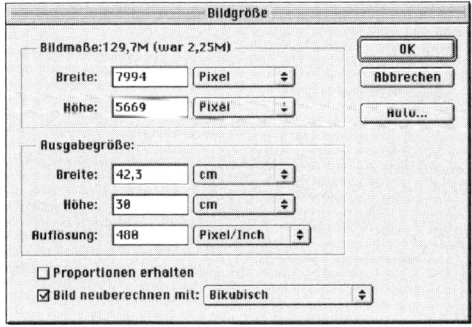

Überfüllung / Überdrucken

Im Folgenden nur die wichtigsten Einstellungen:
Voreingestellt ist in XPress eine Überfüllung
von 0,144 Punkt – Schwarz überdruckt immer!
Gerade bei zu vergrößernden Formaten, wie
dem zuvor beschriebenen Plakat, ist dieser
Wert nicht ganz korrekt.

Um die automatische Überfüllungsbreite zu
verändern, öffnen Sie die Dokumentvorgaben
unter *Bearbeiten / Vorgaben / Dokument.*

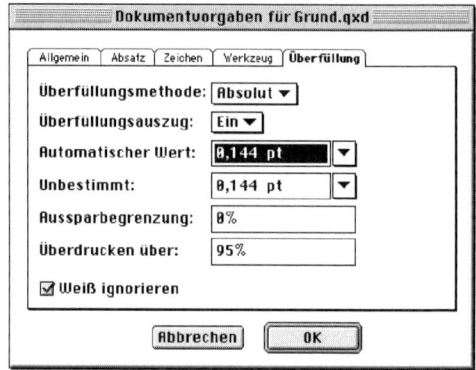

Oben sehen Sie die Grundeinstellung.

• *Automatischer Wert:* Hier finden Sie die
Überfüllungsbreite. Verändern Sie diesen
Wert, wird im gesamten Dokument beim
Drucken der neue Wert angewendet.

Hinter dem Pfeil (▼) verbirgt sich die Option *Überdrucken.* Dann werden alle sich über-
lappenden Elemente des Dokuments überdrucken. Es ist nicht möglich zu bestimmen,
dass nur eine bestimmte Farbe überdrucken
soll. Diese Einstellung kann für den Aufbau
eines Siebdrucks verwendet werden.

• *Weiß ignorieren:* Auch diese Einstellung lässt
sich für den Siebdruck gebrauchen. Im Offsetdruck ist Weiß gleich unbedrucktem Papier.

Soll aber Weiß explizit beispielsweise auf eine CD gedruckt werden, muss es als Farbe erkannt werden – dann deaktivieren Sie die entsprechende Checkbox.

• *Überdrucken über:* Theoretisch – Halbtöne sollen normalerweise nicht überdrucken, da sonst Mischfarben entstehen. Der Wert 95 % gibt an, ab welcher Deckung einer Farbe ein Überdrucken eintritt. Legen Sie beispielsweise den Verlauf einer Farbe auf eine andere Farbfläche und vergeben der oberen Fläche die Funktion Überdrucken (siehe weiter unten), wird das Überdrucken erst ab der Deckung von 95 % einsetzen – praktisch passiert aber nichts dergleichen!

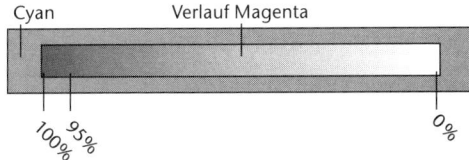

Überfüllung manuell

Wollen Sie manuell in das Druckverhalten eingreifen, rufen Sie die entsprechende Palette unter *Ansicht / Überfüllung zeigen* auf.

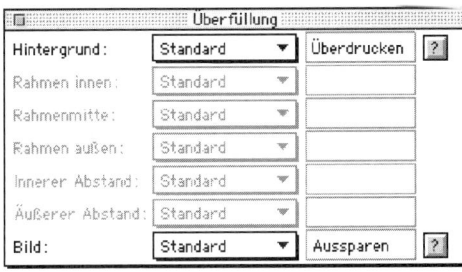

In den aktivierbaren Pop-up-Menüs werden die Standardwerte angezeigt. Wollen Sie das ändern, öffnen Sie das entsprechende Menü.

Drucken

In allen älteren XPress-Versionen ist der
Drucken-Dialog mehr als spartanisch. Erst ab
der 4er Version bekommen Sie einen Überblick
über die gedruckten Farben.

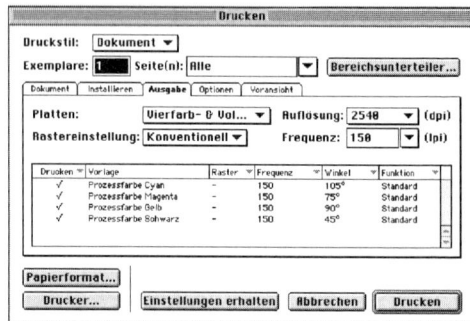

Richtig voreingestellt ist die Option *Platten* –
auf *Vierfarb & Vollton*. Sollten Volltonfarben in
Ihrem Dokument enthalten sein, werden sie
so auf einem eigenen Film ausgegeben.
Leider ist die Bezeichnung ein wenig irre-
führend: Wenn ein nicht separiertes RGB-Bild
importiert wurde, wird es unter dieser Einstellung von XPress separiert. Man sollte erwarten,
dass das nur passiert, wenn man unter *Platten*
die Option *Zu Vierfarbauszug konvertieren* wählt.

| ✓ **Uierfarb- & Uolltonauszug** |
| **Zu Uierfarbauszug konvertieren** |

Deshalb sollten Sie beim Import eines Pixel-
bildes unbedingt darauf achten, was unten im
Dateiwahldialog angezeigt wird:

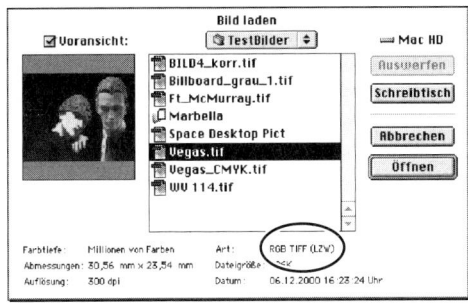

Einzelnen Elementen lassen sich keine anderen Raster zuweisen (wie in FreeHand- oder Photoshop-EPSen) als die, die im Drucken-Dialog auftauchen.

Importierte Elemente aus diesen Programmen werden allerdings in dem Raster ausgegeben, wie es dort definiert wurde. In diese XPress-Datei, die in einem 54er Raster ausgegeben wird, wurde die unten abgebildete Fläche aus FreeHand importiert. Auf die Einstellung von FreeHand kann XPress keinen Einfluss nehmen – soll es ja auch nicht.

Alle Programme verhalten sich in diesem Fall beim Ausdruck gleich.

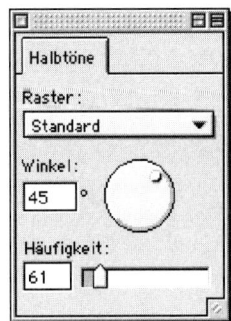

InDesign

InDesign ist sowohl dafür gedacht, Bücher zu setzen, als auch Text als grafisches Element auf einseitigen Dokumenten einzubauen. Die typografischen Fähigkeiten des Programms sind umwerfend. Sowohl der saubere Satz ist eine Domäne dieses Programms als auch die Möglichkeit, nachträglich das Seitenlayout zu ändern, beispielsweise von einem Quer- zu einem Hochformat. Etwas, das mit XPress schier unmöglich ist.

Zunächst wird eine Standardarbeit, der Aufbau eines Buches im A5-Format, beschrieben, wie er genauso gut mit XPress oder PageMaker möglich wäre. In diesem Buch tauchen Logos auf, die normalerweise in einem Grafikprogramm nachgezeichnet würden. Zwar reichen die Zeichenwerkzeuge von InDesign beileibe nicht an die der drei großen Grafikprogramme heran, aber für einfache Zeichnungen reichen sie aus; sie sind immerhin deutlich besser als die der Konkurrenten XPress und PageMaker. Deshalb wird auch kurz vorgestellt, wie ein Logo in InDesign nachgezeichnet wird.

Ein 96-seitiges Buch

Der Auftrag besteht darin, ein Buch in Klebebindung plus Umschlag zu erstellen. Letzterer kann sowohl in einem Grafikprogramm als auch mit InDesign aufgebaut werden.

Nehmen wir eine leider typische Arbeit als Beispiel: Die Texte werden in Word geschrieben und per E-Mail zugeschickt. Der Liefertermin für das fertige Buch steht fest, aber noch sind nicht alle Texte fertig, und der Auftraggeber weist darauf hin, dass eventuell noch Korrekturen an den schon gelieferten Texten vorgenommen werden könnten. Das ist insofern schwierig, als dadurch der gesamte Aufbau des Buches während der Produktion durcheinander kommen kann. Aus diesem Grunde kann man sich für ein ungewöhnliches Layout entscheiden: Zwar ist das Buch doppelseitig, das Dokument wird aber einseitig angelegt. Dadurch ist es möglich, einzelne Seiten hinzuzufügen, ohne dass das Layout durcheinander fliegt. Unten sehen Sie zwei Seiten verkleinert abgebildet.

Man kann allerdings nicht davon ausgehen, dass sich jeder Auftraggeber auf eine derartige Lösung einlässt.

Bei dem Buch handelt es sich um eine Abhandlung mit vielen einzelnen Punkten, die hervorgehoben werden sollen. Um den Text durch viele Kursivierungen nicht unlesbar zu machen, entschied man sich für eine Hervorhebung mittels grauer Balken – siehe unten links.

Statt für jeden dieser Balken ein einzelnes Element aufzuziehen und mühselig an die richtige Stelle zu bringen, wurden zwei Absatzformate angelegt, die dicke Absatzlinien mit unterschiedlicher Länge definieren. Diese Lösung hat den großen Vorteil, dass eine entsprechende Linie einfach über eine Tastenkombination zugewiesen werden kann und außerdem die Linie mit dem Absatz mitläuft, falls der Text neu umbricht – übrigens handelt es sich dabei um eine Lösung, die ebenso mit den anderen beiden Layoutprogrammen realisierbar ist. Die Absatzformate haben folgende Einstellungen:

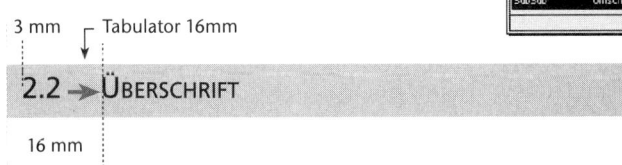

3 mm ⌐ Tabulator 16mm

2.2 →ÜBERSCHRIFT

16 mm

Die Linie der Überschriften ist 20 Punkt stark, eine Linie *über* dem Absatz mit negativem Versatz von –2,5 Millimetern. Damit liegt ihre Unterkante 2,5 mm unter der Grundlinie des betreffenden Absatzes und wächst hinter dem Text 20 pt nach oben. Ihre Breite entspricht der der gesamten *Spalte*. Damit das Wort der Überschrift 16 mm ausgetrieben werden kann, ist ein *Tabulator* mit der entsprechenden Länge definiert. Er muss über die Tastatur eingegeben werden, weil er sich nicht im zugesendeten Text befand.

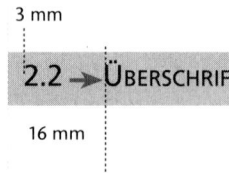

Der Beginn der Überschrift (2.2) schlägt nicht links am Anfang der Spalte an, der Absatz braucht also noch einen *linken Einzug* von 3 Millimetern.

Die Schrift bekommt den gewünschten Schriftgrad und die Formatierung *Kapitälchen*. Besser wäre es, wenn Sie eine Schrift verwendeten, die einen Caps-Schnitt enthält, und ihn zuweisen.

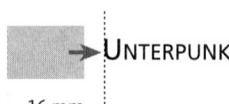

Für die Unterpunkte brauchen Sie eine Formatierung, die fast genauso aufgebaut ist, mit folgenden Unterschieden:

Die Linie soll nicht über die gesamte Spalte laufen und bekommt deshalb als Breite zwar *Spalte* zugewiesen, aber mit einem *rechten Einzug* von hier 106 mm. Da der Textblock eine Breite von 119 mm hat, bleiben so nur noch 13 mm als Breite für die Linie übrig.

Ob Sie jeweils einen Tabulator zu Beginn setzen oder einen linken Einzug von 16 mm definieren, hängt vom gelieferten Text ab.

Zumeist meinen es diejenigen, die in Word Texte schreiben, etwas zu gut mit der Formatierung: Entweder wurden zu viele Tabulatoren oder häufiger Leerzeichen verwendet, um Text auszutreiben. Letzteres war bei diesem Auftrag auch der Fall. Um die überflüssigen Leerzeichen zu finden und durch Tabulatoren zu ersetzen, verwenden Sie am besten die entsprechende Funktion *Suchen / Ersetzen*.

Lassen Sie dabei nach mehreren Leerzeichen suchen, die Sie durch einen Tabulator ersetzen lassen. Meistens hat der oder die Schreiberin des Textes immer gleich viele Leerzeichen verwenden.

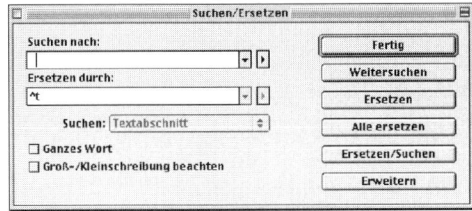

An der Stellung der Einfügemarke oben können Sie erkennen, dass mehrere Leerzeichen eingegeben wurden.

Mit Hilfe von Linien und Tabulatoren lassen sich ebenfalls primitive Tabellen erzeugen, wie sie in diesem Buch auftauchen.

Falls Tabulatoren nicht schon im angelieferten Text enthalten sind, müssen Sie sie nachträglich einsetzen und auf die gewünschten Längen bringen. Für die Linien bauen Sie ein Absatzformat auf, das eine Linie unten oder oben aufweist, und weisen es den entsprechenden Stellen zu. Zeichnen Sie auch hier besser keine Linien. Das dauert meist deutlich länger und ist unpräzise. Falls der Text später anders umbricht, bleiben die von Hand gezeichneten Linien liegen.

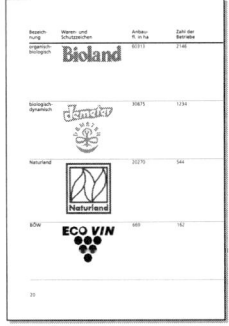

Ein Logo nachzeichnen

Bei der Produktion dieses Buches lagen für die Logos nur Ausrisse aus verschiedenen Zeitschriften vor. Deren Qualität reicht nicht, um einen Scan im Layout zu platzieren – sie sind zu unscharf, und beim Druck kommt es zu Moirés. Deshalb wurden sie nur eingescannt, um nachgezeichnet zu werden. Diese Arbeit lässt sich auch recht gut mit InDesign durchführen, besonders wenn man die Zeichenfeder aus Illustrator kennt, da sie genauso funktioniert.

Die Vorlage wurde mit 300 dpi eingescannt, um möglichst scharfe Kanten zu erhalten. Da es in InDesign nicht die Möglichkeit gibt, Elemente einer Ebene farblich etwas aufzuhellen wie in den Grafikprogrammen, um seine Zeichnung vor der Vorlage besser sehen zu können, wurde sie in Photoshop aufgehellt und als TIFF gesichert.

Beim Import sollten Sie sich die Importoptionen anzeigen lassen, um nicht nur eine pixelige Darstellung von 72 dpi platziert zu bekommen. Dann können Sie die volle Auflösung des Bildes wählen:

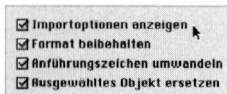

Wählen Sie keinere höhere, als das Bild tatsächlich hat, weil die Darstellung sonst wieder pixeliger wird als das Original. Legen Sie das Bild in eine eigene Ebene, die Sie sperren, damit Sie sie nicht beim Nachzeichnen zufällig verschieben.

Wenn Sie fertig sind, löschen Sie die Ebene des Bildes, da es für den Druck der Datei nicht mehr benötigt wird. Außerdem könnte es sein, dass Sie vergessen, es zur Belichtung mitzuschicken, und dort die Meldung auftaucht, dass ein Bild fehlt. Im Belichtungsbüro kann niemand wissen, dass dieses Bild für den Druck unwichtig ist.

PageMaker

Auch das langsam aus der Mode gekommene
Programm PageMaker eignet sich gut für den
Aufbau längerer Bücher und einseitiger Dokumente wie die beiden anderen Layoutprogramme.

Es verfügt gerade für den Aufbau größerer
Bücher über die Funktionen Buch und Index
mit ähnlichen Eigenschaften wie Quark-
XPress.

Anhand von zwei Arbeiten wird in diesem Kapitel PageMaker vorgestellt: dem Aufbau eines
Briefbogens und dem eines achtseitigen Book-
lets für eine CD-Hülle.

Briefbogen

Zum Aufbau eines Briefbogens müssen Sie
sich nicht an DIN-Normen halten. Wenn es
darum geht, einen Briefbogen für Fensterum-
schläge anzulegen, ist es wichtig, dass der Bogen an bestimmten Stellen gefaltet werden
kann, damit er im Umschlag nicht zu sehr hin
und her rutscht und so das Adressfeld an der
richtigen Stelle steht.

Maße

Ein Fensterumschlag im Querformat hat eine
Breite von 220 und Höhe von 110 mm. Legen
Sie Falzmarken an, an denen der Kunde seinen
Briefbogen faltet, dritteln Sie nicht einfach das
A4-Format. Dann ergeben sich gleiche Teile
von jeweils 99 mm, und der gefaltete Brief

kann so weit verrutschen, dass die Adresse
nicht mehr vollständig lesbar ist.

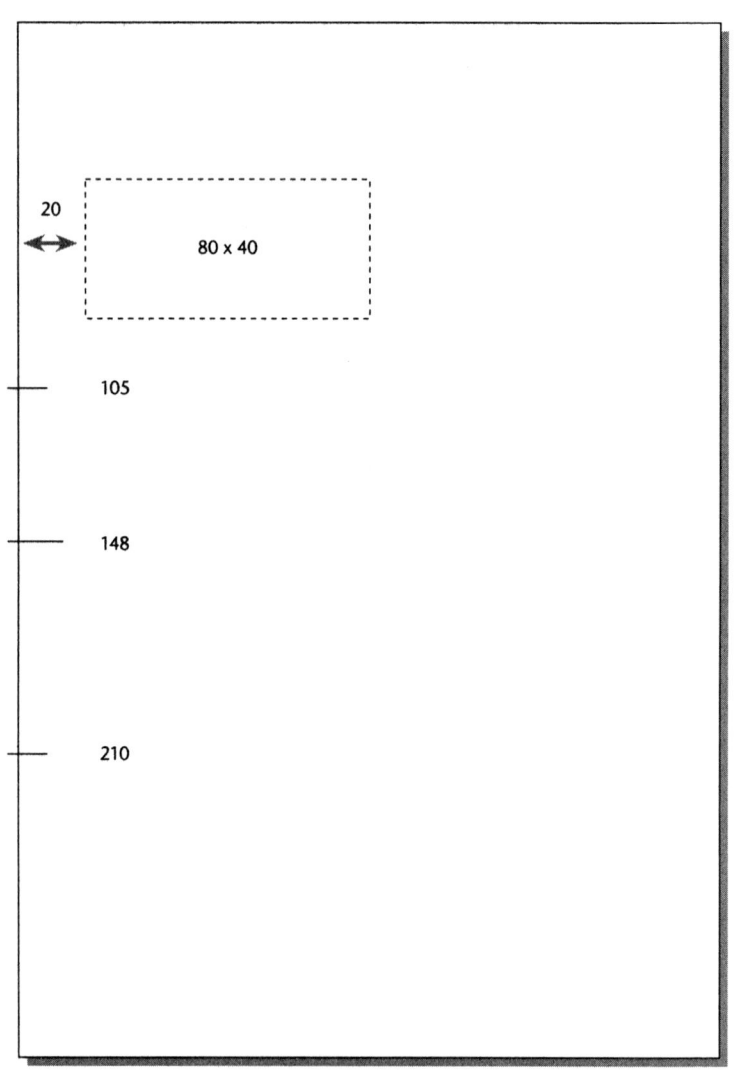

Das Fenster des Umschlags ist größer als das
oben markierte Feld (90 mm). Damit kann der

im Verhältnis etwas schmalere Briefbogen auch quer verrutschen – die Adresse bleibt so aber sichtbar.

Als Druckvorlage legen Sie einfach ein Dokument im A4-Format an, auf dem Sie die Striche an den entsprechenden Stellen zeichnen.

Legen Sie sie auf der linken Seite 3 mm in den Anschnitt.

CD-Booklet

Bei dem Booklet handelt es sich um dasselbe, wie es auch im Kapitel „CorelDraw" beschrieben wird — siehe dort. Da PageMaker nicht wie CorelDraw Alphakanäle als Transparenzen erkennt, müssen die Bilder anders bearbeitet werden. Auch können halbtransparente Flächen wie in Corel oder FreeHand mit PageMaker nicht erzeugt werden – wie auch in den beiden anderen Layoutprogrammen nicht.

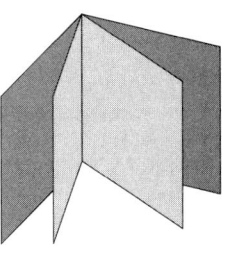

Die Seitengröße eines CD-Booklets ist 120 × 120 mm. Legen Sie dazu ein doppelseitiges Dokument mit dieser Seitengröße an. Der Vorteil gegenüber einem Querformat mit einer Größe von 240 zu 120 mm liegt in der flexibleren Handhabung der Filme in der Montage: Sie können sowohl von Hand als auch elektronisch ausgeschossen werden, da jede Seite für sich allein steht.

Im Vergleich zum Aufbau derselben Datei in Corel hat das den Vorteil, dass die Seiten die tatsächliche quadratische Größe haben und dennoch jeweils zwei Seiten zusammen am Monitor als doppelseitiges Dokument betrachtet werden können.

Im Kapitel „CorelDraw" wird beschrieben, dass die Seiten eine Größe von 240 × 120 mm haben müssen.

PageMaker druckt über den Seitenrand alles aus, was Kontakt mit der Seite hat. Auch damit verhält es sich wie Corel oder das alte XPress

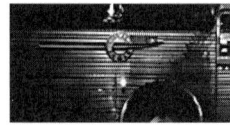

bis Version 3.32. Die Bilder legen Sie in einer Größe von 246 × 126 mm an. Reicht ein Bild von der linken Doppelseite auf die rechte, wird es bei der Belichtung jeweils komplett

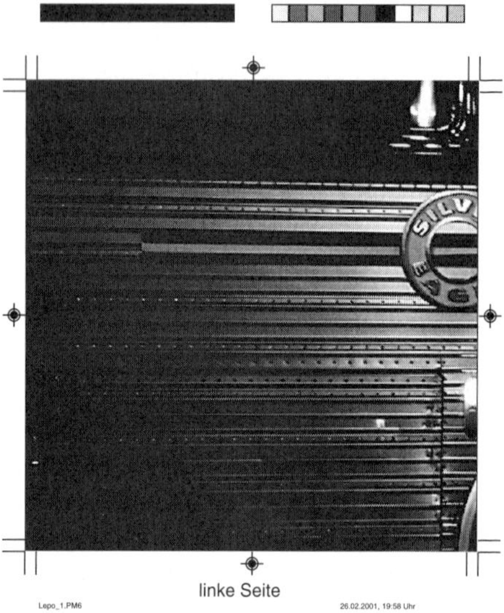

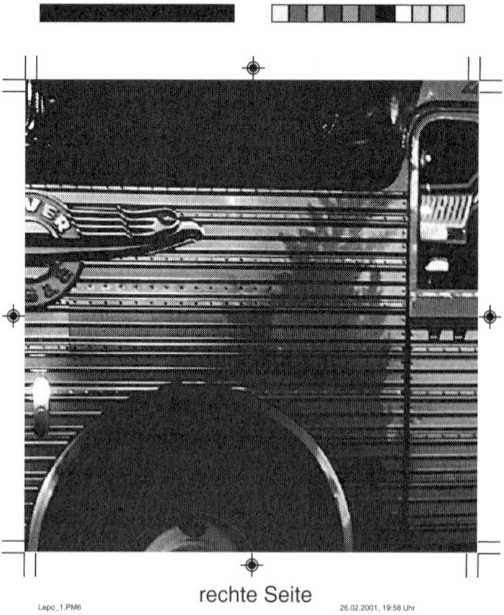

linke Seite

Lepo_1.PM6   26.02.2001, 19:58 Uhr

rechte Seite

Lepo_1.PM6   26.02.2001, 19:58 Uhr

ausgegeben. Die Bilder müssen noch hinter dem Text aufgehellt werden. Da PageMaker keine Werkzeuge dafür hat, muss diese Arbeit in Photoshop ausgeführt werden.

Anders als der etwas unpräzise Weg, der im Kapitel „CorelDraw" beschrieben wird, wird hier ein ganz exakter eingeschlagen.

Aufhellen der Bilder hinter dem Text
Als Hilfe für die genaue Platzierung der aufzuhellenden Stellen wird ein Grafikprogramm eingesetzt – hier FreeHand.

Es soll dabei darum gehen, die Stellen, die aufgehellt werden, in einem exakten Programm, wie es Photoshop für diesen Fall nicht ist, zu erstellen.

FreeHand
In FreeHand werden zwei weiße Flächen angelegt, die genau vier Millimeter größer sind als der Satzspiegel in PageMaker und damit über den Text 2 mm hinausragen. Sie können dann später in Photoshop über das Bild in eine weitere Ebene gelegt und in der Deckkraft zurückgenommen werden.

Zunächst zur Arbeit in FreeHand. Der Satzspiegel in PageMaker weist folgende Ränder auf: außen 15, Bund 15, Fuß 15 und Kopf 45 mm. Er ist damit 90 × 60 mm groß.

In FreeHand wird eine querformatige DIN-A4-Seite angelegt. Die Größe ist unerheblich, solange sie größer als die Doppelseiten des Page-Maker-Dokuments ist.

Zunächst wird ein Hilfsrahmen angelegt, der exakt so groß ist wie das platzierte Bild auf den PageMaker-Seiten: 246 × 126 mm. Anschließend werden die beiden weißen Flächen angelegt und genau so platziert, dass sie dem

Stand des Satzspiegels in PageMaker entsprechen – nur sind sie 4 mm größer.

Der große Rahmen bekommt weder eine Füllung noch eine Linie, die beiden Rechtecke keine Linie, aber eine weiße Füllung. Exportieren Sie diese FreeHand-Datei anschließend in einem Format, das Photoshop versteht (Photoshop RGB EPS oder Adobe Illustrator).

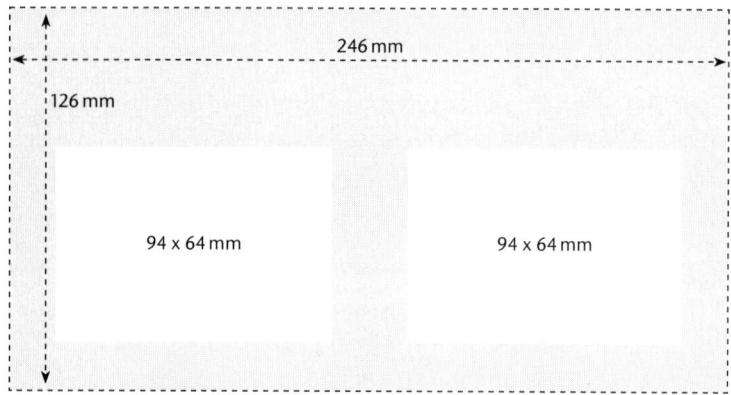

Öffnen Sie anschließend die Bilddatei in Photoshop und platzieren die exportierte FreeHand-Datei darin, fungiert der große unsichtbare Rahmen als Platzhalter, die beiden weißen Rechtecke landen deshalb exakt dort, wo sie in FreeHand gezeichnet wurden.

Bei der Montage in Page-Maker gibt es keine Probleme mit dem Überdrucken von schwarzem Text oder der Überfüllung verschiedener Elemente. Anders als CorelDraw beherrscht es diese Funktionen hervorragend.

FreeHand

FreeHand ist das am weitesten verbreitete Grafikprogramm auf dem Mac. Es lässt sich mit ihm präziser als mit Illustrator arbeiten, wenn auch mit diesem der Umgang in manchen Arbeitsbereichen etwas intuitiver funktioniert.

Als Beispiele für die Arbeit mit dem Programm werden drei Arbeiten vorgestellt: der Aufbau einiger farbiger Innenseiten dieses Buches und der Aufdruck auf der CD hinten im Buch.

Die farbigen Innenseiten dieses Buches

Für FreeHand habe ich mich entschieden, weil es mein bevorzugtes Grafikprogramm ist. Außerdem sind viele Zeichnungen enthalten und relativ wenig Text. Deshalb bietet sich an, den Aufbau der Seiten in einem Grafikprogramm vorzunehmen.

Man könnte genauso gut die Zeichnungen anlegen und das Layout in einem Layoutprogramm aufbauen, um anschließend die Grafiken zu importieren. Andererseits lassen sich Seiten in FreeHand sehr einfach verschieben – sie hängen nicht zusammen wie in einem Layoutprogramm. Da zu Beginn noch nicht feststand, welche Seite an welcher Stelle stehen würde, entschied ich mich schließlich gegen ein Layoutprogramm.

Insgesamt wurden vier Dateien angelegt: für die Seiten 1 bis 8, 9 bis 16, 17 bis 24 und 25 bis 32 (siehe nächste Seite).

Als erstes Dokument wurde eins mit der Seitengröße des Buches angelegt. Um dieselben Ränder zu übernehmen, wie das Buch sie aufweist, wurden sie in XPress notiert und entsprechende Hilfslinien in FreeHand angelegt. Die Seite wurde dupliziert, die Hilfslinien dieser zweiten Seite freigegeben (mit einem Doppelklick auf eine), die so entstandenen Linien um die senkrechte gespiegelt und wieder in die Hilfslinienebene geschickt. Damit waren die erste linke und rechte Seite blanco fertig. Alle weiteren Seiten entstanden durch das Duplizieren einer bestehenden.

Seite 2

Die Farbfelder mit den Farbanteilen von jeweils 10%igen Sprüngen (0, 10, 20% und so weiter) lassen sich durch eine Mischung mit acht Zwischenstufen erzeugen. Dabei entstehen exakt die gewünschten Farben. Falls man sie an anderer Stelle noch einmal braucht, lassen sie sich über den Befehl *Xtras / Farben /*

Alle Farben definieren automatisch in die Palette *Farben* eintragen. Das funktioniert allerdings nur, wenn die Mischungen zuvor entgruppiert werden. Entsprechend entstanden auch die Seiten 28–30.

Sehr hilfreich ist auch ein anderer unter den Xtras zu findender Befehl: *Löschen / nicht verwendete Farben.*

Seite 3
Da das Bild in den Anschnitt geht, musste es in Photoshop schon sechs Millimeter größer angelegt werden. Um in FreeHand das Bild mit einem Versatz von 3 mm über die Blattkanten hinaus zu legen, erhält es einen Stand von X und Y mit jeweils –3 mm.

Damit der Anschnitt auch mitgedruckt wird, muss der Seite die entsprechende Funktion zugewiesen werden. Stellen Sie dabei sicher, dass die richtige Seite auch in der Palette markiert ist — Sie sehen eventuell eine andere als die, die für FreeHand die aktuelle ist!

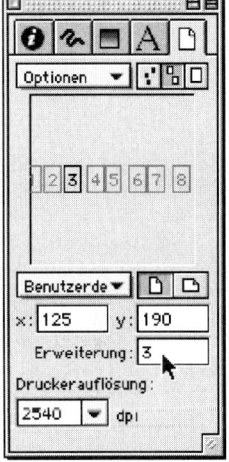

Da FreeHand importierte TIFFs mit hoher Auflösung leider fürchterlich langsam darstellt (andere Programme sind dabei zum Teil um ein Vielfaches schneller), wurden die meisten „größeren" Bilder als EPS-Dateien gesichert.

Seite 4
Der untere Farbkasten musste ebenfalls als EPS gesichert werden, um ihm in Photoshop das grobe Raster zuweisen zu können.

Die kleinen Bilder unten wurden als TIFFs gesichert und in FreeHand mit den jeweiligen Farben Cyan, Magenta und Gelb eingefärbt. Nur TIFFs lassen sich in allen DTP-Programmen nachträglich einfärben – bei EPSen geht das nicht.

Seite 7
Die Schatten der Screenshots wurden über

eine Mischung erzeugt – siehe links. Die beiden Elemente, die als Grundlage für die Mischung angelegt wurden, sind zwei Linien in unterschiedlich dunklem Grau: 50 und 1 %. Beiden Linien wurde *Überdrucken* als Verhalten zugewiesen, damit das Bild darunter durchscheinen kann und so wie ein Schatten wirkt. Deshalb darf die äußere Linie auch nicht weiß sein, weil Weiß nicht überdrucken kann, es sei denn, es handelte sich um eine Sonderfarbe. Weiß entspricht keiner Farbe und lässt nur das Papier unbedruckt.

So verhalten sich, nebenbei bemerkt, alle DTP-Programme.

Seite 13 bis 15
Die kleinen Gradationskurven liegen als TIFFs im Bitmap-Modus vor. Weil von ihnen recht viele im Dokument verwendet wurden, sind sie fest ins Dokument eingebunden, um vor zu vielen Dateien auf der Festplatte nicht den Überblick zu verlieren.

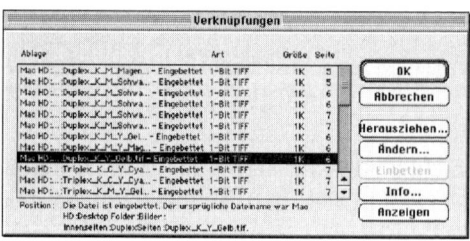

Da sie nur wenige K groß sind, verlangsamen sie den Bildschirmaufbau nicht.

Seite 24
Der Hintergrund (Fond) ist in zwei verschiedenen Rastern gedruckt. In keinem anderen Programm ist es möglich, verschiedenen Elementen eigene Rasterweiten zuzuweisen. So wird

immer die gesamte Datei in dem Raster ausgegeben, das im Drucken-Dialog eingetragen wird. Das macht FreeHand genauso, einzelne Elemente können aber andere Rasterweiten bekommen. Leider werden deutsche Rasterweiten nicht verstanden, Sie können aber für ein 36er Raster in der Palette 36 * 2,54 eintragen – das Ergebnis wird abgerundet auf 91 lpi.

Lassen Sie *Raster* unberührt, dann wird der Belichter sein Standardraster (Punkt) ausgeben.

Dasselbe gilt für das Feld *Winkel;* da sich die Fläche aus mehreren Farben zusammensetzt, sollten die Rasterwinkel des Belichters angewendet werden.

Nur TIFFs lassen sich in Layout- und Grafikprogrammen nachträglich mit einem anderen Raster belegen.

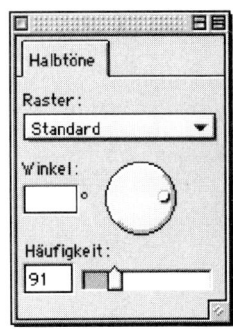

Seite 30
Am Monitor sehen die beiden Grafiken oben rechts folgendermaßen aus:

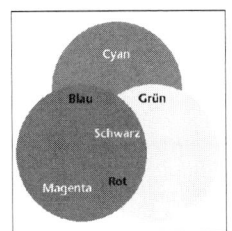 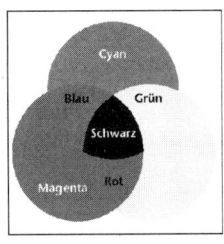

Allein dadurch, dass den Flächen der beteiligten Elemente mit den Farben Cyan, Magenta und Gelb *Überdrucken* zugewiesen wurde, kam die Grafik so aufs Papier wie im Druck zu sehen.

Die kreisförmigen Verläufe sind allesamt durch Mischungen entstanden, die über zahlreiche Stufen (256) und mit 0,5 Punkt starken Linien verlaufen. Dadurch kommen allerdings sehr viele Objekte zustande, wodurch der Druck nur dieser Seite sehr lange dauert.

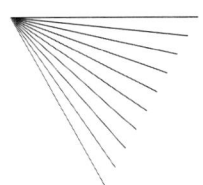

Auf der CD finden Sie im Ordner „CD_Druck" Standard-Dateien für das Bedrucken einer CD.

CD-Label

Eine CD lässt sich nicht im Offsetverfahren bedrucken. Man verwendet aus diesem Grunde immer den Siebdruck. Da sich die dabei verwendeten Farben völlig anders verhalten als im Offsetdruck, wird hier detailliert auf die Funktionen Überdrucken und Aussparen eingegangen. Außerdem handelt es sich bei der CD um eine zweifarbige Drucksache, bei der eine Sonderfarbe zum Einsatz kommt.

Die Maße

Eine CD bietet zum Druck eine kreisförmige Fläche mit einer maximalen Ausdehnung von 117 mm, in der Mitte muss ein Loch mit 36 mm freigelassen werden. Darin ist bis zum eigentlichen Loch der CD nochmals ein bisschen Platz.

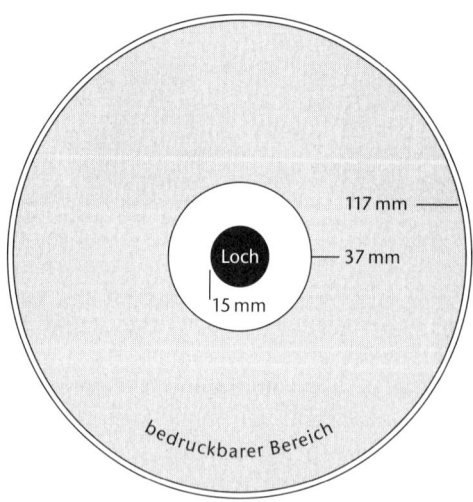

Die CD ist in diesem Fall mit zwei Farben bedruckt: Schwarz und Rot. Damit Letztere auf einem eigenen Film landet, muss es eine Sonderfarbe sein. Auf der nächsten Seite sehen Sie die

Farbauszüge. Zunächst muss Rot gedruckt werden, damit darauf anschließend die verschiedenen schwarzen Elemente gedruckt werden können. Es wurde aus diesem Grunde den einzelnen schwarzen Elementen nicht die Funktion Überdrucken zugewiesen, sondern im Drucken-Dialog für die Farbe Schwarz *Überdrucken* aktiviert.

ROT SonderFarbe

Der „Farbfächer" besteht aus Rot und unterschiedlich vielen Anteilen Schwarz. Leider ist es nicht möglich, eine Sonderfarbe mit einer anderen über den Farbmischer zu mischen.

Deshalb wäre es möglich, Rot nicht als Sonderfarbe anzulegen, sondern eine der vier Skalenfarben zu benutzen und bei Abgabe der Filme darauf zu verweisen, dass sie die Sonderfarbe sein soll.

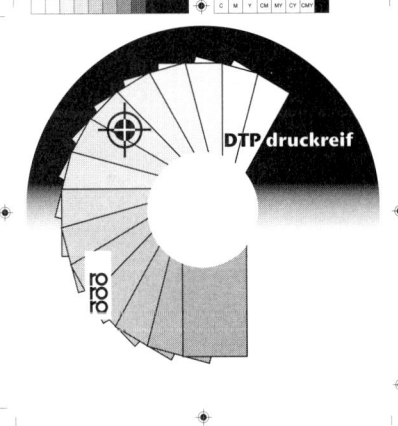

Schwarz

Hier wurde ein anderer Weg eingeschlagen: Damit der Farbfächer auf der CD aussieht, als bestünde er aus unterschiedlich dunklem Rot, wurden unterschiedlich dunkle graue Flächen angelegt, wie rechts zu sehen. Sie überdrucken das Rot – am Monitor ist dergleichen natürlich nicht erkennbar.

Das Wort „druckreif" erscheint rot. Schrieben Sie es einfach mit Weiß auf der schwarzen Fläche, würden sie und das Rot darunter ausgespart. Sie müssen also dafür sorgen, dass die Buchstaben Löcher in die schwarzen Fläche stanzen. Wandeln Sie die Schrift dazu in Pfade um und verbinden Sie sie mit der schwarzen Fläche. Da der Rotverlauf nicht unter dem gesamten Wort hindurchläuft, wurde noch eine rote Fläche darunter gelegt.

Die vergebenen Rasterweiten sind relativ grob: Da sie unterschiedlich sind, müssen sie über die Palette *Halbtöne* entsprechend zugewiesen werden.

Zusätzlich wurde an den Stellen, wo weite Bereiche von Rot und Schwarz übereinander drucken, durch Verkleinern der unteren Formen die gedruckte Farbmenge reduziert. Allerdings kann es in schnellen CD-Laufwerken zu deutlichem Brummen durch eine Unwucht kommen, da die Farben nicht gleichmäßig auf der CD verteilt ist. Aber das passiert leider bei relativ vielen CDs auch aus renommiertem Hause (Windows-System-CD zum Beispiel).

CD-Leporello
Auch wenn sich FreeHand nicht unbedingt dazu eignet, mehrseitige Dokumente aufzubauen, über die fortlaufend Text läuft, ist das auch möglich. Angenehm dabei ist der saubere Satz, den das Programm erzeugen kann – bis hin zur hängenden Interpunktion, also Trennzeichen, Punkte, Kommata und Anführungsstriche, die leicht über den Textrahmen hinausragen, wie es sonst nur InDesign kann.

Legen Sie auch hierfür, wie eingangs beschrieben, eine Seite mit den erforderlichen Elementen (hier besonders Textrahmen) an und fertigen Sie Duplikatseiten.

Illustrator

Das Grafikprogramm *Illustrator* von Adobe ist insofern besonders interessant, als es hervorragend mit Photoshop zusammenarbeitet. So können Dateien mit mehreren Ebenen für Photoshop exportiert werden, die dort unter denselben Namen ankommen. Zum anderen gibt es viele Effekte, die man auf Füllungen und Konturen anwenden kann.

Leider beherrscht das Programm aber bis zur aktuellen Version 9 immer noch nur eine Seite pro Dokument. Nur mit einigen Tricks lässt sich dieser Mangel sehr umständlich umgehen, um letztlich doch mehrseitige Dokumente ausdrucken zu können.

Im Folgenden wird beschrieben, wie Sie eine Visitenkarte mit 9 Nutzen auf einer DIN-A4-Seite aufbauen können. Selbst gesetzte Beschnittmarken lassen sich durch einen Befehl ausgesprochen simpel automatisch erzeugen.

Anschließend werden der Aufbau einer als Kreuzfalz angelegten A3-Drucksache dargestellt und der Aufbau eines Diagramms.

Die Visitenkarte entspricht der Darstellung auf Seite 48.

Illustrator-Filter konnten in der alten FreeHand-Version 5.0 auch benutzt werden. In nachfolgenden Versionen klappt das leider nicht mehr.

Visitenkarte mit 9 Nutzen, zweifarbig

Wenn Sie eine Visitenkarte anlegen, werden Sie zunächst einen Rahmen in ihrer Größe erzeugen, um einen optischen Eindruck von der Größe zu bekommen.

Bauen Sie innerhalb dieses Rahmens die Visitenkarte auf. Der Rahmen muss abschließend vor dem Druck gelöscht werden – oder Sie

nutzen ihn, um ihn in Beschnittzeichen um-
zuwandeln, eine Funktion, die nur Illustrator
beherrscht (*Objekt / Schnittmarken / Erstellen*).

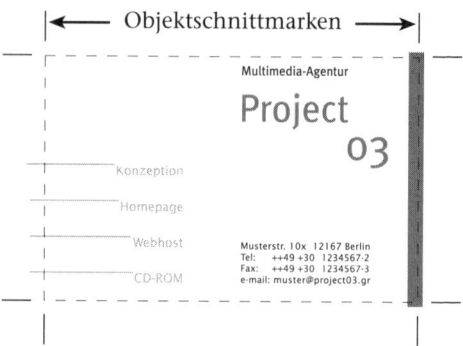

Der oben gestrichelt dargestellte Hilfsrahmen
wird gelöscht und in der Verlängerung seiner
Kanten die Schnittmarken erstellt.

Für die Erstellung der weiteren 8 Nutzen
löschen Sie alle Marken bis auf die beiden
senkrechten oberen und die linke obere horizontale. Um *gegebenenfalls* später den Stand
einzelner Elemente abfragen zu können, legen
Sie den Nullpunkt in den Schnittpunkt der
beiden Marken. Ziehen Sie dazu je eine Hilfslinie auf eine Schnittmarke. In das Kreuz der
beiden Hilfslinien können Sie anschließend
den Nullpunkt legen.

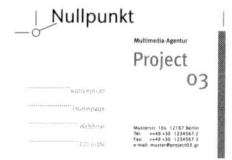

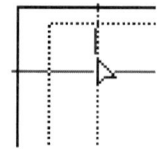

Wichtig: Wie in allen Grafikprogrammen,
kennt auch Illustrator nur den Aufenthaltsort
der Cursorspitze. Wollen Sie also eine Schnittmarke *genau* treffen, ziehen Sie die Hilfslinie
nicht irgendwohin auf die Linie der Schnittmarke, sondern auf einen ihrer beiden Punkte. Nur dann rastet der Cursor auf dieser Posi-
tion ein (er ändert sein Aussehen), und wenn
Sie die Maustaste jetzt loslassen, verläuft so die
Hilfslinie *exakt* durch den Punkt.

Die folgenden Arbeitsschritte zur Erstellung der weiteren acht Nutzen können Sie ohne ungenaues Verschieben mit der Maus bewerkstelligen.

Nehmen wir an, die Visitenkarte hat die Standardgröße von 54 × 86 mm. Alle vier Seiten gehen in den Anschnitt. An Ober- und Unterkanten können die Visitenkarten aneinander stoßen, da der dunkle senkrechte Balken oben wie unten gleich ist. An den Seiten müssen die Karten einen gewissen Abstand zueinander haben – dort ist also ein Doppelschnitt nötig.

Markieren Sie alle Elemente der Karte inklusive der beiden senkrechten Beschnittmarken und versetzen Sie eine Kopie davon zweimal um je 90 mm – dadurch entsteht ein Abstand von je 4 mm zwischen den Karten (Doppelschnitt). Erledigen Sie diese Schritte mit dem Befehl *Objekt / Transformieren / Bewegen...* Es ergibt sich folgendes Bild:

Schauen Sie sich dazu unbedingt noch einmal die Darstellung der neun Nutzen dieser Karte auf der Seite 48 an.

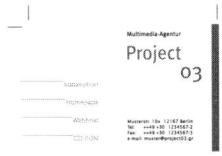

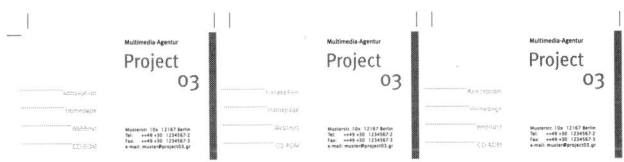

Anschließend müssen die drei Karten noch vertikal als Kopie zweimal um je 54 mm versetzt werden. Gehen Sie dabei entsprechend auf dieselbe Weise vor wie zuvor beschrieben: Markieren Sie die Elemente der drei Karten und die eine horizontale Beschnittmarke links (nicht die senkrechten). Verschieben Sie eine Kopie um vertikal −54 mm (nach unten). Wenn Sie diese Schritte alle über den Befehl *Objekt / Transformieren / Bewegen... – Kopie* ausführen, sind Sie schneller, als wenn Sie versuchten, die Kopien von Hand zu verschieben; außerdem ist das Ergebnis absolut exakt.

Die fehlenden Beschnittmarken unten und rechts können Sie ruhig durch Kopien der bestehenden erzeugen, die Sie von Hand verschieben können. Ob die Beschnittmarken etwas weiter oder näher an den Karten stehen, ist unerheblich. Allerdings müssen Sie darauf achten, dass Sie diese Kopien mit der gedrückten Shift-Taste verschieben, damit sie genau fluchten.

Zwei Farben

Die Elemente der Visitenkarte sollen aus nur zwei Farben aufgebaut sein: Schwarz und einer Sonderfarbe Maisgelb (für den senkrechten Balken und die „03"). Damit das Maisgelb nicht durch die vier Prozessfarben aufgebaut wird, müssen Sie eine Sonderfarbe anlegen. Eine Sonderfarbe mischen Sie folgendermaßen an: Legen Sie in der Palette *Farbfelder* eine neue Farbe an. Wählen Sie anstelle der voreingestellten *Farbart* CMYK *Volltonfarbe.*

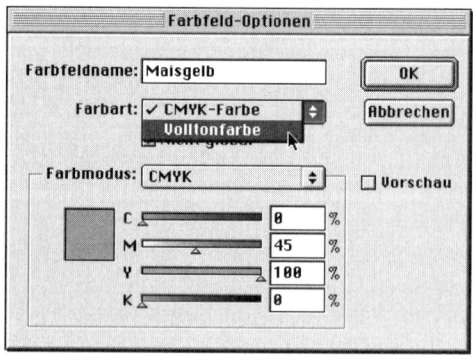

Die Schieber bieten Ihnen weiterhin nur die Farben CMYK an. Das muss Sie nicht verwirren, da Sie hier nur die Erscheinung der Farbe

anmischen, wie sie auf dem Monitor dargestellt wird. Anschließend erscheint diese Farbe
in der Palette *Farbfelder* unter dem vergebenen
Namen – hier Maisgelb.

Wenden Sie diese Farbe auf Elemente der
Visitenkarten an, werden diese beim Ausdruck
von Farbauszügen auf einem eigenen Bogen
ausgegeben.

Eventuell werden in der Palette *Farbfelder* über
die verwendeten Farben noch weitere aufgelistet. Wählen Sie diese aus und löschen Sie sie,
um eine möglichst große Übersicht über die
verwendeten Farben zu bekommen.

Anschließend können im recht gewöhnungs-
bedürftigen Drucken-Dialog von Illustrator
die verwendeten Farben überprüft werden:

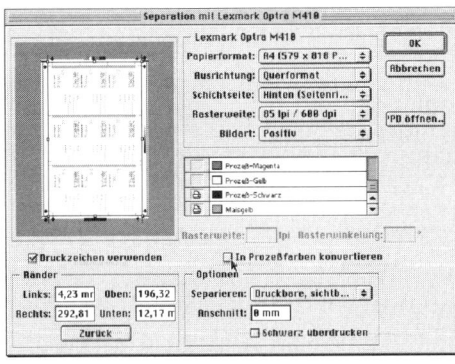

Zunächst taucht die Farbe „Maisgelb" nicht
auf, weil erst die Checkbox *In Prozessfarben
konvertieren* deaktiviert werden muss!

Den Anschnitt können Sie auf 0 setzen, da
nichts am Seitenrand in den Anschnitt geht.
Aktivieren Sie die Checkbox *Druckzeichen verwenden*. Dadurch werden auch die benötigten
Passmarken automatisch mit ausgegeben.

Drucken Sie anschließend Auszüge, sollten sie für diese Visitenkarten wie unten aussehen.

Dass die automatisch gesetzten Beschnittzeichen auf jedem Film erscheinen, ist bei den anderen Programmen nicht üblich — sie erscheinen dort nur auf dem Schwarzauszug wie die hier selbst gezeichneten.

Auszüge:
Schwarz

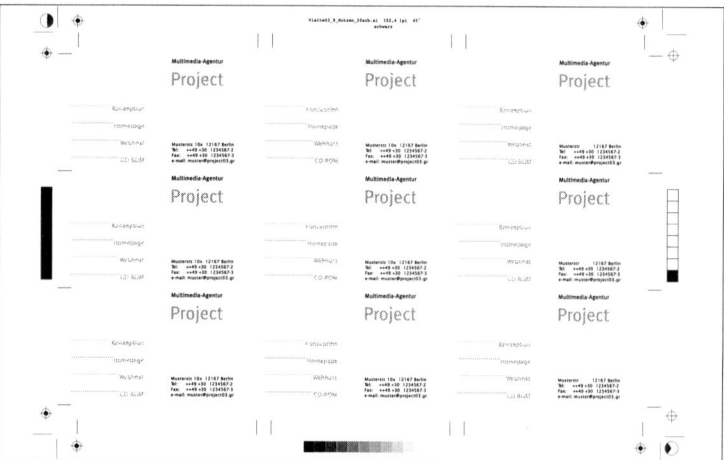

Maisgelb

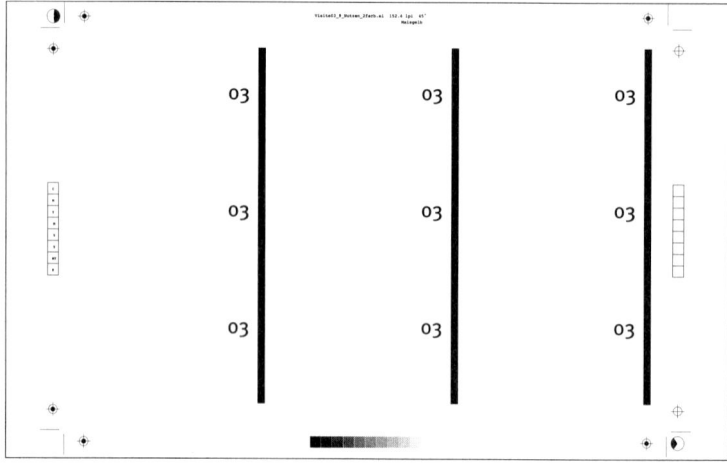

Eine Besonderheit von Illustrator ist, dass es die automatischen Beschnittzeichen nicht um die Seite des Dokumentes legt wie alle anderen Programme – sie werden um die maximale Ausdehnung aller Elemente gelegt. Wollen Sie erreichen, dass die Dokumentseite als Grundlage für die automatischen Beschnittzeichen genommen wird, müssen Sie fummeln. Legen Sie dazu einen Rahmen an, der exakt auf den Seitenkanten liegt an. Damit er nicht gedruckt wird, vergeben Sie sowohl für *Linie* als auch *Füllung* keine Farbe.

Mehrseitiges Dokument

Komplizierter wird es, wenn Sie dem Programm die Ausgabe mehrerer Seiten entlocken wollen. Da Illustrator nur eine Seite pro Dokument beherrscht, muss ein umständlicher Umweg beschritten werden. Anders als alle anderen DTP-Programme kennt Illustrator nicht die Größe einer Seite, wie zuvor geschildert. Dafür kennt es den Bereich, der als Papierformat angegeben wird. Dieser Bereich wird als so genannte Seitenaufteilung in Form eines gestrichelten doppelten Rahmens angezeigt. Alles, was innerhalb des kleineren Rahmens liegt, druckt Illustrator aus. Der äußere Rahmen zeigt das Papierformat an – der Unterschied zwischen innerem und äußerem Rahmen zeigt den Rand an, den der ausgewählte Drucker nicht bedrucken kann. Je nach verwendetem Drucker ist dieser Rand unterschiedlich groß.

Wollen Sie eine vierseitige A4-Drucksache erstellen, müssen Sie ein A2-Dokument anlegen. Unter *Papierformat* wählen Sie dagegen A4. Im Dialogfenster *Dokumentformat*

finden Sie den Schalter *Fläche besteht aus ganzen Seiten*. Wählen Sie diese Einstellung, wird das gewählte Papierformat so oft auf dem größeren Dokument verteilt, wie es hineinpasst.

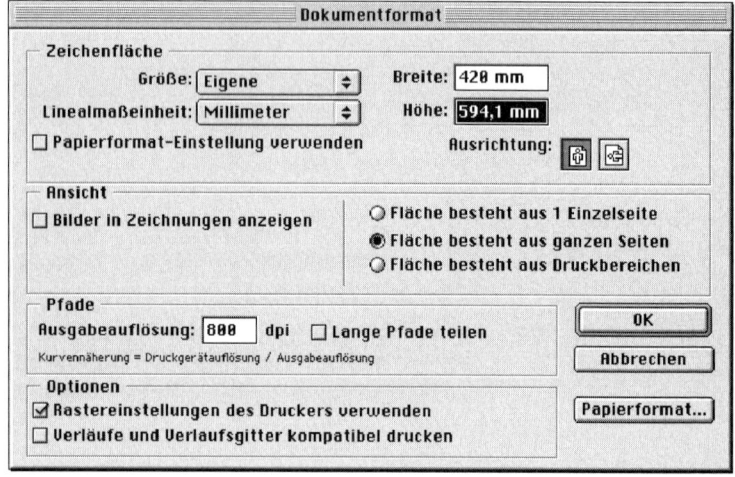

Oben sehen Sie im Feld *Höhe*, dass ein winzig größerer Wert als 594 mm eingegeben wurde. Das ist notwendig, damit Illustrator die Dokumentseite auch tatsächlich in vier A4-Druckseiten einteilt. Wahrscheinlich gibt es leichte Ungenauigkeiten beim internen Umrechnen der dem Programm bekannten Inches in Millimeter.

Das Resultat sieht dann aus wie auf der nächsten Seite oben links. Als professionelle Druckvorlage können Sie ein solche Einteilung allerdings nicht gebrauchen, da die nicht bedruckbaren Ränder stören. Bei der Ausgabe auf einem PostScript-Belichter werden diese Ränder nicht auftreten, da diese Geräte größere Filmformate als A4 verarbeiten. Wählt man ein solches Gerät an, wird die Ausgabe wie oben rechts abgebildet aussehen. Diese Ein-

stellung können Sie auch ohne PostScript-Belichter erreichen, indem Sie die PPD-Datei eines PostScript-Belichters auswählen – am besten die Ihres Belichtungsbüros.

Mehr zu PPD-Dateien finden Sie im Kapitel „PostScript-Druckdatei".

Innerhalb dieser Rahmen bauen Sie anschließend Ihre Datei auf, das Dokument wird abschließend in vier Bereiche aufgeteilt ausbelichtet.

Zu guter Letzt müssen die Beschnittmarken angelegt werden.

Allerdings funktioniert das nur, wenn keine Elemente am Seitenrand in den Anschnitt gehen. Falls das der Fall sein sollte, hilft nur noch umständlicheres Tricksen oder besser: Machen Sie's mit FreeHand oder CorelDraw.

Ein Diagramm
Ein Drama im DTP ist das Erstellen von Diagrammen. Zwar können darauf spezialisierte Programme wie Microsoft Excel prima Diagramme erzeugen, der separierte Druck ist

allerdings eine Katastrophe. Ein primitivere Art von Diagrammen lässt sich in Illustrator erzeugen. Damit können Sie auch einen Auftrag wie einen Jahresbericht annehmen, in dem erfahrungsgemäß mindestens ein Diagramm auftaucht.

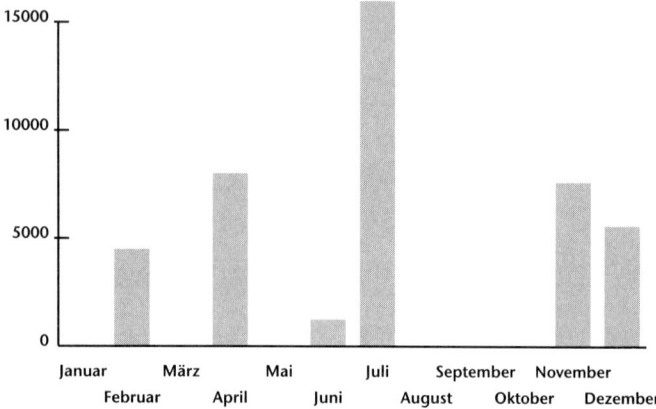

In FreeHand landet aus der Zwischenablage ein schlecht nachgezeichnetes Diagramm aus Excel, das sich aber mit einigem Aufwand korrigieren lässt. Siehe auch Kapitel „Dateiaustausch".

Diagramme aus Excel lassen sich nicht nach Illustrator importieren – über die Zwischenablage kommt nur ein Pixelbild an.

CorelDraw

CorelDraw ist das am weitesten verbreitete Grafikprogramm unter Windows. Es bietet über diverse Im- und Exportfilter eine Schnittstelle zu einer Vielzahl anderer Programme. Das weit verbreitete Illustrator-Format kann gelesen und exportiert werden. Damit ist der Weg offen, sowohl Dateien anderer Grafikprogramme zu öffnen als auch für sie Grafiken zur Verfügung zu stellen.

Im Laufe der verschiedenen Versionen ist die PostScript-Ausgabe immer besser geworden – sie war anfänglich sehr schlecht. Dennoch gibt es mit der Ausgabe von Schrift weiterhin etliche Fehler. Das liegt schlicht daran, dass einige Grundeinstellungen nicht korrekt sind.

In diesem Kapitel wird anhand des Aufbaus eines kleinen CD-Booklets beschrieben, wo Sie bei dem Programm besonders aufpassen müssen. CorelDraw erkennt als einziges DTP-Programm den Alpha-Kanal einer Bilddatei als Transparenz. Diese Funktion wird bei dem Booklet angewendet und beschrieben. Bei diesem Booklet handelt es sich um dasselbe, wie es auch im Kapitel „PageMaker" vorgestellt wird. Da jenes Programm keine Transparenzen kennt, ist der Lösungsweg ein völlig anderer. Auch wenn Sie PageMaker nicht kennen oder mögen, können Sie dort nachlesen, wie in allen anderen Programmen (Schein-)Transparenzen erreicht werden können.

CD-Booklet

Das Booklet hat acht Seiten, die sich aus zwei Bögen Papier zusammensetzen. Der äußere ist aus etwas stärkerem Material, damit er nicht so leicht verknickt, wenn man das Booklet wieder zurück in die Hülle schiebt.

Maße

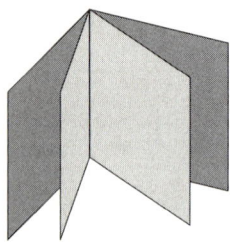

Im Deckel der Plastikverpackung einer CD ist genau 120 × 120 mm Platz. Da man in Corel nicht mehrere Seiten gleichzeitig sehen kann, behält man in diesem Fall nur die Übersicht, wenn die Datei mit einer Seitengröße von 240 × 120 mm aufgebaut wird. Dadurch entstehen vier „Doppelseiten". Bei jeweils zweien landet der Druck auf einem anderen Bogen – nur die Innen- und die Außenseite bleiben auch im Druck zusammen (siehe links oben). Die Filme müssen also später auseinander geschnitten werden, wenn eine manuelle Filmmontage vorgenommen werden kann.

Satzspiegel

Der Text soll über die Bilder laufen. Die Ränder sind außen jeweils 15 mm und oben 45. Dadurch ergibt sich ein Textrahmen mit einer Größe von 90 × 60 mm.

Bilder

Auf allen Seiten werden formatfüllende Bilder platziert. Sie müssen rund um die Seiten mit 3 mm in den Anschnitt gehen.

Über die Bilder soll Text laufen. Dazu müssen sie an diesen Stellen aufgehellt werden. Es bieten sich zwei Möglichkeiten an: Die einfachere ist, eine weiße transparente Fläche zwischen Text und Bild zu legen. Man hat dabei allerdings keine exakte Kontrolle darüber, wie

hell das Bild dadurch wird. Ergeben sich Farb-
mischungen, die dunkler als 40 Prozent
Schwarz erscheinen, ist Text darüber kaum
noch zu entziffern – der Kontrast der schwarzen Schrift zum dunklen Untergrund ist dann
zu gering.

Besser ist es deshalb, diese Aufhellung in
Photoshop vorzunehmen, da dort in der *Info-
Palette* exakt die Helligkeit verschiedener Bild-
partien abgelesen werden kann.

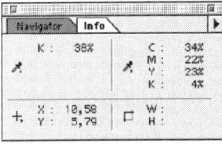

Aufhellungsmaske mit Photoshop
Öffnen Sie das Bild, das im Layout von Corel
platziert werden soll. Ziehen Sie einen Rahmen aus Hilfslinien auf, der der Größe des
Satzspiegels der Corel-Datei entspricht – plus
zwei Millimeter, damit die helle Fläche hinter
dem Text etwas größer als der Textrahmen
sein wird. Das ist relativ fummlig, da es keine
Möglichkeiten in Photoshop gibt, Objekte nu-
merisch zu platzieren.

Im Kapitel „PageMaker"
wird beschrieben, wie dasselbe Booklet angelegt
werden kann. Dort finden
Sie Hinweise, welchen an-
deren und präziseren Weg
man einschlagen kann.

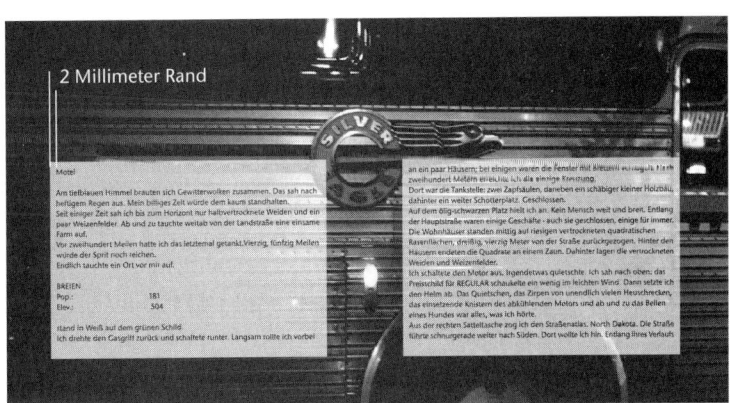

Legen Sie anschließend eine neue Ebene an
und füllen Sie die durch die Hilfslinien markierten Rechtecke mit Weiß. Reduzieren Sie
die Deckkraft dieser Ebene, bis das Bild noch

leicht zu sehen ist. Diese Ebenenmaske ist für Corel nicht zu gebrauchen. Sie können eine Kopie dieses Bildes als TIFF sichern.

Wollen Sie dagegen das Bild über andere Elemente legen, die durch die aufgehellten Flächen hindurchscheinen, brauchen Sie eine Transparenz und nicht nur eine Aufhellung. Diese Funktion bietet ein Alphakanal. Legen Sie dazu einen neuen Kanal an, in den Sie die Pixel der Ebenenmaske kopieren. Füllen Sie die weißen Flächen mit einem Grau, das der Deckkraft der Maskenebene entspricht – 80 % Deckkraft von Weiß entspricht einem 20 %igen Grau. Der Kanal wirkt in Photoshop nicht optisch.

CorelDraw ist das einzige Programm im DTP, das Alphakanäle in Bilddateien erkennt und als Transparenzen darstellt.

Löschen Sie die Ebene mit den beiden weißen Flächen, erscheint keine Aufhellung. Sichern Sie diese Datei als TIFF und importieren sie in Corel, werden die Flächen transparent, die im Alphakanal nicht tiefschwarz sind.

Lage der Bilder

Da CorelDraw alles druckt, was Kontakt zur Seite hat, müssen die Bilder nur mit 3 Millimetern über die Seite hinausragen, um gedruckt zu werden. Ihr Stand ist also X = 120 und Y = 60.

Falzmarken

Mehr zu Falzmarken finden Sie auch ab Seite 143.

Genau in der Mitte muss jede Seite gefalzt werden. Legen Sie dazu eine gestrichelte Linie an. Sie muss Kontakt zur Seite haben, damit sie gedruckt wird. Da alle Seiten mit Bildern belegt sind, können die entsprechenden Linien hinter den Bildern über die gesamte Seite durchlaufen. Die Bilder sind in ihrer Mitte nicht transparent, die Falzmarken können nicht durchscheinen.

Umgang mit Text

Mit Schrift tut sich Corel sehr schwer. Nehmen wir an, ein Text liegt als Word-Datei vor. Öffnen Sie ihn mit Word und kopieren ihn in die Zwischenablage, können Sie ihn in Corel einsetzen.

Dieser Text sieht zwar schwarz aus, das Schwarz wird aber durch das Farbmodell RGB definiert (siehe rechts). Dieses Schwarz wird

beim Drucken von Farbauszügen separiert wie ein Schwarz in Photoshop: Es baut sich aus allen vier Skalenfarben auf – das gilt nur für Text, der über die Zwischenablage in ein Corel-Dokument kopiert wurde.

Feine Elemente, die in einem solchen Schwarz gedruckt werden, erscheinen immer etwas unscharf. Wandeln Sie das Schwarz der Schrift deshalb unbedingt in den CMYK-Modus um – es wird dann automatisch auf 100 %

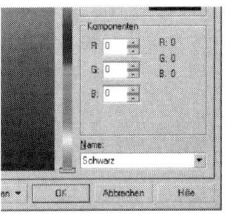

Schwarz eingestellt ohne weitere Skalenfarben. Das Problem scheint bei der Firma Corel bekannt zu sein, da es für diesen Fall sogar eine entsprechende Checkbox im Drucken-Dialog gibt (siehe rechts).

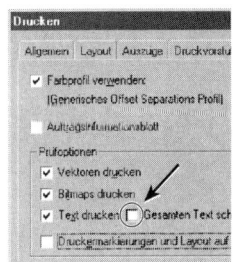

Schreiben Sie dagegen Text in Corel selbst, erhält er 100 % Schwarz als Farbe – hier müssen Sie nicht aufpassen.

Corel macht darüber hinaus denselben Fehler wie Illustrator: Schwarzem Text wird nicht automatisch die Funktion Überdrucken zugewiesen. Das müssen Sie unbedingt selbst anwenden, wenn schwarze Schrift im Dokument über farbige Flächen läuft.

Von Hand weisen Sie jedem einzelnen in Frage kommenden Textrahmen die Funktion *Überdrucken* zu, indem Sie ihn mit der rechten Maus-

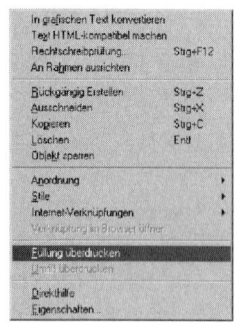

taste anklicken und den entsprechenden Befehl zuweisen (siehe links). Dabei erhält der gesamte Text des markierten Textrahmens diese Funktion.

Weisen Sie dem Text eine andere Farbe zu, verliert er diese Funktion wieder. Das ist ganz richtig: Ein beispielsweise cyanfarbener Text soll einen farbigen Untergrund nicht überdrucken. Weisen Sie allerdings anschließend wieder Schwarz zu, bleibt die Überdrucken-Funktion ausgeschaltet.

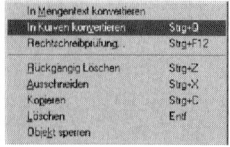

Text, der nicht normal läuft, sondern als Formsatz vorliegt, extrudiert, verzerrt oder rotiert wurde, kann zu PostScript-Fehlern führen. Konvertieren Sie in diesem Fall den Text besser in Kurven.

Überfüllung

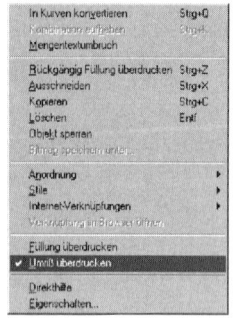

Steht farbiger Text auf einem farbigen Untergrund, kommt es leicht zu Blitzern, da Corel wie Illustrator keine Überfüllung beherrscht. Konvertieren Sie ihn dann in Kurven und weisen Sie eine manuelle Überfüllung zu, indem Sie eine Haarlinie vergeben mit der Funktion Überdrucken.

Ausbelichtung

Falls Sie noch relativ wenig Erfahrung mit dem Ausbelichten von Dateien haben, sollten Sie ein Belichtungsbüro suchen, das sich auf den Umgang mit CorelDraw-Dateien spezialisiert hat. Dort kann man Sie beraten, welche Vorsichtsmaßnahmen ergriffen werden müssen, damit es nicht zu Blitzern oder sonstigen Überraschungen im Druck kommt.

Dateiaustausch

In diesem Kapitel wird beschrieben, in welchen Formaten Sie Ihre Dateien speichern müssen, um sie zwischen den verschiedenen Programmen austauschen zu können.

Im zweiten Teil finden Sie einige Tipps, wie auch über unorthodoxe Wege das Ziel erreichbar ist.

Jedes Programm kennt zunächst nur Dateien, die es selbst oder eine ältere Version davon erzeugt hat. Damit Bilder und Grafiken aus anderen Programmen auf den Seiten eines Layoutprogramms beispielsweise erscheinen können, müssen diese in bestimmten Formaten gespeichert werden. Die beiden im DTP relevanten Dateiformate sind das TIFF und das EPS. Letzteres nimmt insofern eine Sonderstellung ein, als sowohl Pixel- (zum Beispiel Duplex) wie auch Vektordateien in diesem Format gespeichert werden können. Es sagt also zunächst nichts über seinen „Charakter" aus – ein TIFF dagegen besteht immer aus Pixeln.

Dateiaustausch normal

Pixeldateien
Am Ende des Kapitels „Photoshop" finden Sie die Formate, in denen Pixeldateien gespeichert werden müssen.

Vektordateien

Wollen Sie eine Grafik in Ihr Layout importieren, muss die entsprechende Datei aus dem Grafikprogramm im EPS-Format gesichert oder exportiert werden. Halten Sie die importierten Dateien aber möglichst übersichtlich. So macht es zum Beispiel keinen Sinn, wenn Sie eine komplette Seite in einem Grafikprogramm aufbauen, nur um sie anschließend auf die Seite eines Layoutprogramms zu legen. Lassen Sie in diesem Fall die Grafiken direkt aus dem Grafikprogramm belichten.

Auch ist es sinnvoller, bei einer Kombination von Grafiken und Bildern diese nicht in einem Grafikprogramm vorzunehmen, um sie anschließend auf eine Layoutseite zu importieren. Ausnahmen bestätigen allerdings die Regel. Im Beispiel links sehen Sie eine Kombination aus Bild (Kreisfläche), Grafik (Pfeile) und Schrift, die komplett in FreeHand erstellt, als EPS gesichert und hier in XPress als Bild geladen wurde. Dieser Weg wurde beschritten, weil eine präzise Positionierung der Schrift zu den Pfeilen nur innerhalb eines Programmes möglich ist. Wären die Pfeile in einem Grafikprogramm angelegt worden, erschienen sie im Layoutprogramm sehr pixelig und böten damit keine Orientierung für die Schrift. Andererseits wäre es möglich, alle Elemente in XPress anzulegen. Die meisten Layoutprogramme bieten allerdings nicht eine genauso präzise Darstellung von Bildern, wie Grafikprogramme es tun. Eine ganz exakte Zeichnung wie in diesem Beispiel könnte also kaum in einem Layoutprogramm entstehen.

Wollen Sie dagegen aus einem „ähnlichen" Programm Dateien importieren, sollten Sie versuchen, die Datei zu öffnen.

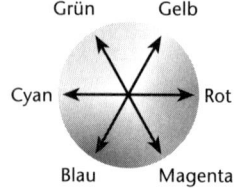

Layoutprogramme bieten eine schlechtere Bildschirmdarstellung von Bilddateien, dafür kann in langen Dokumenten schnell geblättert werden kann.

Es wäre nicht sonderlich klug, beispielsweise ein FreeHand-EPS in Corel zu importieren, um es dort durch weitere Elemente zu komplettieren. Die Bildschirmdarstellung des EPS ist sehr schlecht, ein Anpassen weiterer Elemente gelingt deshalb nicht passgenau.

Illustrator-Format (.ai)
Alle Grafikprogramme können Dateien dieses Formates direkt öffnen, sodass eine Bearbeitung der einzelnen Elemente möglich ist. Da dieses Format so universell ist, bieten alle Grafikprogramme an, Dateien in diesem Format zu exportieren. Rechts sehen Sie die Exportformate, die FreeHand anbietet. Da FreeHand und Illustrator mit neuen Versionen zumeist gleichzeitig auf dem Mark erscheinen, ist es den Entwicklern nicht möglich, die aktuellsten Formate einzubauen. Deshalb findet sich meist eine ältere Formatversion – hier Version 7 in der FreeHand-Version 9.01.

Wollen Sie also beispielsweise eine FreeHand-Zeichnung in CorelDraw weiterbearbeiten, exportieren Sie sie im aktuellsten Illustrator-Format, das angeboten wird, und öffnen sie mit Corel.

Falls sich in dieser Datei importierte Pixelbilder befinden, bleibt der Pfad zum Original erhalten. Wurde die Bilddatei allerdings eingebunden, verliert sich der Pfad zum Original und beim Öffnen erscheint folgender Dialog:

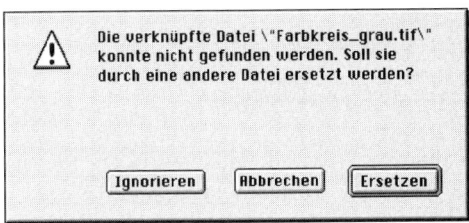

Sie müssten also in diesem Fall den Schalter *Ersetzen* drücken und die Bilddatei anwählen.

So schön dieser Weg ist, er hat auch seine Stolpersteine. Einige Elemente werden von den verschiedenen Grafikprogrammen unterschiedlich behandelt. Deshalb können Illustrator-Dateien in anderen Programmen nicht unbedingt 1:1 geöffnet werden.

Verläufe im Illustrator-Format
Liegt in der als Illustrator-Format exportierten Datei ein Verlauf, wird er beim Öffnen mit einem anderen Programm in lauter unterschiedlich farbige Striche zerlegt. Die Erscheinung entspricht immer noch der des Verlaufes, ein Bearbeiten ist allerdings kaum noch möglich, weil er nicht mehr als ein Element verstanden wird.

Text im Illustrator-Format
Ist Text in der Datei vorhanden, wird der Umbruch nicht derselbe sein, geschweige denn die Silbentrennung. Wurde der Text im Blocksatz gesetzt, wird er in viele kleine Textblöcke zerlegt. Das liegt daran, dass jedes Programm seine eigenen Berechnungsmethoden anwendet, wie der Zeichen- und Wortabstand definiert wird. Die Abstände bleiben damit zwar erhalten, ein Editieren des Textes ist aber ähnlich wie bei den Verläufen nicht mehr möglich.

Dateiaustausch spezial

Ab und zu muss man Dateien drucken, die aus diesem Grunde in ein bestimmtes DTP-Programm importiert werden müssen. Auch hier bietet sich zumeist Illustrator an. Stellen Sie sich folgenden Fall vor: Sie bekommen eine Excel-Datei mit einem Diagramm. Dieses Diagramm soll in das Layout einer DTP-Datei importiert werden. Das geht nicht. Legen Sie allerdings eine Druckdatei von diesem Diagramm an (dazu brauchen Sie Excel) und drucken sie in eine Datei bei ausgewähltem PostScript-Drucker, lässt sich die so erzeugte Datei mit Illustrator öffnen – mit keinem anderen DTP-Programm. Hier nun können Sie das Diagramm in seinen Farben und dergleichen mehr verändern, als EPS abspeichern und in ein anderes Programm als Bild importieren.

Druckdatei siehe Kapitel „EPS-Druckdatei".

Falls Sie Excel nicht haben (und wer hat das schon), müsste auf dem Rechner, auf dem die Excel-Datei erstellt wurde, eine entsprechende PostScript-Druckdatei erzeugt werden.

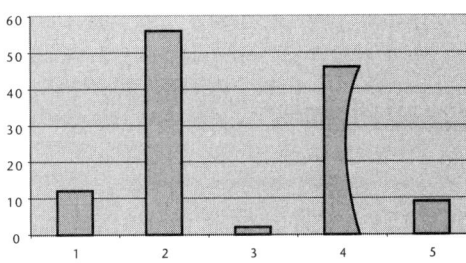

Oder Sie sichern die Datei im Illustrator-Format und bearbeiten sie in Ihrem bevorzugten Grafikprogramm. Im Beispiel oben wurde dieser Weg beschritten, die Illustrator-Datei mit FreeHand geöffnet und dort die Säule verbogen.

Grafik zu Pixeln
Manchmal braucht man bestimmte Effekte, die sich in einem Vektorprogramm mit seinen scharfen Formen nicht realisieren lassen. Rechts sehen Sie Teile der linken Seite noch einmal. Auch aus XPress können einzelne Seiten als EPS gesichert werden. Seit der 4er Ver-

Datenaustausch

Ab und zu muss mai diesem Grunde in ei gramm importiert w

sion können diese EPS-Dateien von Photoshop geöffnet werden.

Wichtiger dürfte allerdings das Zusammenspiel zwischen Grafikprogrammen und Photoshop sein. Besonders wenn Sie Grafiken in Ihr Layout importiert haben und es auf einem Tintenstrahldrucker ausgeben wollen, brauchen Sie anstelle des EPS ein TIFF. CorelDraw und Illustrator bieten es als Exportformat an, wobei die gewünschte Auflösung wählbar ist.

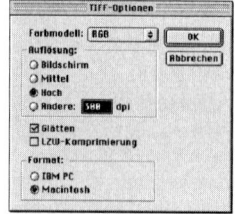

FreeHand dagegen kann TIFFs nur mit einer Auflösung von 72 dpi exportieren. Hier müssten Sie den Weg über Photoshop beschreiten. Exportieren Sie dazu die Datei als Photoshop-RGB-EPS und öffnen Sie sie mit Photoshop. Sie werden dann gefragt, in welchem Modus und welcher Auflösung die Vektordaten in Pixel umgesetzt werden sollen.

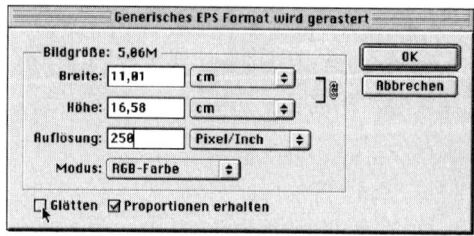

Wählen Sie den RGB-Modus für farbige Grafiken, wenn Ihr Tintenstrahldrucker damit am besten klarkommt.

Wenn es sich um Schwarzweißgrafiken handelt, wählen Sie eine entsprechend höhere Auflösung und den Modus Bitmap.

Schrift

Eins der größten Probleme beim Ausbelichten von Dateien bereiten Schriften. Im DTP werden zwei verschiedene Arten benutzt: Post-Script- und TrueType-Schriften.

Letztere werden hauptsächlich unter Windows verwendet, Erstere besonders auf dem Mac. Auch wenn die Systemschriften, also diejenigen, die mit dem Betriebssystem mitgeliefert werden, beim Mac TrueType-Schriften sind, werden sie im professionellen DTP kaum verwendet. Auf beiden Plattformen kommt es beim Einsatz von TrueType-Schriften relativ häufig zu Fehlern im Ausdruck. Besonders anfällig sind sie gegen das Kursivstellen. In manchen Programmen kann man sehen, dass der letzte Buchstabe in einem Textblock angeschnitten ist; häufig wird er auch so ausbelichtet.

kursiv gestellte Schrift kann abgeschnitten werden

PostScript-Schriften

Hierbei handelt es sich um die ältere Art der beiden Schriftformate. Sie eignen sich ohne Einschränkungen für den Ausdruck auf einem PostScript-Gerät und einem Tintenstrahldrucker.

Der Umgang mit ihnen ist etwas unpraktisch, da sich eine Schriftfamilie aus etlichen Dateien zusammensetzt. Rechts sehen Sie, wie eine entsprechende Schrift auf dem Mac aussieht. Das oberste Symbol „Stone" enthält die Bildschirmdarstellung der Schrift (Screenfont), die weiteren die Druckerinformationen. Nur

Down th

Down th

mit beiden zusammen kann ein sauberer Druck erreicht werden. Fehlt der Screenfont, kann die Schrift nicht vom Betriebssystem erkannt und damit auch nicht im Schriftmenü des jeweiligen Programms angewählt werden; fehlt der Printerfont, wird die Schrift nur grob pixelig ausgedruckt – siehe auch letzte farbige Innenseite.

Schriften kopieren

Wenn Sie Ihre Dateien an ein Belichtungsbüro schicken, sollten Sie auch die verwendeten Schriften mit auf den Datenträger kopieren. Zwar ist das nicht legal, aber tägliche Praxis.

Siehe auch nächstes Kapitel „Sammeln der druckrelevanten Dateien".

Sie müssen dazu sowohl die Screenfonts als auch die verwendeten Druckerfonts kopieren. Im Fall dieser Seiten hier sind das der Druckerfont „Stone" und mindestens die drei Schriftschnitte der Druckerfonts für *Stone Medium Serif* (diese Zeilen), die *StoneSans-SemiBold* (Überschrift) und die *StoneSans-Medium* für den Marginalientext links. Es schadet auch nichts, wenn Sie die komplette Stone mit allen Druckerfonts kopieren.

Und die StoneSerif-MediumItalic für die kursiv gesetzten Wörter rechts.

Windows

Bei Windows sehen die Screen- und Printerfonts folgendermaßen aus.

Stsm___.pfb	27 KB	PostScript Outline Dateien
Stsm___.pfm	5 KB	PostScript Metric Dateien
Stssb___.pfb	27 KB	PostScript Outline Dateien
Stssb___.pfm	5 KB	PostScript Metric Dateien

Die Dateien mit der Endung .pfb sind die Druckerfonts.

Leider sind die Namen der einzelnen Schriftkomponenten bei Windows unterschiedlich, je nachdem in welchem Ordner sie liegen. Nur im Ordner C:\Windows\Fonts werden Screen- und Printerfonts in verständlichen Namen angezeigt:

StoneSans-BoldItalic	STSBI___.TTF
StoneSans-Medium	STSM____.TTF
StoneSans-MediumItalic	STSMI___.TTF
StoneSans-SemiBold	STSSB___.TTF

Liegen dieselben Dateien in einem anderen Ordner, zeigen sie ihre „wahren" Namen.

3,5-Diskette (A:)

Datei   Bearbeiten   Ansicht   ?

Name	Größe	Typ
Stsbi___.ttf	50 KB	TrueType-Schriftartendatei
Stsbi__0.ttf	60 KB	TrueType-Schriftartendatei
Stsm____.ttf	52 KB	TrueType-Schriftartendatei
Stsm___0.ttf	61 KB	TrueType-Schriftartendatei

In den beiden Abbildungen sind TrueType-Schriften dargestellt.

TrueType-Schriften

Trotz der Probleme, die diese Schriften erzeugen können, haben sie wenigstens einen Vorteil: Sie bestehen nur aus jeweils einem Element, das man zur Belichtung schicken muss. Das Auffinden und Kopieren ist deshalb einfacher.

Beim Mac werden sie für die Belichtung nicht verwendet. Sie werden von einem PostScript-Belichter nicht ebenso scharf gezeichnet wie eine PostScript-Schrift. Werden beispielsweise Auszüge ausgegeben, kann es schon in der Belichtung dadurch zu Blitzern kommen – wenn das Programm keine automatische Überfüllung unterstützt (CorelDraw und Illustrator).

Überfüllung siehe auch Seite 46 und 156.

Aus diesem Grunde wird beim Sammeln der druckrelevanten Dateien von CorelDraw gewarnt, wenn Sie TrueType-Schriften in Ihrem Dokument verwendet haben (siehe nächste Seite).

„Sammeln" siehe nächstes Kapitel.

Es gibt Programme, mit denen sich TrueType-Schriften in PostScript-Schriften umwandeln lassen.
Beispiele sind „Fontographer" und „Metamorphosis". Letzteres kann Schriften auch für die jeweils andere Plattform konvertieren.

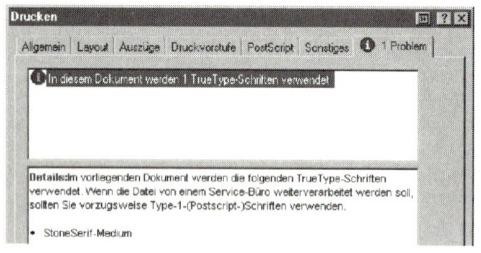

Schrift in Pfade konvertieren

Aus diesem Grunde werden Schriften besonders unter Windows häufig in Pfade konvertiert. Bei kleineren Textmengen ist das in Ordnung, bei größeren verlängert sich die Zeit für die Ausbelichtung, eine Korrektur des Textes ist nicht mehr möglich.

Kursiv und Fett

Light
Light Oblique
Book
Book Oblique
Regular
Oblique
Bold
Bold Oblique
Heavy
Heavy Oblique
Extra Bold
Extra Bold Oblique

Benutzen Sie möglichst nie die Einstellungen kursiv und fett. Dadurch wird die ausgewählte Schrift nur vom Programm schräg gestellt beziehungsweise mit einer Linie umsäumt. Es kann passieren, dass es zu Ausgabefehlern kommt. Außerdem sieht die Schrift hässlich aus. Benutzen Sie deshalb immer den entsprechenden Schriftschnitt; je nach ausgewählter Schrift bietet sich eine große Menge an – links beispielsweise die Futura.

Hilfsprogramme für Schriftverwaltung

Sie sollten Schriften möglichst nicht einfach in Ihr Systemverzeichnis schieben, um sie zu installieren. Sowohl beim Mac OS als auch unter Windows ist diese primitive Art der Schriftinstallation vorgesehen. Mit dem Adobe Type Manager ist es möglich, Schriften zu aktivieren und wieder zu deaktivieren.

Nur die relevanten Schriften für Kontrollausdrucke einzuschalten ist sehr wichtig!

Sammeln der druckrelevanten Dateien

Wenn Sie Ihre Layoutdatei zum Belichten oder Drucken geben, müssen Sie peinlich darauf achten, dass Sie alles, was gedruckt werden soll, auf den Datenträger kopieren und so der Belichtung zur Verfügung stellen können.

Zumeist stecken die wenigsten Daten für den Druck in der Layoutdatei selbst – ein großer Teil besteht aus platzierten Bild- und Grafikdateien.

Alle Dateien, die Sie platziert haben, müssen mit an die Belichtung geschickt werden.

Interne Elemente
Nur die Elemente, die Sie in einer Datei mit den jeweiligen Mitteln des Programms erstellt haben, stecken tatsächlich in dieser Datei. Zeichnen Sie beispielsweise eine Linie in Page-Maker, ziehen Sie eine Fläche in CorelDraw auf, tippen Sie Text in InDesign, sind diese Elemente Teil der jeweiligen Datei.

Externe Dateien
Platzieren Sie dagegen eine Grafik- oder Bilddatei, werden nur ihr Stand und der Pfad zur Originaldatei auf der Festplatte Ihres Rechners gespeichert.

Schriften
Auch Schriften sind externe Informationen. Zwar sind die Buchstaben eines Textes feste Bestandteile einer Datei, interne Elemente

also, eine Schrift wie die Stone Serif dieses Textes wird aber nur als Verweis auf das Original in einer Datei gespeichert.

Drucken und externe Dateien

Drucken Sie auf Ihrem Rechner die Layoutdatei eines Druckauftrages aus, merken Sie zumeist gar nicht, welche und wie viele weitere Informationen noch an den Drucker geschickt werden. Erst wenn die druckende Datei auf Dateien zugreifen will, die nicht mehr vorhanden sind, erhalten Sie Fehlermeldungen wie zum Beispiel in XPress:

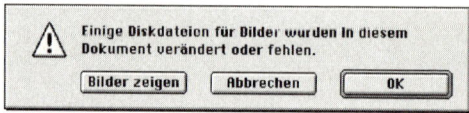

Importieren über die Zwischenablage

Wenn Sie innerhalb eines Programms eine externe Datei kopieren und über die Zwischenablage auf der Layoutseite eines anderen Dokuments einfügen, wird sie damit nicht zu einem internen Element. Die Verknüpfung zum Original bleibt erhalten.

Fügen Sie dagegen Elemente, die in dem Programm erstellt wurden, ein, werden sie interne Elemente der Datei, in die Sie sie einfügen.

Bildschirmdarstellung externer Dateien

Die verschiedenen DTP-Programme gehen unterschiedlich mit der Darstellung importierter TIFF-Dateien um. Besonders Layoutprogramme, die darauf angewiesen sind, beim Blättern die nächste Seite schnell anzeigen zu können, erzeugen meist eine gering aufgelöste Bildschirmdarstellung beim Import einer Bilddatei und legen sie auf der Seite ab. Bei

InDesign kann man beispielsweise bestimmen, in welcher Auflösung diese Bildschirmanzeige angelegt werden soll. Aber selbst wenn
Sie die volle Auflösung der importierten Datei
angeben, sind die Farbinformationen nicht
exakt enthalten.

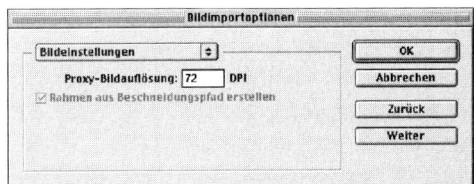

FreeHand dagegen legt keine Bildschirmdarstellung eines importierten Bildes an. Wenn
beim Öffnen einer Datei ein importiertes TIFF
erwartet und nicht gefunden wird, legt das
Programm nur einen leeren Rahmen als Platzhalter für das vermisste Bild an.

Importiert man Vektor- und Pixel-EPSe wird
immer nur deren gering aufgelöste Bildschirmdarstellung abgelegt – einen Einfluss
auf die Auflösung hat man nicht.

Mac und Windows gehen mit Bildschirmdar-
stellungen unterschiedlich um – auch in denselben Programmen.
   Ein Photoshop-EPS kann auf dem Mac mit
einer JEPG-Darstellung versehen werden, die
die sauberste Wiedergabe am Monitor erzeugt.
Öffnen Sie eine FreeHand-Datei unter Windows, in der ein solches EPS platziert wurde,
kann es am Monitor nicht dargestellt werden,
und das durchgestrichene Rechteck erscheint.
Hier fehlt Windows aber nur die Bildschirmdarstellung, der Ausdruck verläuft problemlos
inklusive des Bildes. Allerdings muss es dazu
auf dem Mac für den PC mit der Kodierung

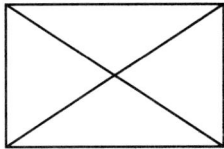

Zu ASCII und Binär siehe auch Kapitel „Photoshop" Seite 214 und „PostScript-Druckdatei".

ASCII anstelle von Binär gespeichert werden.

Eingebettete Dateien

Manche DTP-Programme bieten beim Platzieren einer externen Datei an, diese fest einzubetten. Dadurch erhöht sich der Speicherbedarf um die Größe der externen Datei.

Einbetten lassen sich externe Dateien in folgenden Programmen: InDesign, PageMaker, FreeHand, Illustrator und CorelDraw.

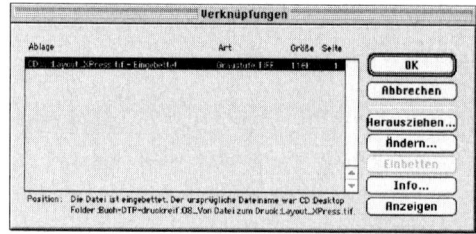

Oben sehen Sie den entsprechenden Dialog aus FreeHand; die Datei „Layout_XPress.tif" ist fest in die FreeHand-Datei eingebunden.

XPress lässt dergleichen nicht zu. Es gibt nur eine Ausnahme: Laden Sie eine Bilddatei, die im Format Pict vorliegt, wird sie automatisch in die XPress-Datei eingebettet. Man sollte solche Dateien aber nicht verwenden, da sie beispielsweise nicht den CMYK-Modus unterstützen.

Vor- und Nachteile eingebetteter Dateien

Auf den ersten Blick erscheint es vielleicht komfortabel, Grafik- und Bilddateien fest ins Layout einzubetten. Wollen Sie allerdings eine solche Datei mit dem Erzeugerprogramm bearbeiten, schlagen sich die Änderungen nicht in der Layoutdatei nieder, da keine Verknüpfung zum Original mehr besteht.

Während der laufenden Arbeit sollten externe Dateien deshalb nicht eingebettet werden, da häufig noch eine Bearbeitung notwendig ist. Auch für die Verschickung zur Belichtung sollten die Dateien nicht unbedingt eingebunden werden, falls dort ein Fehler an ihnen entdeckt wird, wie zum Beispiel die fehlende Separation eines farbigen Bildes aus Photoshop.

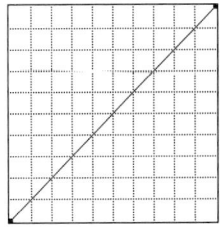

Bei der Erstellung dieses Buches wurden jedoch etliche Bilddateien in Grafik-EPSe eingebunden, um den Überblick nicht zu verlieren. Auf den farbigen Innenseiten sehen Sie Duplex-Bilder mit den dazugehörigen Gradationskurven. Diese vielen kleinen Bilder wurden eingebettet, die „großen" dagegen nicht.

Falls das verwendete Programm externe Dateien einbetten kann, sollte es über die Funktion verfügen, die entsprechende Datei wieder freigeben zu können. Sonst kann man sie, falls das Original gelöscht wurde, nicht mit dem Erzeugerprogramm bearbeiten.

Beispiel: Sie betten eine Bilddatei ein und löschen sie im guten Glauben von Ihrer Festplatte, dass Sie sie nicht mehr benötigen. Das ist auch in Ordnung. Soll dieses Bild nun aber in Photoshop nochmals bearbeitet werden, kann das Programm es nicht mehr öffnen, da es fest in einer für Photoshop unbekannten Layoutdatei eingebettet ist.

FreeHand bietet für diesen Fall den Befehl *Herausziehen* an (siehe links oben). Dadurch wird das Bild als komplette Datei zurück auf die Festplatte gespeichert. Jetzt ist es für Photoshop zugänglich.

Alle anderen Programme, die externe Dateien fest einbinden können, verfügen nicht

über diese Funktion. Man wird entsprechend
beim Einbetten gewarnt – hier von InDesign:

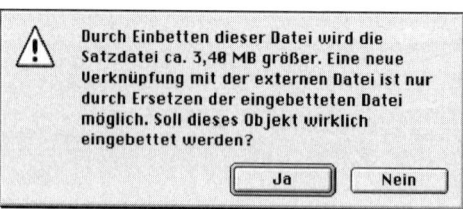

Ein weiterer Nachteil des Einbettens liegt in
der zum Teil immensen Vergrößerung der Layoutdatei. Dadurch kann der Speichervorgang
sehr langwierig werden.

Schriften
Schriften lassen sich nicht einbetten. Deshalb
werden sie häufig vergessen, besonders wenn
sie in importierten Grafik-EPSen vorliegen. Es
ist möglich, sie in einem Grafikprogramm in
Pfade zu konvertieren. Anschließend sind diese Pfade natürlich nicht mehr wie Schrift be-
handelbar, Tippfehler lassen sich nicht korrigieren.

Das Umwandeln in Pfade sollte deshalb nur
bei kleinsten Textmengen vorgenommen werden. Außerdem verlangsamt sich der Ausdruck
erheblich bei einer Unmenge von Pfaden, da
die Schrift nicht nur einmal an den Drucker
geschickt werden muss, sondern jeder einzelne Pfad.

Siehe auch Kapitel „Schriften".

Aufgrund der verbreiteten TrueType-Schriften
bei Windows wird häufig verlangt, die Schrift
in Pfade zu konvertieren. Behalten Sie aber
immer ein Duplikat mit der editierbaren
Schrift, damit Schreibfehler gegebenenfalls
später korrigiert werden können.

Was steckt in meinen Dateien?

Sollen beispielsweise die Seiten dieses Kapitels ausbelichtet werden, müssen die XPress-Datei dieser Seiten, sämtliche importierten Bilder, Grafiken und die verwendeten Schriften auf den zu verschickenden Datenträger gespeichert werden.

Die Grafik unten wurde in FreeHand erstellt. Darin sind zwei externe Dateien vorhanden: das Bildschirmfoto und die Schrift unter der Grafik, der Rahmen wurde in FreeHand erzeugt.

Sie müssen also neben dem FreeHand-EPS auch die Schrift Franklin Gothic und das TIFF in der Grafik auf den Datenträger kopieren.

Wurde dieses TIFF allerdings in FreeHand fest eingebunden, muss es nicht mit verschickt werden.

Es ist zwar nicht legal, Schriften an jemand anders zu schicken, damit er sie zum Ausdruck verwenden kann, da die Lizenz für eine Schrift nur für ein Ausgabegerät erworben wird. Anderseits handelt es sich beim Verschicken von Schriften um die tägliche Praxis.
So dürften streng genommen auch keine Schriften in PostScript-Druckdateien eingebunden werden.

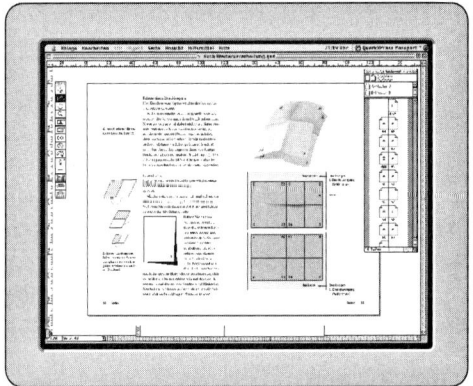

Diese Schrift ist die Franklin Gothik Demi.

Übersicht über externe Dateien
So unterschiedlich die DTP-Programme, so unterschiedlich geben sie Auskunft über externe Dateien.

Layoutprogramme

Diese Kategorie von Programmen gibt sowohl Auskunft über importierte Dateien als auch die im Dokument selbst verwendeten Schriften.

XPress bietet unter dem Menüpunkt *Hilfsmittel / Verwendung* eine entsprechende Übersicht.

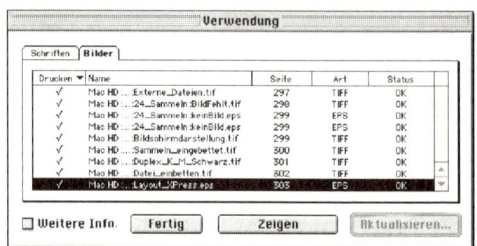

In einem EPS importierte Dateien, wie auf der vorangegangenen Seite beschrieben, werden nicht erkannt.

InDesign erkennt die Zusammensetzung externer Dateien. Platzieren Sie ein EPS, sollten Sie sich die Import-Optionen anzeigen lassen. Aktivieren Sie *Eingebettete OPI-Bildverknüpfungen lesen,* werden in der Palette *Verknüpfung* die importierte Grafik und darin importierte externe Dateien angezeigt.

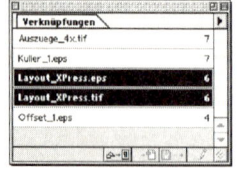
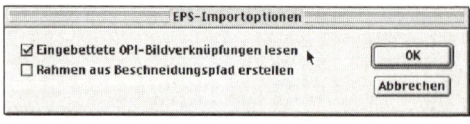

Die Datei „Layout_XPress.eps" wurde in Free-Hand erzeugt, das darin importierte TFF heißt „Layout_XPress.tif". Das TIFF ist in diesem Fall nicht in das EPS eingebettet.

PageMaker listet im Dialogfeld die importierten Dateien auf, allerdings nicht eingebettete externe Dateien. Dennoch werden sie beim Sammeln erfasst und kopiert.

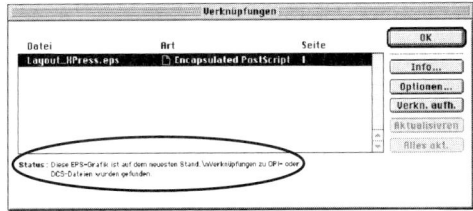

Grafikprogramme
Bei diesen Programmen ist die Situation nicht ganz so vertrackt, da man normalerweise keine Grafik-EPSe importiert. Man erstellt sie mit ihnen oder druckt direkt aus dem Programm aus.

Alle drei Programme listen importierte Bilddateien in ihren diversen Paletten auf.

Sammelfunktion

Die meisten DTP-Programme verfügen über eine Funktion, mit der es möglich ist, alle für den Druck relevanten Dateien in einen neuen Ordner zu kopieren, den Sie an das Belichtungsbüro schicken können.

Importierte Grafiken
Leider sind die Programme unterschiedlich gut im Ausführen des Sammelns. Alle speichern automatisch die Layoutdatei in einen von Ihnen angegebenen Ordner und kopieren die importierten Grafik- und Bilddateien. Diejenigen Programme, die in die importieren Grafik-EPSe „hineinschauen" können, also erkennen, ob sich darin weitere Bilddateien befinden, kopieren auch diese in den Sammelordner. XPress erkennt sie nicht und kann sie deshalb auch nicht kopieren.

außer Illustrator

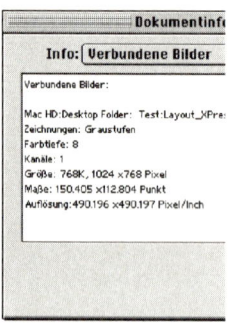

In Illustrator kann man sich wenigstens über ein Menü unter *Datei / Dokumentinformationen* Entsprechendes anzeigen und gegebenenfalls ausdrucken lassen, um dann von Hand die Dateien zusammenzusuchen.

Verwendete Schriften

Über die importierten Dateien hinaus sammeln InDesign, FreeHand und CorelDraw auch die verwendeten Schriften – die anderen Programme können das nicht.

InDesign hat von diesen dreien als einziges Programm auch mit importierten Grafik-EPSen zu tun. Den entsprechenden Befehl finden Sie unter *Datei / Verpacken...* InDesign spürt dabei auch die Schriften in importierten Dateien auf und kopiert sie mit in den Sammelordner. Die anderen beiden verfahren entsprechend mit den in ihrem Dokument direkt verwendeten Schriften.

In FreeHand starten Sie den entsprechenden Befehl unter *Ablage / Für Ausgabe erfassen...*

XPress kopiert auf den Befehl *Für Ausgabe sammeln...* zwar keine Schriften, legt aber beim Sammeln der importierten Dateien einen Bericht an, in dem haarklein aufgelistet wird, welche Schriften wo stecken – unten ein Auszug aus der erstellten Textdatei:

Entsprechend den Lizenzbedingungen taucht zunächst eine Warnung auf: bei InDesign eine lange, weil die Firma Schriften herstellt und vertreibt, bei FreeHand eine kleine, die man auch ausschalten kann. Macromedia verkauft keine Schriften ...

@Kopf/Verwaltungsdaten:BILDSCHRIFTEN

Layout_XPress.eps   FranklinGothic-Demi

Sammeln_PM.eps   Keine Schriften verwendet.

PageMaker sammelt keine Schriften und legt auch keinen Bericht an, aus dem hervorginge, welche Schriften verwendet wurden. Wie Illustrator bietet es eine Übersicht unter *Optionen / Plug-Ins / Datei-Info...*, die auch als Textdatei gespeichert werden kann.

CorelDraw kopiert die Schriften, warnt aber, falls TrueType-Schriften verwendet wurden, weil sie sich problematisch in der Belichtung verhalten können.

Kontrollausdruck der gesammelten Dateien

Um ganz sicher zu gehen, ob tatsächlich alle Dateien erfasst wurden, egal ob automatisch oder von Hand kopiert, kann man noch einen letzten Kontrollausdruck machen. Hierbei sollen nur die kopierten Dateien gedruckt werden.

Dabei ergibt sich ein Problem: Die Pfade zu den externen Dateien haben sich durch das Kopieren verändert.

Dateihierarchie

Wenn Sie die druckrelevanten Dateien von Hand sammeln, versuchen Sie keine Strukturen in Form von Ordnern anzulegen, die zuvor nicht vorhanden waren.

Legen Sie also keinen Ordner für Grafikdateien an und einen weiteren für Bilddateien. Ihre Druckdatei wird diese neuen Bezüge nicht herstellen können.

Die beste Lösung ist deshalb, alle Dateien in einen Ordner zu legen. Wird die Druckdatei geöffnet, kennt sie zwar noch die alten Pfade, schaut aber zunächst in den Ordner, in dem sie liegt. Befinden sich alle externen Dateien zusammen mit ihr im selben Ordner, werden die Pfade zu diesen Dateien aktualisiert. Dabei entsteht allerdings leicht Unübersichtlichkeit. Benennen Sie deshalb die Druckdatei mit einem Namen, der im Alphabet vor allen anderen steht. Hier bieten sich Ziffern an.

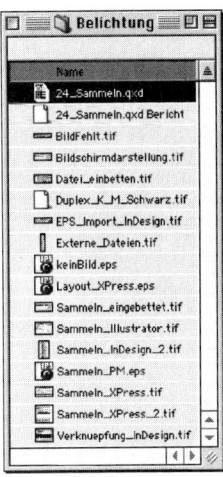

Verboten!

Alle Belichtungsbuden klagen über Unübersichtlichkeit der gelieferten Dateien. Dabei treten zwei Extreme auf: Viel zu viele Dateien
werden angeliefert, quasi in der Hoffnung, die
richtigen werden schon dabei sein.

Neben diesem Schrotflinten-Prinzip gibt es
die Überpingeligen, die nachträglich Dateina-
men ändern, weil sie sie nicht als schick genug
oder einleuchtend empfinden. Dergleichen
Dünkel hat kein Programm; es findet anschließend die umbenannten Dateien schlicht nicht
mehr. Der Mensch am Belichter oder Tintenstrahldrucker kann natürlich nicht wissen,
welche Datei denn nun die richtige ist.

Verändern Sie also keine Namen – außer
vielleicht dem der druckenden Datei – und legen Sie alle Dateien in einen Ordner.

XPress

DropStuff™

24_Sammeln

24_Sammeln.sit

Egal ob Sie die Dateien von Hand oder automatisch gesammelt haben, XPress will partout
nicht loslassen. Auch wenn die kopierte Druckdatei gemeinsam im selben Ordner mit den
Duplikaten der externen Dateien liegt, sieht
sie diese nicht. Der Bezug zu den ursprünglichen Dateien bleibt erhalten. Selbst wenn Sie
den Ursprungsordner umbenennen, in den
Papierkorb (Mac) legen, bleibt XPress den alten Dateien treu. Sie können auf Ihrem Computer also keinen relevanten Kontrollausdruck
starten. Da hilft nur eins: den Ursprungsordner
löschen.

Das ist allerdings gefährlich, da sich darin
eventuell noch wichtige Dateien befinden.
Komprimieren Sie ihn zunächst und löschen
Sie dann das Original.

PostScript-Druckdatei

Es gibt Belichtungsbüros, die keine offenen
Dateien annehmen, wie im vorangegangenen
Kapitel beschrieben sondern nur eine kom-
pakte PostScript-Druckdatei.

In einer solchen Datei sind alle Elemente
eingebunden, externe Dateien und Schriften,
die zum Druck notwendig sind. Das ist ihr großer Vorteil – Sie brauchen sich nicht um das
Sammeln der Dateien zu kümmern.

Der Nachteil besteht darin, dass eventuelle
Fehler in einer solchen Druckdatei nur mit
teurer Software im Belichtungsbüro korrigiert
werden können. Da es diesen Belichtungsbüros aber um eine schnelle Belichtung geht,
nehmen sie sich normalerweise nicht die Zeit,
bei auftretenden Fehlern diese zu korrigieren.

Besonders Belichtungsbüros, die Windows-
Dateien ausbelichten, wollen EPS-Druckda-
teien als reprofähige Vorlagen von Ihnen bekommen. Wenn Sie eine solche Druckdatei
anlegen wollen, muss sie alle Einstellungen
für den Druck enthalten, also Rastereinstellungen, Druckmarken, Einstellungen zur Ausgabe
von Auszügen und dergleichen mehr. Damit
Sie die Einstellungen vornehmen können, die
die Belichtungsmaschine des Belichtungsbüros
ausführen kann, brauchen Sie unbedingt die
PPD-Datei dieser Maschine.

Einige Belichtungsfirmen bieten sie deshalb
zum Download auf ihrer Homepage an oder
geben sie Ihnen auf einer Diskette.

PPD-Datei

Eine PPD-Datei beinhaltet die Beschreibung eines PostScript-Gerätes – die Abkürzung steht für PostScript Printer Description. Damit ein Programm auch auf einem normalen Post-Script-fähigen Laserdrucker optimal drucken kann, muss es wissen, über welche Fähigkeiten der Drucker verfügt: welche Papiergröße er verarbeiten kann, welche Auflösung er hat und so weiter.

Auswahl einer PPD-Datei siehe auch Kapitel „Post-Script-Fehler".

Wie Sie wahrscheinlich von der Installation Ihres Druckers wissen, müssen Sie die entsprechende PPD-Datei anwählen, um beispielsweise ein neues Druckersymbol auf Ihrem Schreibtisch (Mac) oder der Systemsteuerung (Windows) anlegen zu können.

Erstellen einer PostScript-Druckdatei

Eine solche Datei wird über den Befehl *Drucken* erzeugt und muss für die Maschine angelegt werden, auf der sie ausgegeben werden soll. Um das zu gewährleisten, muss die PPD-Datei dieser Maschine ausgewählt werden.

Links sehen Sie die verschiedenen Papiergrößen, die mein Drucker verarbeiten kann. Das Menü wurde unter *Papierformat* geöffnet.

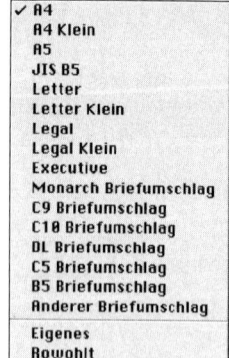

Wählen Sie dagegen eine andere PPD-Datei, werden die entsprechenden Leistungen dieser Maschine angeboten. Rechts sehen Sie beispielsweise die ansteuerbaren Formate der Belichtungsmaschine, die in der Produktion bei Rowohlt verwendet wird.

Statt den Drucker als Ziel des Druckauftrages anzusteuern, wählen Sie *Datei*.

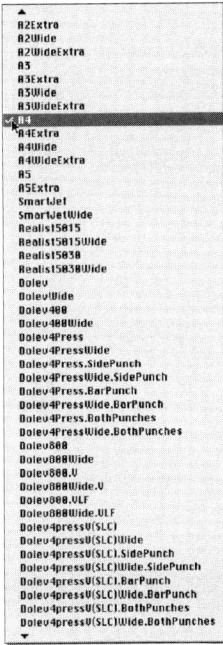

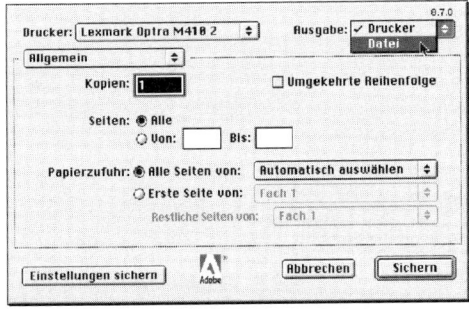

Lösen Sie anschließend den Befehl *Drucken* beziehungsweise *Sichern* aus, werden Sie aufgefordert, diese Datei zu speichern.

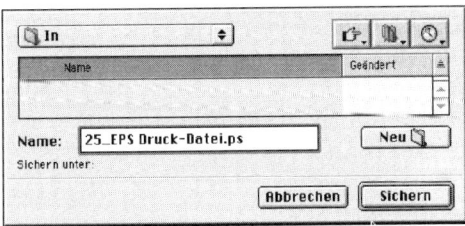

Bevor Sie das allerdings tun, müssen Sie unbedingt alle Einstellungen vornehmen, die Sie sonst in einem Belichtungsauftrag angeben müssen.

Belichtungsauftrag siehe Seite 123.

Einstellungen im druckenden Programm

Am wichtigsten sind die Einstellungen zur Rasterweite, Druckmarken, Ausgabegröße und den Farbauszügen. Sie müssen diese Einstellungen unbedingt korrekt vornehmen, da die Druckdatei später nicht mehr korrigiert wird. Unten sehen Sie beispielsweise den Drucken-Dialog aus FreeHand. Die ausgewählte PPD-Datei stellt hier unter Halbtonraster 150 lpi (60er Raster) und die Maschinenauflösung von 2540 dpi ein.

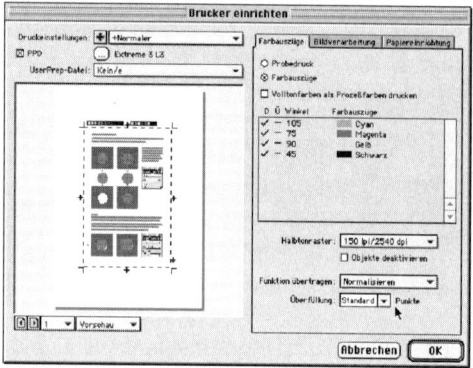

Falls Sie keine manuellen Überfüllungen vorgenommen haben, können Sie bei diesem Programm *Überfüllung* auf Standard stellen, wodurch sie vom Belichtungsrechner entsprechend der dortigen Einstellung vorgenommen wird. Falls Sie manuelle Überfüllungen an nur wenigen Objekten angelegt haben und *Standard* hier lassen, addiert sich dieser Wert zu Ihren Überfüllungen hinzu – sie wird dort besonders stark.

Wie Sie manuelle Überfüllungen vornehmen können, finden Sie auf Seite 158 beschrieben.

Einstellungen einer PostScript-Druckdatei

Im Folgenden werden nicht noch einmal alle Punkte aufgeführt, die ein Belichtungsauftrag beinhaltet. Über diese Punkte hinaus müssen Sie weitere Einstellungen vornehmen, die zum Beispiel den Umgang mit Schriften, den gewünschten PostScript-Levels und dergleichen

Belichtungsauftrag siehe Seite 121.

mehr beinhalten. Wählen Sie dazu im Drucken-Dialog den Punkt *Ausgabedatei* an.

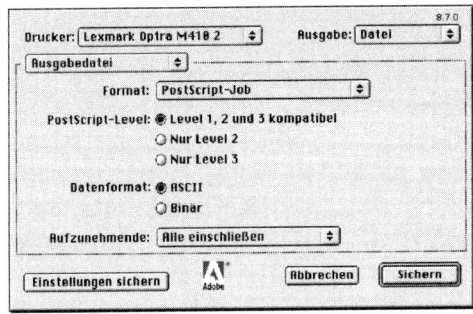

Das Format soll ein *PostScript-Job* sein.

• *PostScript-Level;* Sie müssen beim Belichtungsbüro nachfragen, welchen Level die dortige Maschine unterstützt.

PostScript-Level siehe Seite 103.

• *Dateiformat;* der Mac versteht beide Formate, für Windows muss *ASCII* eingestellt werden. Sie können also sowohl auf dem Mac als auch unter Windows eine PostScript-Datei erzeugen, die auf der jeweils anderen Plattform ausgegeben werden kann. Das Format ASCII ist zwar universeller, wird aber auf dem Mac kaum benutzt, weil die Decodierung im Drucker länger braucht.

• *Aufzunehmende;* hier sind die Schriften gemeint. Voreingestellt ist *Alle einschließen*, was man fast ausschließlich benutzt. Damit werden alle im Dokument verwendeten Schriften in die Datei aufgenommen.

Eingebundene Schriften

Sollen in die Druckdatei Schriften aufgenommen werden, müssen sie beim Anlegen installiert sein, andernfalls können sie nicht eingebunden werden. Stehen sie dem Programm, aus dem heraus Sie die Druckdatei sichern,

Siehe auch Kapitel „Sammeln der druckrelevanten Dateien".

nicht zur Verfügung, erhalten Sie diverse Warnungen. Darüber hinaus müssen auch die Schriften installiert sein, die in importierten EPS-Dateien benutzt wurden, andernfalls gibt beispielsweise XPress folgende Warnung aus:

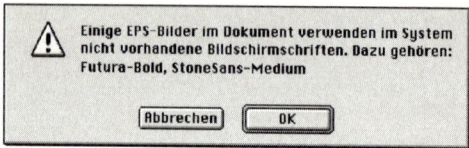

Nicht eingebundene Schriften

Falls Sie die Schriften nicht mit in die Druckdatei aufnehmen lassen, müssen Sie sie genauso mitliefern wie beim Verschicken der offenen Dateien.

Dateigröße

Da alle druckrelevanten Daten, alle Seiten und Druckeinstellungen in einer solchen Datei gespeichert werden, ist sie mitunter sehr groß.

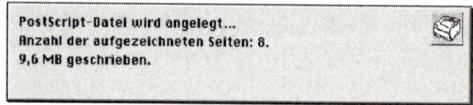

Testen

Sie können auf Ihrem PostScript-Drucker die Datei nicht testen, da Anweisungen enthalten sind, die er nicht unterstützt, wie zum Beispiel die Papierformate oder nur das Fach für den Einzug des Filmmaterials.

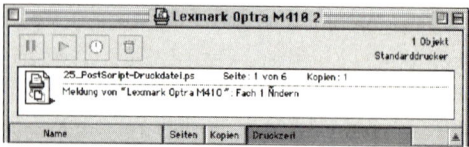

PostScript-Fehler

Beim Ausdrucken einer Datei auf einem Post-Script-fähigen Drucker oder Belichter werden alle Informationen, die in ihr stecken, und zusätzliche Informationen zu Druckmarken, Rasterweite, Separation, Überfüllung und so weiter in PostScript-Code umgewandelt und an den Drucker geschickt.

Der RIP im Drucker interpretiert diese Post-Script-Anweisungen und wandelt sie in Maschinenpixel um.

Siehe auch das Kapitel „PostScript" ab Seite 91.

Je nach eingebautem RIP, dem vorhandenen Druckerspeicher und vor allem der Fähigkeit des druckenden Programms, saubere Post-Script-Befehle auszugeben, werden die Dateiinformationen umgesetzt. Kann vom Drucker/Belichter ein Befehl nicht ausgeführt werden, schickt er eine Meldung über einen aufgetretenen PostScript-Fehler an Ihren Computer zurück. Leider werden diese Fehlermeldungen von den Programmierern formuliert, die Post-Script entwickeln – sie sind für Normalsterbliche kaum verständlich.

Erhalten Sie einen PostScript-Fehler, kann ein oder mehrere Objekte Ihrer Datei nicht vom Drucker umgesetzt werden. Löscht man diese Objekte oder schiebt sie von der Seite, um erneut zu drucken, wird der Rest klaglos ausgedruckt.

Das Problem liegt nun darin, das entsprechende Objekt erst einmal zu finden und anschließend vielleicht zu „reparieren".

Damit ein vom Drucker nicht interpretierbarer Druckbefehl nicht sang- und klanglos verschwindet, sollten Sie sich auftretende PostScript-Fehler automatisch auf dem Monitor anzeigen lassen.

Dieses Fenster finden Sie im Drucken-Dialog aller Programme.

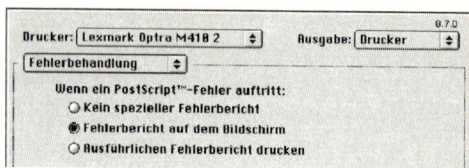

Fehlermeldungen

Stößt der Drucker schon zu Beginn der Verarbeitung einer Seite auf einen für ihn unverständlichen Befehl, wird nach der oben getroffenen Einstellung nur eine Nachricht auf dem Monitor ausgegeben.

Sind dagegen schon größere Bereiche der Seite verarbeitet, werden sie ausgedruckt, der Rest der Seite nicht mehr weiterverarbeitet und ein Kommentar an dieser Stelle auf die Seite gedruckt. Außerdem erscheint ein Kommentar am Monitor.

„font …"
Falls in der ausgegebenen Fehlermeldung irgendetwas mit „Font" erscheint, hat der Drucker mit einer Schrift Probleme. Diese Schrift kann direkt im Dokument verwendet sein oder in einer importieren Datei.

„limitcheck"
Diese Meldung weist darauf hin, dass der Speicher des Druckers nicht ausreicht. Es kann aber auch sein, dass zu komplexe Anweisungen in der Datei enthalten sind, die nicht verarbeitet werden können.

„timeout"
Dieser Fehler tritt besonders bei einer wackligen Kabelverbindung auf. Die Datenzuführung kommt ins Stocken, sodass der Drucker irgendwann die Bearbeitung mangels Daten abbricht.

„nostringval"
Hier kann eventuell ein Objekt nicht verarbeitet werden, weil es zu komplex ist.

„undefined"
Dieser Fehler hat nichts mit dem Dokument selbst zu tun. Der Drucker erhält einen Befehl, der nicht in die PostScript-Syntax passt – er ist nicht definiert.

Das passiert, wenn Programme keinen sauberen PostScript-Code erzeugen. Es kann aber auch sein, dass der Drucker nur einen älteren PostScript-Level versteht, als ihm das Programm zuschickt.

„VMerror"
Der Speicher des Druckers ist überfordert.

Einkreisen von PostScript-Fehlern

Wie Sie sehen, sind die Fehlermeldungen teilweise etwas konfus oder meinen zum Teil ähnliche Dinge.

Generell kann man sagen, dass neuere Drucker, die einen höheren PostScript-Level verstehen und über mehr Speicher verfügen, weniger Fehler produzieren. Der Kauf eines neuen Druckers ist aber keine Garantie.

Die wichtigste Einstellung ist die Auswahl der richtigen PPD-Datei.

Siehe dazu auch das vorangegangene Kapitel „PostScript-Druckdatei".

Bei weiterhin auftretenden Fehlern sollten Sie generell versuchen, Ihre Datei beziehungsweise einzelne Elemente zu vereinfachen. Überprüfen Sie Ihre Datei auf folgende Punkte:

• Lösen Sie unnötige Gruppierungen auf.
• Stecken in maskierten Elementen weitere Maskierungen (innen eingefügte Objekte)?
• Sind importierte Bilder Bruchteile von Prozent kleiner oder größer als 100%?
• Wurden große Bilddateien auf eine winzige Größe zusammengeschoben? Berechnen Sie das Bild in Photoshop neu und tauschen Sie es im Layout aus.
• Sind große Bilddateien gedreht? Drehen Sie sie in Photoshop und platzieren Sie sie ungedreht.
• Wurde viel Text in Pfade konvertiert, sodass Abertausende Pfade entstanden?
• Wurden Mischungen oder Angleichungen über Hunderte von Objekten erzeugt?

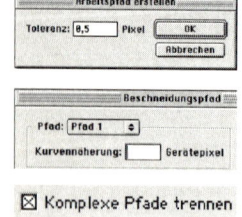

• Hat ein Beschneidungspfad aus Photoshop unübersichtlich viele Punkte? Falls ja, legen Sie ihn erneut mit einer größeren Toleranz an.
• Geben Sie für einen Beschneidungspfad in Photoshop keinen kleineren Wert als 4 an oder lassen Sie das Feld frei.
• Deaktivieren Sie nicht die Funktion *Komplexe Pfade trennen*. Nur so werden Pfade häppchenweise an den Drucker geschickt.
• Bei mehrseitigen Dokumenten drucken Sie nur einzelne Seiten aus.
• Ersetzen Sie Schrift zu Testzwecken durch eine Systemschrift.
• Verwenden Sie nicht fette oder kursive Schrift.
• Entfernen Sie Kanäle aus Photoshop-Bildern.
• Verwenden Sie einen neueren Druckertreiber.

Stichwortverzeichnis